KB242141

시간에게 시간주기

시간에게 시간주기

2013년 04월 05일 1판 1쇄 인쇄
2013년 04월 08일 1판 1쇄 펴냄

지은이 안길수
펴낸이 구모니카

사진 강민희 〈사진 읽는 그녀〉
http://blog.naver.com/ii_genius_ii

마케팅 신진섭
디자인 현서영
제 작 양만익

펴낸곳 M&K
등 록 제7-292호 2005년 1월 13일
주 소 서울시 도봉구 방학동 686-16 1층
전 화 02-323-4610
팩 스 02-323-4601
E-mail nikaoh@hanmail.net

ISBN 978-89-92947-33-6 13320

※ 이 도서의 국립중앙도서관 출판시도서목록(CIP)은 e-CIP홈페이지 http://www.nl.go.kr/ecip
와 국가자료공동목록시스템 http://www.nl.go.kr/kolisnet에서 이용하실 수 있습니다.
CIP제어번호: CIP2013001643

안길수 지음

내 삶의 터닝포인트를 찾아 떠난
나를 만나는 휴식 여행

시간에게 시간주기

M&K

우리는 모두 삶의 여행자

처음에 산티아고라는 이름을 접한 것은 평소 좋아하던 소설가 파울로 코엘료를 통해서였다. 신문사 입사를 준비하던 대학 졸업반 시절이었으니 벌써 10년도 더 된 일이다. 코엘료는 오래전 스페인의 성지순례길인 산티아고를 걷고 난 뒤 소설가가 되기로 결심했다고 한다. 나역시 글 쓰는 게 직업인데다가 한때 소설가가 꿈이었기에 관심을 갖게됐던 곳이다. 그 뒤에 그가 쓴 글을 읽고 막연하게 산티아고를 동경했었다. 세상에서 가장 아름다운 도보여행 코스 중 한 곳이며 성자 야보고의 유해(遺骸)가 잠든 곳. 수많은 사람들이 그곳을 찾은 뒤 삶의 의미와 가치를 깨달았다는 그 유명한 순례길 말이다. 하지만 현실은 좀 달랐다. 우리에겐 스페인도 낯선 곳인데 더군다나 북부 시골마을인 산티아고는 동화 속에나 존재할 법한 공간이었다. 여행작가들과 주변 사람들이 산티아고를 다녀왔다는 책과 여행기를 내놓았지만 내게는 먼 나라 이야기였다. 길어야 일주일 남짓한 휴가만 허락되는 기자에겐 가당치 않은 장소였다. 이따금 여행전문 잡지에서 산티아고 여행기를 읽었지만 여전히 현실 속의 내겐 멀기만 한 곳이었다. 일간지 기자로 일하면서 길게는 보름 남짓한 출장도 다녔지만 업무와 동떨어진 성지순례길은 꿈같은 이야기, 직장인에게 허락될 수 없는 무엇이었다. 소설가 코엘료의 인생을 바꾼 산티아고는 그렇게 현실 저편으로 멀어져갔다.

어느덧 시간은 흘러 직장 생활에 찌든 삼십대 후반 우연히 산티아고는 내 앞에 나타나 마음을 흔들어 놓는다. 여행사를 운영하는 친구와 술자리에서 우연히 산티아고에 대한 이야기를 하게 됐다. 주변에 산티아고 성지순례길에 다녀온 지인들이 부쩍 많아졌는데 모두가 평생 잊을 수 없는 소중한 여행이었다고 입에 침이 마르게 자랑을 늘어놓는다고. 그 친구는 자기도 다녀올 계획이 있는데 함께 떠나겠냐고 물어왔다. 아니, 그거 단순한 물음이 아니었다. 친구가 내 영혼을 도발했다는 표현이 더 적당할 듯싶다. 산티아고는 이미 내 눈앞에 와있었다. 친구는 보름 동안 다녀올 계획이었는데 길어야 열흘 정도 시간을 낼 수 있는 직장인인 나에겐 불가능한 일정이었다. 게다가 당장 출발하자는 나와 내년에 더 길게 가자는 친구. 여행 일정도 시기도 맞지 않았다. 나는 결국 혼자라도 떠나야겠다는 결심을 하고야 말았다. 그리고 이왕 결정한 바에야 올 해 안에 떠나겠다고 말하니 친구는 결의에 찬 나를 위해 저렴한 티켓을 알아봐 주겠단다.

사실 2011년은 신문사에 입사한 지 10년이 되는 해로 1주일 상당의 10년차 안식휴가를 쓸 수 있었다. 해를 넘기면 안식휴가를 쓸 수 없는 탓에 서둘러 여행 일정을 짜야했다. 여름이 지나고 늦가을이 다됐는데도 휴가 계획을 세우지 못하고 흐지부지 물 건너가는 것은 아닌지 은근히 걱정하고 있었던 때였다. 어차피 그냥 두면 없어지는 10년차 휴가도 있고 저렴한 항공권까지 있는데 더 망설일 필요가 없었다. 허나 끝까지 결정이 힘들었다. 직장인이 긴 시간 동안 자리를 비운다는 게 말처럼 쉽지 않다. 하지만 정채봉 작가의 〈나의 노래〉라는 시를 읽고 난 뒤 마음을 굳힐 수 있었다. 나는 나를 위해 여행을 떠나기로 했다.

나는 나를 위해 미소를 띤다.
나는 나를 위해 노래를 불러준다.
나는 나를 위해 꽃향기를 들인다.
나는 나를 위해 그를 용서한다.
나는 나를 위해 좋은 생각만을 하려 한다.

정채봉 〈나의 노래〉

직장 생활 10년차를 맞이하는 2011년에는 뭔가 인생에서 전환점을 맞이할 수 있는 여행을 하고 싶었다. 산티아고는 예루살렘, 로마와 더불어 기독교 3대 성지로 꼽히는 의미 있는 장소이기도 했다. 개인적으로 기독교 신자인 나에게는 단순히 여행이나 관광의 차원을 넘어서 그동안 살아온 길과 앞으로의 여정에 대해 진지하게 고민해 볼 수 있는 명상과 성찰의 시간이 필요하기도 했다. 당시 내 삶의 진로와 미래에 대한 고민으로 불면증까지 생길 정도였다. 서른에서 마흔으로 넘어가는 날이 멀지 않았다. 이뤄 놓은 건 없는데 시간은 뒷걸음질 치는 송아지 마냥 내 손아귀에서 벗어나려고 발버둥 치고 있었다. 지금 떠나지 못하면 영영 떠나지 못할 거라는 친구의 조언이 큰 용기를 줬다. 여행 제안을 받은 게 2011년 9월 중순이었고 산티아고 행 비행기에 오른 것은 10월 3일이었으니 상당히 즉흥적으로 결정하고 무작정 떠난 여행이었다. '때로는 걷기 전에 뛰는 법부터 배워야 한다'는 말이 이런 경우에 해당하는 걸까. 물론 그런 무모함이 훗날 혹독한 대가를 치르게 했지만 그 역시도 산티아고를 걸으면서 얻게 된 깨달음을 생각하면 소중한 경험이었다.

사실 나는 덜렁거리는 성격에 귀가 얇은 나머지 주변 사람들로부터 '길수 어린이'라고 불린다. 철딱서니가 얼마나 없으면 '어린이'로 불릴까 싶어 민망하지만 지인들이 부르는 애칭으로 자연스럽게 굳어진 지 오래다. 사실 순수한 마음을 잃지 말자는 생각에서 나 스스로도 은근히 좋아하는 별명이다. 그런 '길수 어린이'가 10년차 휴가를 맞아 스페인 산티아고 성지순례에 오른다고 했을 때 주변의 반응은 '또 엉뚱한 짓을 꾸미고 있구나'였다. 고생을 자초하는 곳에 혼자서 도보 여행을 간다고 했으니 '허당 길수 어린이'가 좌충우돌 해프닝을 벌일 것이라고 하나같이 입을 모았다.

결국 그들의 말이 씨가 됐다. 열흘 남짓한 기간에 산티아고에서 웃지만은 못 할 숱한 일들을 겪었다. 그 모든 좌충우돌 경험을 있는 그대로 생생하게 독자들에게 전달하고 싶어 펜을 들었다. 독자들에게 전달하고 싶은 것은 비단 천방지축 스토리만은 아니다. 사실 이 이야기는 이 시대를 살아가는 남자로서, 직장인으로서, 현대를 사는 한 인간으로서 가슴 속 깊이 간직하고 있던 아픔과 상처에 대한 이야기다. 부끄럽지만 솔직한 심경을 털어놓고 싶었다. 처음에는 그저 평범한 여행서를 생각했지만 여행에서 돌아온 뒤 생각이 달라졌다. 서른에서 마흔으로 넘어가는 길에서 내 영혼의 울림을 들려주고 싶었고, 여행 자체가 아닌 여행에서의 상념과 결심, 내 생애의 전환점에 대한 솔직한 글을 써야할 것 같다는 생각이 들었다. 10년차 휴가를 떠난 뒤 다시 일상에 복귀했고 세상을 새로운 관점에서 바라보게 됐다. 무엇이 옳고 무엇을 하면서 살아야 할지에 대해 스스로의 내면을 들여다보기 시작한 것이다. 고민 없이 살아가는 사람이 어디 있겠냐 싶겠지만 정작 반복되는 일상과 현실의 무게에 짓눌려 자신이 누구이고, 어디에 서 있는지 되돌아보면서 살기는 말처럼 쉽지 않다. 나 역시 그랬다.

    평범한 회사원이라면 열흘 넘는 기간 동안 휴가를 쓰기가 어렵다. 더군다나 800여Km를 걸어야 하는 산티아고 풀코스는 엄두를 내기도 어려운 게 사실이다. 시작부터 불가능한 여행이다. 그래서 나는 내게 맞는 산티아고 코스를 기획했고, 총 180km를 걷는 것으로 만족했다. 풀코스에 도전하는 것은 다음으로 미뤘다. 직장을 다니면서는 현실적으로 어려운 도전이지만 포기할 필요는 없다. 나 같은 평범한 직장인을 생각해서 그들에게 추천하고 싶은 산티아고 성지순례의 '직장인 맞춤형 코스'를 소개하면서 여행지의 다양한 풍경과 스토리, 더불어 나의 감성을 보여줄 예정이다. 그러니까 이번 에세이는 단순히 여행안내를 위한 실용서적이나 감상적인 여행 에세이만은 아니다. 책 안에는 내가 살면서 겪은 이야기와 우리 주변에서 일어나는 일들을 한데 모아 그 정수(精髓)를 추려낸 이야기들을 담았다. 이는 현시대를 살아가는 모든 이들에게 들려주고 싶은 영혼의 치유와 삶에 대한 희망이기도 하다. 마음의 상처를 안고 고통 속에 신음하는 현대인을 나의 영혼 치유 여행에 초대하고 싶었다. 독자들이 나와 더불어 그 순례길에 함께 했으면 하는 소망이랄까.

인기 칼럼니스트인 레지너 브릿(Regina Brett)은 "치유에는 시간이 필요하다. 가끔은 시간에게 시간을 줘야 한다. 시간은 내 마음의 상처를 깨끗이 씻어주었고, 내게 완전한 행복을 가져다줬다"고 했다. 우리 모두에게는 치유의 시간이 필요하다. 그것도 자신이 몸담고 있는 공간에서 잠시 벗어나 여행을 떠나는 시간 말이다. 책을 읽으며 잠시나마 일상에서 벗어나서 산티아고로 상상여행을 떠나보는 것은 어떨까. 한 권의 책에 너무 많은 것을 담으려고 한 것이 욕심처럼 보일 수도 있겠으나 이 모두가 독자 여러분들에게 하고픈 이야기가 너무나도 많은, 서른에서 마흔으로 향하는 길에서 인생의 터닝포인트를 마련한 한 남자의 고해성사임을 너른 아량으로 받아주길 바랄 뿐이다.

어떤 여행은 삶의 무게에서 벗어나려는 몸부림에서 시작되기도 한다. 하지만 먼 길을 에둘러서 다시 제 자리로 돌아오는 순간 여행자는 큰 짐을 내려놓고 가벼운 표정을 짓는다. 여행이야말로 '인생은 살아볼 가치가 있다'고 느끼게 하는 묘한 마법과 같은 것이기에. 우리가 어딘가로 떠나기로 마음먹은 그 순간 여행은 시작된다. 영혼이 깃드는 곳에 육체는 말없이 그 뒤를 따라올 뿐. 여정은 그런 마음에서부터 시작된다. 여행에서 돌아온 뒤 느끼는 나른한 도취상태는 어쩌면 당연한 일이다. 육체의 껍데기만 집으로 돌아왔으니. ·자유로운 영혼은 어딘가 또 다른 여행지로 향하고 있기 때문이다.

인디언들은 말을 타고 먼 길을 달릴 때 이따금 멈춰서 가만히 자신이 지나온 길을 바라본다고 한다. 혹시 너무 빨리 달려 자신의 영혼이 쫓아오지 못했을까 기다리는 것이다. 인디언들의 지혜를 엿볼 수 있는 이야기다. 나 역시 내 영혼이 잘 따라오고 있는지 돌아봐야했다. 허겁지겁 앞만 보고 달려온 길에서 영혼을 돌아볼 여유가 없었다. 어딘가에서 헤매고 있을지 모르는 내 영혼을 기다려야 했다. 여행에서 돌아온 뒤 책을 기획하고 자료를 수집하면서 명상의 시간을 거듭할수록 나의 내면에서 무언가 빛을 발하기 시작했다. 저 멀리서 길을 잃고 방황하던 내 영혼의 모습이었다. 나 자신과 다시 대면하고 이야기를 나누는 과정에서 삶의 크고 작은 깨달음을 얻었다. 그런 과정을 거치면서 10년 다닌 직장을 그만두고, 벤처 창업으로 새 출발하게 됐다.

이 글을 읽는 독자들 모두 잠시 말에서 내려 당신의 영혼을 기다려보길 바란다. 당신의 시간에게 시간을 주면서…….

2013. 03
안길수

Contents

Step 1

떠날 때는 이유가 있다

바쁜 일상에서 일탈을 꿈꾸다
버리고 비우기 위해 떠나는 출발
기쁨과 불안이 뒤섞인 3만 피트 상공

바쁜 일상에서
일탈을 꿈꾸다

일간지 기자들은 늘 바쁘고 분주한 스케줄에 쫓기듯 생활한다. 2011년 10월 초 산티아고로 성지순례에 오르기로 결정하고 비행기 티켓까지 예약했으면서도 정작 여행 준비는 제대로 할 수 없었다. 서울시청과 부동산 분야를 담당했던 탓에 처리해야 할 뉴스들이 적지 않았다. 시기적으로도 최악의 상황. 당시 9월 말이었는데 오세훈 전 서울시장이 물러나고 10. 26 재보선 선거를 앞두고 있어 안팎으로 여론이 집중되고 있었다. 그런 마당에 10년차 고참 기자가 현장을 뒤로 하고 안식휴가를 간다고 하니, 회사 내에서 곱지 않은 시선을 받았다. 특집 기사와 재보선 선거 취재로 당시 자리를 비우기 부담스러웠던 것. 하지만 지금이 아니면 쉽게 떠나기 어렵다는 생각에 뻔뻔하게 안면에 철판을 깔기로 한다. 때론 두꺼운 낯짝이 사는데 편리할 때도 있는 법. 나는 미친 척 하고 담당 데스크에게 산티아고 성지순례를 떠나겠다고 일방적으로 통보했다. 게다가 회사에서 인정한 휴가 일수보다 하루가 초과되는 일정이었으니 데스크도 반가워하지 않는 눈치. 그래도 꿋꿋하게 대체 휴가까지 붙여 11일 일정으로 휴가원을 제출했다. 입사하고 난 뒤 개인적인 용무로는 가장 오랜 기간 자리를 비우는 셈이다. 회사에서 개념 없다는 말을 들어도 할 수 없는 노릇이었다. 한 회사에서 10년 동안 근무했는데 한번쯤 이 정도의 사치는 누릴만한 것 아닌가. 이런 나를 욕한다면 당신들이 속 좁은 거다, 하면서 스스로를 위안했다.

요즘 같은 시대에는 일상에서 벗어난다는 게 쉬운 일이 아니다. 구조적으로 그렇다는 말이다. 현대인의 삶은 일탈의 허용 범위가 무척 좁다. 한 가정의 가장, 조직의 구성원 그리고 숱한 인간관계망에 얽혀 있기에 가벼운 외도(外道)조차 허락되지 않는다. 그런 관계들은 평소에는 안락하게 느껴지지만 그물망 밖으로 약간만 이동해도 바로 족쇄로 변해버린다. 그렇기 때문에 남들과 다른 유별난 행동은 바로 조직과 사회에 대한 반기로 받아들여지는 것. 떠난다는 시도 자체가 쉽지 않은 도발이 된다. 하지만 이번 여행만큼은 그 모든 끈들로부터 자유롭게 떠나고 싶었다. 떠나야하는 이유는 천 가지 만 가지도 더 넓게 꼽을 수 있을 것 같다. 주변의 인간관계에서 상처를 받았고 회사일과 집안 문제 등 모든 것들에서 잠시 나 자신을 분리시켜야 했다. 당장 떠나지 못한다면 모든 것을 내동댕이치고 싶은 심정이었다. 꼭 성별을 나누자는 것은 아니지만 우리 세대의 남자들은 불쌍하다. 저마다 어깨에 무거운 짐을 지고 걷고 있는데, 누구도 왜 짊어져야 하는지 그리고 어디로 가야하는지 알려주지 않는다. 그저 부모들이 그러했던 것과 같이 똑같이 따라하고 있을 뿐 그 이유를 알지 못한다. 여행 직전의 나 자신이 그러했다. 회사 일이고 뭐고 이번만은 절대 타협할 수 없었다. 나는 기필코 떠나야 했다.

여행이란 게 미리 철저하게 준비하고 계획하자면 한도 끝도 없기 마련이다. 세부 일정은 물론이고 교통편과 현지 맛집, 문화 이벤트까지 그야말로 오감을 제대로 만족시키려면 두툼한 보고서를 작성해도 모자라기 십상이다. 반면 준비랄 게 뭐 있겠냐 싶으면 지금 당장이라도 비행기 티켓과 여권만 챙겨 마음 가는 대로 발길 닿는 대로 훌쩍 떠날 수 있는 게 여행이기도 하다. 평소 철저한 준비성은 고사하고 허술한 성격에 여행지에서 늘 해프닝을 벌였던 나였기에 이번에는 철저하게 준비하겠노라 다짐했다. 그런데 회사일과 주변에 여러 문제들이 녹록치 않았다. 주중에는 일을 하고 주말에는 잡다한 문제들을 처리하느라 시간적 여유가 없었다. 산티아고에 대한 변변한 여행책자도 읽어보지 못한 채 출발 일자는 다가오고 있었다. 그렇다고 걱정할 내가 아니다. 타고난 낙천적인 성격 덕분인지 별다른 걱정은 없었다. '비행기에만 올라타면 가는 거지, 뭐 별거 있어' 하고 생각했다.

때로는 지나치게 준비해서 여행지에서 벌어지는 '돌발 상황'을 놓치는 경우도 있다. 너무 계획하면 예상 밖의 경험들을 얻지 못하기도 한다. 정작 여행의 정수는 그러한 예측 불가능한 일들에서 느끼기 마련이니까. 주변에서 여행을 준비하는 사람들을 보면 안타까울 때가 많다. 출발 전에 완벽한 일정을 만들어 놓은 뒤 여행지에 가서 자기가 정해놓은 빡빡한 코스를 작전을 완수하듯 실행하는 부류들이다. 여행은 회사 출장을 소화하는 것과는 뭔가 좀 달라야 한다고 생각한다. 통제할 수 없는 돌발 변수가 생기는 것을 극히 꺼리는 사람이 의외로 많은데 도대체 왜 그런 걸까. 우리의 유전자 속에 박혀 있는 농경문화로 인한 걸까. 물과 식량을 찾아 매일 떠돌아다니는 유목민족과 달리 자신의 생활 터전에서 벗어나지 못하는 농경민족 특유의 소심함이 그 원인일지 모르겠다. 한마디로 '새가슴'인 것이다.

그렇다고 무모하게 떠나라는 이야기는 아니지만 지나치게 계획을 세우고 계산기를 연신 두드리고 있는 대한민국 남자들의 '좀팽이 근성'에서 조금은 자유로워보자는 소리다. 우리가 하는 걱정의 40%는 절대로 일어나지 않은 일에 대한 것이고 30%는 이미 지난 일에 대한 걱정이다. 나머지 22%는 사소한 것이며 4%는 우리가 어쩔 도리가 없다고 한다. 걱정하는 일 중 고작 4%만이 우리가 바꿔놓을 수 있는 것들이다. 때로는 좀 모르고 넘어가는 게 정신건강에 이롭다. 암과 우울증 등 현대인의 고질병은 걱정과 불안에서 시작된다고 하지 않았던가. 벌어질 일들은 반드시 일어날 수밖에 없다. 고작 4%의 일을 바꾸기 위해 미리부터 걱정할 필요는 없을 터. 여행을 떠날 때 이런 가벼운 마음의 자세는 반드시 필요하다. 여행의 변수로 인한 즐거움이 무한대로 증가할 수 있기 때문이다.

2011년 10월 3일 오전이 '해방의 날'이었다. 마드리드로 떠나는 비행기에 올라야 했는데도 그 전날까지 밀려드는 회사 업무처리에 '과연 떠날 수 있을까?' 싶을 정도였다. 설상가상으로 며칠 전부터 감기몸살로 미열에 근육통까지 심했다. 정상적인 사람이라면 시작부터 포기할까 생각할 정도로 출발 전 상황은 나빴다. 휴일이라 문을 연 약국조차 찾을 수 없었다. 두통약 몇 알을 친구에게 얻어서 무슨 묘약이라도 되는냥 여행 배낭에 챙겼다. 기본적인 상비약도 없었으니 '배째라 식'으

Step 1 : 019
떠날 때는 이유가 있다

로 대책 없이 성지순례길에 오른 것이다. 지금 돌이켜 생각해보면 무식하면 용감하다고 하루에 30km씩 걷는 힘든 코스가 이어지는 산티아고 도보여행을 너무 만만하게 봤다. 순례길을 떠나는 사람치고는 무모할 정도로 준비가 소홀했다. 아마도 오래 전부터 주말마다 전국을 돌아다니며 등산을 해왔다는 자만심이 컸던 것 같다. 스스로 산악 마니아라고 자처하면서 체력을 자신한 것이다. 지리산과 설악산을 1년에 여러 번 종주하고, 평소 북한산을 '무장공비'처럼 뛰어다녔던 터라 걷기에는 이력이 났다고 자부했던 것. 낮은 언덕길에 가까운 카미노 데 산티아고(Camino de Santiago)를 우습게 여겼던 점을 이 자리를 빌어 고백하고 깊이 반성한다. 평소 등산을 가면 힘들게 걷는 '공비조'와 천천히 걷는 '유람조'로 나누는데 늘 공비조에서 걸었던 나로서는 시작 전부터 '4%의 걱정' 때문에 겁먹을 필요는 없었던 것이다. 그러한 자신감은 모진 대가로 나중에 고스란히 돌려받고야 말았다.

갑작스럽게 잡은 여행이었기에 함께 길에 오를 일행도 없었다. 설령 있었다 해도 이번 휴가는 혼자서 나만의 시간을 가져보고 싶다는 욕심이 있었다. 친구라도 있었다면 고생이 덜했을까. 어쨌든 지나고 보니 아이 같은 무모함 덕에 평생 잊을 수 없는 여행길에 오르게 됐는지도 모른다. 처한 여건과 환경을 모두 고려했으면 머리가 더 복잡해져 시작 전에 포기했을지도. 여행을 떠나기 위한 최고의 미덕은 무모함과 낙천적인 마음인 듯싶다. 그로 인해 깨달은 것도 많았고 새로운 인생을 위한 전환점이 되었으니 돌이켜 생각하면 그리 억울할 것도 없다. 여러분들도 이제 무모하기 그지없는 유목민이 될 것인지 아니면 하루하루의 빡빡한 일정에 묶인 농사꾼으로 남을 것인지 결정하시길. 적어도 지금 나와 함께 이 '배째라 여행길'에 오를 마음의 준비가 됐다면, 당신의 영혼은 유목민일 터. 이제부터 일상 탈출을 감행해보자.

2011년 10월 2일 여행 전야
대한민국, 서울의 마지막 밤

버리고 비우기 위해 떠나는 출발

여행은 그대에게 적어도 다음 세 가지의 유익함을 가져다 줄 것이다. 첫째로 타향에 대한 지식이고, 둘째로 고향에 대한 애착이며, 셋째로 그대 자신에 대한 발견이다.

브하그완

10월 3일 드디어 스페인 산티아고로 떠나는 그날의 아침이 밝았다. 전날 늦게 잠자리에 들었지만 길을 나선다는 설렘으로 일찍 깨어났다. 비용을 줄이려고 독일 프랑크푸르트를 경유해 스페인 마드리드로 향하는 루프트한자(Lufthansa) 티켓을 샀다. 비행 시간만 15시간이 걸리는 먼 여행이라서 아침 일찍부터 서둘러야했다. 전날 휴일 당직 근무를 한 탓에 미리 짐을 챙기지 못해 마음이 더 분주했다. 필요한 짐을 최소화해 줄이고 줄였지만 체중계에 올려놓으니 15kg이 조금 넘었다. 정말 꼭 필요하다고 생각하는 물건들만 추려서 짐을 꾸렸는데 예상보다 무거웠다. 어깨에 가해지는 무게감이 상당했다. 이 배낭을 메고 하루에 30km씩 걸어야 한다고 생각되자 갈아입을 옷가지들과 짐을 하나씩 덜어내기 시작했다. 지금은 필요하지 않아도 현지에서 생활하다 보면 아쉬운 게 한두 가지가 아니다. 국내에서도 트래킹을 떠날 때면 늘 짐을 싸고 풀기를 반복하는 실랑이를 벌이곤 한다. 챙기고 챙겨도 모자란 게 야외에서의 생활인가 보다.

이번 여름에 벼르고 벼르다 구입한 기능성 등산복들을 저울에 올려놓고 무게를 가늠해봤다. 가볍다고 광고를 해대더니만 전혀 가볍지 않다. 배낭을 꾸렸다가 풀었다가를 수차례 반복한다. 샴푸와 비누 같은 세면도구도 열흘 동안 사용하기에 조금 부족할 것 같았지만 욕심을 낼 수 없었다. 짐을 몽땅 덜어낸 뒤 10kg에서 타협하기로 한다. 그런데 짐을 싸면서 허둥대는 바람에 제일 중요한 침낭을 침대 위에 올려놓은 채 공항셔틀버스에 몸을 실었다. 사람들은 꼭 이렇다. 불필요한 것들은 잔뜩 챙겨놓고 반드시 필요한 물건은 놓치고 만다. 어쩌면 버리고 비우는 것에 익숙하지 못한 이유 때문은 아닐까. 더 열심히 일하고 더 많이 소유하고 더 가득 채우라는 전근대적인 교육이 조상들의 유훈(遺訓)처럼 우리를 따라다니는 것이다. 버리지 못하는 사람은 다시 채울 수 없다고 하는데 살다보면 뜻처럼 되지 않는다.

짐을 챙기면서부터 진땀을 잔뜩 흘렸지만 떠나는 설렘은 컸다. 커다란 배낭을 짊어지고 공항으로 향하는 리무진 버스에 올랐을 때의 기분이란. 단정하게 머리를 빗어 넘긴 여승무원의 유니폼이 오늘따라 더 상큼하게 다가왔고, 버스에서 가볍게 풍기는 승객들의 스킨 냄새와 향수도 기분을 들뜨게 했다. 하지만 1시간을 달려 공항에 도착한 첫 느낌은 스스로가 이방인이 된 듯한 기분이었다. 휴양지로 떠나는 모양인지 한껏 멋을 낸 커플들과 비즈니스 정장 차림의 남성들 사이에서 내 모습이 너무나도 튀어 보인다고 할까. 큰 배낭을 짊어지고 발목까지 오는 등산화에 마운틴 폴(등산용 스틱)까지 들고 있는 모습은 영락없이 히말라야 베이스캠프로 등반을 나서는 것처럼 유난스러워 보였다. 처음엔 이상하게 창피했지만 한편으로 우쭐한 기분도 들었다. 일탈이 주는 쾌감이라고 할까. 산티아고 성지순례는 자기가 들고 있는 짐을 처음부터 끝까지 짊어지고 가야한다. 짐을 어디에 맡겨 놓고 다니는 게 아니라 시작부터 끝까지 함께 움직여야 한다. 바퀴달린 여행 가방은 쓸데가 없다. 나의 산티아고 고행길을 상징하는 등산객 차림이 비즈니스 트립이나 단순 여행객과 차별된다고 생각하니 무언가 뿌듯한 마음까지 생긴다. (참 단순한 길수 어린이가 아닐 수 없다!)

공항에서 비행기 좌석을 정한 뒤 배낭과 등산용 스틱을 그냥 들고 타려고 했다. 하지만 등산용 스틱은 기내에 반입이 되지 않는다고 했다. 뾰족한 부분이 무기로 사용될 수 있어 수화물로 보내야 했다. 911 테러 이후 세상(적어도 공항이라는 세상)은 예전보다 훨씬 엄격해졌다. 규정이 그렇다면 지키는 게 당연했지만 유쾌하지 않은 경험을 자주 한다. 공항이 주는 '매력'을 엄청나게 훼손했다는 점에서 알카에다를 비롯한 모든 테러 일당은 여행을 사랑하는 이들의 적이기도 하다. 공항을 찾는 모든 승객을 잠재적인 테러리스트로 취급하는 보안요원들의 곱지 않은 시선은 늘 껄끄럽기만 하다. 언짢았지만 마운틴 폴을 박스에 포장해야 했다. 그런데 포장을 하는 곳에선 스틱 하나를 박스에 넣어주는 값으로 8천원을 요구했다. 세상에 박스 포장에 8천원이나 요구하다니. 어디 업체라고 밝히진 않겠지만 좀 부당하다고 생각된다. 급하게 포장을 하는 고객을 상대로 폭리를 취하는 게 아닌가 싶기도 했다. 출발 직전 이렇게 내 마음을 불편하게 했던 마운틴 폴은 사실 여행 내내 '트러블 메이커'였다.

쓸데없이 시간을 허비해 탑승 시간이 촉박했지만 한국관광공사에서 운영하는 면세점에는 들렀다. 거기에서 볶음 고추장과 컵라면을 샀다. 고추장은 3개짜리 한 묶음이 미화 10달러였고, 컵라면 6개짜리가 5달러였다. 요즘이야 식생활이 서구화돼 먹는 문제로 해외에서 고생을 하는 경우는 덜하다. 그래도 아무리 맛있는 현지 음식이 있어도 며칠만 지나면 한국에서 먹던 매콤한 맛이 그리워지는 건 어쩔 수 없다. 출국 전에야 아쉬울 게 없지만 고추장과 라면 등을 준비해두면 여행 중 요긴하게 사용할 수 있다. 사실 이번 여행이 아니었다면 마른 김과 가벼운 간식거리도 사고 싶었다. 해외에 나갈 때마다 현지인들에게 선물로 주면 좋아하기 때문이다. 산티아고에서 혼자 먹어봤자 얼마나 먹겠으며, 들고 다니기도 무거웠으니 고추장과 컵라면으로 만족해야 했다. 아쉬웠지만 서둘러 쇼핑을 마치고 게이트 앞으로 찾아가니 비행기가 다소 연착했는지 이제야 승객들이 탑승하고 있었다. 10kg에 불과한 배낭인데도 고작 몇 걸음 돌아다녔다고 벌써 어깨가 뻐근했다. 속으로 '더 비우고 올 걸 그랬나'하는 후회가 밀려온다. 필요하면 현지에서 구입해도 되는데 배낭 무게를 만만하게 생각한 것 같다.

나 자신을 버리고 비우려는 여행을 떠난다면서 무슨 호사를 누리겠다고 라면에 고추장까지 샀나 싶었다. 저울에 달아보기까지 하면서 짐을 덜어냈는데 기어이 라면과 고추장을 챙긴 것을 보면 역시 인간의 본성이란 비우기보다 채우는 일에 익숙한가 보다. 이사를 해본 사람이라면 누구나 공감할 것이다. 집은 좁은데 점점 물건들이 가득 들어차게 된다. 운동기구인 러닝머신이 값비싼 빨래걸이가 되고 있지 않은가. 집안에 쌓아놓은 물건 중 쓰레기 아닌 게 얼마나 될까. 나 또한 이사를 다니면서 짐을 정리하면 깜짝 놀랄 물건들이 어딘가에서 불쑥 튀어나온다. 버리기 아깝다고 처박아 놓고는 까맣게 잊고 있었던 유물들. 그들의 운명은? 그렇다. 결국 쓰레기통으로 직행한다. 어디 그 뿐이랴. 냉장고의 냉동칸은 정말 소름 돋는 공간이다. 몇 해 전 어머니가 해주신 동그랑땡에서부터 먹다 남은 인스턴트 피자에 이르기까지 황당한 물건들이 쏟아진다. 우리는 대체 왜 비우고 버리는 데 서툰 걸까. 쓸데없는 물건들을 쌓아놓고 껴안고 사는 사람들의 심리는 알다가도 모를 일이다.

대학교 다닐 때 친한 친구가 이사하는 것을 도와준 적이 있다. 친구의 아버지는 유명대학 교수님이셨는데 서재는 늘 오래된 책들이 산더미처럼 쌓여 있었다. 그 서재에 들어갈 때마다 낡은 책에서 나는 곰팡이 냄새가 좋았지만 친구는 늘 질색을 했다.

"너희 아버지 정말 멋지신 거 같아. 저 책들을 다 읽으셨겠지?"

"아니. 절대! 이사 다닐 때 피곤해. 저거 보면 이삿짐센터에서 돈 더 달라고 난리야."

"그래도 멋있잖아."

"아빠는 보지도 않아. 제자들은 저 책만 보고도 뻑 가거든. 그래서 안 버리시는 것 같아."

홍문관대제학이라 해도 세상의 모든 책을 다 읽지는 못한다. 인간인 이상 부족한 게 있다. 그런데 많이 배우고 지위가 높을수록 더 채우고 소유하지 못해서 조바심을 낸다. 채워도 채워도 부족한 것 같고 마셔도 마셔도 갈증을 느끼는 게 인간의 본성이기 때문이다. 박사 학위를 받고 교수가 된 뒤에도 명예교수가 되고 싶어 하고 그 뒤에는 삼라만상에 도통한 만물박사가 되려고 안달이다. 돈을 벌어서 재물을 손에 넣으면 만족하고 그칠 줄 아는 게 아니라, 더 못 가져서 노심초사한다. 분수를 모르고 더 큰 욕심을 냈다가 패가망신하는 사업가들이 어디 한둘인가.

비행기에 오르려고 하니 무언가 더 챙기지 못한 것 같았다. 그래도 어떻게든 되겠지 위안하면서 더 가져가고 싶은 것들을 포기하고 쿨 하게 단념했다. 잘 버리는 사람이 잘 채울 수 있다. 당장 버리기 아깝다고 손에 꼭 쥐고 있는데 인생을 좀 길게 보면 그럴 필요가 없다. 한 손을 놓아야 다음 사다리를 잡고 계단 위로 올라갈 수 있는 게 삶이다. 이제부터라도 당장 필요한 것, 정말 소중한 것이 아니라면 내려놓고 버리는 연습을 하는 게 어떨까.

이제 정말로 스페인으로 떠나는 일만 남았다. 그 많은 탑승객 중에서 무거운 배낭을 짊어진 '순례자(?)' 차림은 내가 유일했다. 벌써부터 기대와 우려가 교차하고 있었다. 비우려고 떠나는 순례인지 아니면 채우려고 떠나는 여행인지 나 자신도 확신하지 못했다. 채우기보다는 비워내는 여행이 되길 바라면서 비행기에 몸을 실었다.

2011년 10월 3일 오전
인천공항 출발

기쁨과 불안이 뒤섞인 3만피트 상공

> 인생에서 비행기를 타고 하늘로 올라가는 몇 초보다 더 큰 해방감을 주는 시간은 찾아보기 힘들다. 이런 이륙에서는 심리적인 쾌감도 있다. 비행기의 빠른 상승은 변화의 전형적인 상징이다. 우리는 비행기의 힘에서 영감을 얻어 우리 자신의 삶에서 이와 유사한 결정적인 변화를 상상하며, 우리 역시 언젠가는 지금 우리를 짓누르고 있는 많은 억압들 위로 솟구칠 수 있다고 상상한다.
>
> 알랭 드 보통 『여행의 기술』

자리를 잡고 좌석에 앉은 뒤 한참을 기다린 끝에 비행기가 트랙을 따라 서서히 움직였다. 혼자 떠나는 여행은 오랜만인 탓에 조금 긴장했던 모양이다. 안내방송이 흐르고 비행기가 속도를 높이자 긴장이 풀리기 시작한다. 분주한 일상에서 벗어나 나만의 시간을 갖는 게 얼마만인가. 바쁘다는 핑계로 산티아고에 대한 사전 준비는 물론이고 안내책자도 들여다보지 못했다. 슬슬 걱정이 돼 준비해둔 책 2권을 꺼내들었다. 독자들도 산티아고가 다소 낯설게 다가올는지 모른다. 나 역시 처음에는 그랬다.

스페인의 산티아고가 국내에 널리 알려지게 된 것은 소설 '연금술사'의 작가 파올로 코엘료의 공이 컸다. 오래 전 그는 성지순례길 '카미노 데 산티아고'를 우연히 걷게 된 이후 소설가가 되기로 결심했다. 첫 소설이자 베스트셀러가 된 '순례자'가 이 길에서 느끼고 생각한 바를 글로 옮긴 것이다. 나도 코엘료의 글을 통해서 산티아고를 처음 접하게 됐다. 카미노는 스페인어로 '길'이라는 뜻이다. 스페인 사람들은 흔히 산티아고로 향하는 성지순례길을 '카미노'라고 줄여서 부른다. 산티아고를 일반명사인 카미노로 줄여서 부를 만큼 이곳에 대한 그들의 사랑은 유별나다. 순례길의 최종 목적지인 산티아고 데 콤포스텔라는 예수의 열두 제자 중 한명인 야고보가 잠든 곳이다. 그런 이유로 매년 종교적인 목적으로 순례길에 오르는 이들이 증가하고 있으며 어떤 이들은 명상이나 치유를 받기 위해 이곳을 찾고 있다.[1]

비행기가 하늘로 솟구쳐 오르고 있었다. 나만의 시간이 찾아오는 순간이었다. 장거리 비행의 장점은 외부와 격리돼 나만의 시간을 가질

1 카미노는 지리적으로 보면 유럽의 서쪽 끝에 자리 잡은 곳으로 스페인과 프랑스, 포르투갈 등과 국경을 접해 있고 루트(route)도 다양하다. 그 중에서도 프랑스 남부에서 시작해 피레네 산맥을 넘어 이베리아 반도 서쪽 끝에 위치한 산티아고에 이르는 순례길이 가장 유명한 '엘 카미노 프랑세스'(프랑스의 길)이다. 지난 1986년 코엘료가 이 길을 걸을 때만해도 연간 400~500명 남짓하던 순례자 수가 오늘날은 연간 수백만명에 이를 정도다. 프랑스의 남부 도시 생장피에드포르(St. Jean Pied de Port)에서 시작해 유럽대륙 서쪽 끝인 산티아고 데 콤포스텔라까지 800여Km를 30여일 만에 도보로 이동하는 게 정식 코스라 할 수 있다. 하지만 개인 스케줄과 취향에 따라서 구간을 조절해서 걸어도 되고 자전거와 승마로도 가능하다. 이외에도 포르투갈 해안을 따라서 스페인 산티아고를 찾아가는 코스도 멋스러운 풍경으로 명성이 자자하다. 순례길의 최종 목적지인 산티아고 데 콤포스텔라는 예수의 열두 제자 중 한명인 야고보가 잠든 곳으로 예루살렘, 로마에 이어 기독교 3대 성지로 꼽힌다.

수 있다는 것이다. 유럽이나 미국과 같이 10시간 이상의 장거리 비행의 경우 좌석에 앉아 있는 동안은 누구에게도 방해 받지 않는 온전한 나만의 시공간이다. 직장 상사의 전화를 받을까 말까 고민할 필요도 없다. 아내의 잔소리나 놀아달라고 보채는 아이들의 칭얼거림도 없다. 현실의 무게에 짓눌려 있는 가장(家長)이라고 해도 이 순간만큼은 모든 억압에서 벗어나 자유로운 해방감을 맛볼 수 있다. 장거리 비행을 싫어하는 이들도 많지만 내 경우는 다르다. 세상에서 제일 맛있는 음식은 기내식이라고 이야기할 정도로 비행 그 자체를 즐기고 좋아한다.

행복한 기분에 젖어 비행기에서 자료를 훑어보고 있는데 맨 앞좌석 근처에서 갓난아기가 울고 보채는 바람에 집중하기 어려웠다. 창밖 풍경에 눈길을 돌렸다. 어른들도 장거리 비행이 힘든데 어린 아이가 오죽했으면 저렇게 울까 싶어 안타까웠다. 그래도 승객들 중에서 얼굴을 찌푸리는 사람은 한명도 없다. 고도 1만 5천 피트 상공을 가로지는 비행기 안에서 바라보는 구름은 너무 투명하고 깨끗해 마치 빙하 위를 날아가는 듯 착각이 들었다. 구름 위를 산책하는 기분이 들면서 마음이 차분하게 진정됐지만 출발 전부터 심신이 괴로웠다. 몸살 기운도 있었고 컨디션 조절에 실패했는지 기침과 미열에 시달렸다. 업무량이 많았고 모임도 많았던 탓이다. 공항에 예정보다 일찍 도착한 또 다른 이유는 좌석을 좋은 곳으로 잡고 싶었기 때문이다. 취향의 차이가 있겠지만 나는 개인적으로 자유롭게 움직이고 화장실도 편하게 갈 수 있어서 복도측 좌석을 창측 좌석보다 더 선호한다. 그런데 바로 내 앞 사람에서 복도측 좌석이 마감돼 창측으로 앉게 되었다. 보딩 티켓을 준비하는 직원이 업무 중 옆에 있는 직원과 뭔가 잡담을 나누면서 굼뜨

게 일을 처리하는 바람에 복도측 좌석이 마감됐던 것이다. 이럴 때 진짜 속으로 화가 치민다. 내 계획을 망친 그 직원이 밉다. 사람은 참 작은 일에 일희일비하고 작은 일에 마음 상하는 것 같다. 그까짓 좌석이 뭔가 싶기도 하면서도 왜 하필 바로 내 앞에서 좌석이 마감될 게 뭐냐는 생각에 짜증이 치민다.

지금 생각하면 우스운 일이지만 몸이 피곤한 상태에서 창측 좌석에 웅크려 앉아야 하는 내 처지가 처량하게 생각됐던 모양이다. 참으로 화라는 놈은 큰 일이 아닌 작은 것에서 시작된다. 사람들이 크게 다투고 불미스러운 일을 저지르는 대부분의 경우 실은 너무나 사소한 일에서 시작되곤 한다. 인도의 간디는 '자기 스스로가 화를 내고 있을 경우 그것은 이미 올바른 길에서 벗어나 있는 것'이라고 경계했다. 화(anger)를 내는 것은 위험한(danger)일이라고도 했다. 화라는 말과 위험하다는 말은 알파벳 하나 차이다. 불과 한 시간 전까지만 해도 기분이 나빴는데 비행기 좌석에 몸을 편안하게 기댄 채 상념에 빠지자 어느새 짜증은 사라지고 떠나는 순간의 환희가 찾아온다. 역시 나는 단순한 인간이다.

비행기 여행을 좋아하는 이유는 또 있다. 바로 비행기에서 주는 공짜 술. 부끄러운 일이지만 고백하자면 평소 비행기를 타면 각양각색의 주종을 가리지 않고 마실 수 있는 만큼 흠뻑 마시는 스타일이다. 일단 기압이 낮아서 조금만 마셔도 쉽게 취기가 오르고 요즘은 대부분 좋은 술들을 거의 무한대로 리필해 주기 때문이다. 이번에는 몸살 기운도 있고 산티아고에 가는 경건한 여행이라는 핑계로 술을 입에 대지 않았다. 그런데 바로 옆 좌석에 앉아있던 금발의 독일 남성이 연신 술잔을 비우고 있었다. 보기만 해도 시원한 독일 맥주 바르슈타이너(Warsteiner)를 쉬지도 않고 몇 잔째 연거푸 들이키는 것이 아닌가. 부러웠다. '나도 술을 좋아하는데 참고 있다. 그만 좀 마셔라' 하는 말이 목구멍에서 솟아올랐다. 독일어를 못했기 망정이지 그 남자에게 시비까지 걸 뻔했다. (결심한대로 산다면 얼마나 좋겠냐만 인생이 꼭 뜻대로 되지는 않는다.) 결국 나는 '비행기 공짜 술'의 유혹을 이겨내지 못했다. 황금색으로 고급스럽게 디자인된 맥주캔을 본 순간 이미 '거절할 수 없는 제안'을 받고 있었던 것이다. 스튜어디스에게 맥주 한 캔을 부탁했다. 한 병이 결국 여러 잔으로 이어졌지만 사람은 생긴대로 사는 게 제일 좋다는 식의 변명을 늘어놓으며 술잔을 기울였다.

친한 형 중에 기내에서 술이 바닥나도록 마신 선배 이야기가 전설처럼 전해져 내려오고 있다. 영자신문에서 일했던 뉴요커 선배였는데 몇 해 전 함께 호주로 취재 여행을 간 적이 있었다. 난 보고야 말았다. 그 형이 비행기에서 술을 바닥내는 것을 말이다. 와인을 계속 주문해서 마셨는데 정말로 스튜어디스가 울음을 터뜨릴 것 같은 표정으로 '손님 정말로 기내에 와인이 완전히 떨어졌습니다'라고 하는 소리를 내 귀로 들었다. 생긴 대로 사는 것은 정말 멋진 일이다. 욕망을 억누르지 않고 본성에 따라 마음의 '결'을 느끼며 사는 것도 나쁘지 않다고 본다. 주당 선배는 지금 어디서 어떤 술을 마시고 있을까. 아무리 생각해도 그는 술에 관한 한 정말로 전설이다.

두 번째 기내식을 먹고 나니까 고도 3만 피트 상공에서 유럽 대륙을 횡단하고 있었다. 비행기를 탄지도 거의 10시간이 넘었고 그렇게 울고 보채던 갓난아이도 곤히 잠들었는지 기내는 조용하기만 했다. 이제 독일 프랑크푸르트에 도착하면 잠시 기다렸다가 다시 마드리드로 향할 예정이었다. 현지 시각으로 오후 6시가 다된 시간이지만 창밖은 여전히 환하게 밝았다. 프랑크푸르트 공항에 내린 뒤 대기실에 앉아 기지개를 켰다. 3시간 기다린 끝에 프랑크푸르트에서 다시 스페인 마드리드로 출발했다.

비행기는 고도를 높여서 시속 수백km로 유럽 대륙의 이베리아 반도로 비행하고 있었다. 주변 사람들은 태연한 표정으로 모니터만 응시할 뿐 조용했다. 대부분의 승객들은 잠에 빠졌고 간간히 보이는 비즈니스 정장 차림의 남성들이 진지하게 서류 뭉치를 들여다보고 있었다. 왠지 현실과는 동떨어진 묘한 분위기. 비행기는 그래서 더 매력적인 공간이다. 여행을 떠나는 사람의 감정은 현실에서 벗어난다는 해방감과 더불어 한편으로는 미지에 대한 불안감이 뒤섞이게 마련이다. 자유와 불안이 뒤엉키면서 떠나는 순간의 환희와 공포가 엇갈리는 초현실적인 분위기를 뿜어낸다. 비행기라는 좁은 좌석에서 낯선 사람들과 어깨를 마주하는 순간은 기쁨과 불안이 공존하는 양가적인(ambivalent) 상황인 것이다. 이렇게 상반되는 감정은 떠나는 사람의 마음을 가장 잘 설명한다고 생각한다.

나도 회사 일에서 벗어난다는 해방감에 도취되어 있었지만 한편으로는 잘 해낼 수 있을지 걱정했다. 생각해보면 그런 감정은 당연하다. 여행의 흥분은 불안한 감정과 미지(未知)에 대한 걱정 없이는 존재하지 않는다. 일반적으로 양가성(ambivalence)은 보편적인 것이며 지극히 자연스러운 것이다. 불안하기 때문에 낯선 길로 떠나는 스릴과 흥분을 즐길 수 있으니 말이다. 여행을 떠나는 사람들은 그런 의미에서 해방감과 억압을 동시에 느끼면서 비현실적인 기분에 젖게 된다. 정신과 전문의들도 인간은 누구나 정도의 차이가 있을 뿐 양가적인 감정을 느낀다고 한다. 병적일 정도로 감정의 진폭이 큰 경우 문제가 되지만 정상적인 마음의 상태라는 것이다. 사실 어떤 대상이나 사람을 무조건 좋아만 하는 것도 오히려 문제가 될 것 같다. 나는 무조건 좋아하는 것이 어떤 측면에서 보면 병적인 집착이 될 수 있다고 생각한다. 사람도 여행도 좋으면서 싫고 싫으면서도 좋은 것이 자연스러운 마음이다. 억지로 꾸미지 않은 날것의 감정을 그저 그대로 즐기면 그만인 것이다.

2011년 10월 3일 오후
비행기 안

Step 2
낯선 곳에서 나를 생각하다

여행자 그들은 항상 이방인
유럽 끝에서 나를 떠나 나를 찾다
터프함으로 가장한 수컷들의 속내
내리쬐는 태양 아래, 상념에 잠기다
고성(古城)에서 어머니를 생각하다

여행자 그들은
항상 이방인

　서울에서 출발해서 거의 하루 만에 1차 목적지인 스페인 마드리드에 도착했다. 비행시간만 15시간 걸리는 장거리 여행이라 극도로 피곤했다. 한국 시간으로 10월 4일 새벽 6시 반이었고 현지는 자정을 넘긴 시간이었다. 늦은 시간인 탓인지 바람이 차갑게 느껴졌다. 스페인은 유럽에서 다섯 번째 경제규모를 자랑하는 비교적 유복한 국가라고 생각했지만 정작 공항의 벽에는 페인트가 벗겨져 있는가 하면 갈라진 틈 사이로 바람이 들어올 정도로 궁색해보이기까지 했다. 유럽의 재정위기가 심각하다는 뉴스를 접해서 익히 알고 있었지만 공항 시설을 보수하지 못할 만큼 어려운 것 같았다. 유럽의 국가들은 상당히 오랫동안 세계의 중심에서 풍요로운 삶을 누렸다. 그런데 이제 힘의 패러다임이 아시아로 넘어오면서 과거의 영광은 빛이 바랜 채 옛 추억이 되고만 것이다. 전통과 문화의 중심인 것은 틀림없지만 찬란했던 지난날의 모습은 공항에서 조차 찾아볼 수 없었다. 태어나서 처음 밟아본 마드리드의 인상은 왠지 초라하고 쓸쓸했다. 내가 스페인 땅을 밟았을 때 유럽 전역에 재정 위기가 고조되고 있어서 어쩌면 그러한 선입견을 가졌는지도 모른다. 실업률은 증가하고 경기는 하강국면에 접어든 상황,

왠지 스페인 사람들의 얼굴에 웃음기가 사라진 것처럼 보인다.

자정을 넘긴 시간이라 서둘러 호텔에 체크인을 해야만 했다. 짐을 하나 보낸 게 있었다. 흉기로 사용될 수 있다는 이유로 상자에 포장해 실어 보낸 '마운틴 폴'. 이놈이 계속 골칫거리였다. 다른 승객들의 짐이 거의 다 나왔는데도 내가 보낸 등산용 스틱은 여전히 소식이 없었던 것. 여행이란 게 기다림의 연속이고 유럽 공항의 서비스 수준이란 게 한심하기 짝이 없는 노릇이지만 거의 1시간 남짓 기다리다보니 짜증이 나기 시작했다. 주변에 공항 직원을 찾아봐도 눈에 띄지 않았다. 게다가 마드리드 공항 인근에 예약해 놓은 호텔에 전화를 걸어보니 자동응답기만 돌아갈 뿐 아무도 받지 않았다. 은근히 걱정이 되기 시작했다. 몸도 피곤한데다가 등산용 스틱도 감감무소식이고 정말이지 짐이고 뭐고 그냥 버리고 가고 싶었다. 기다림엔 끝은 있다고 했던가. 정성스럽게 포장한 마운틴 폴이 수화물 트랙에 등장했고 호텔과도 전화가 연결됐다. 게이트로 나오면 호텔 셔틀 버스가 대기하고 있다고 직원이 설명해줬다. 공항 밖으로 빠져나오니 정말 거짓말처럼 호텔 셔틀 버스가 눈앞에서 출발하고 있었다. 슬로우 비디오 한 장면처럼 호텔 이름이 선명하게 박힌 50인승 대형 버스가 시야에서 멀어져 가고 있었다. 정신줄 놓은 사람 마냥 버스를 향해 미친 듯이, 그리고 맹렬하게 뛰어서 손바닥으로 버스를 두드리며 소리 쳤다.

'스탑! 스탑! 버스 스탑!'

지금 생각해보면 절로 웃음이 난다. 동양 남자가 큰 배낭을 메고 야밤에 버스를 향해 돌진하는 모습. 운이 좋았는지 그 버스가 그날 밤 마지막 차였다고 운전사 아저씨는 친절하게 이야기했다. 공항 게이트 출구는 외국 여행의 첫인상을 결정짓는다. 사람들은 삼삼오오 모여 담배를 피워 물며 주변을 둘러보느라 정신이 없지만 정작 눈에 들어오는 것은 별다른 것이 없다. 사람 사는 곳이 대게 그렇듯, 다른 듯 같은 그런 느낌이랄까. 그래도 각 나라 특유의 공기가 감지되는 곳이 공항이다. 어쩌면 그 이국적인 공기를 맡을 때 진짜 여행을 온 것 같은 느낌이 드는 지도 모르겠다.

어두운 도로를 달려 드디어 처음 묵을 호텔에 도착했다. 호텔은 비즈니스급 호텔로 매우 안락하고 시설도 새롭게 단장했는지 깔끔했다. 하룻밤에 74유로를 지불한 곳이기 때문에 혼자 쓰기는 아깝다는 생각이 들었다. 일행이라도 있으면 절반씩 부담할 수 있었을 텐데 아쉬웠다. 비행기에서 착륙 전에 가볍게 저녁을 먹었지만 기내식이란 게 돌아서면 배가 고프기 마련이다. 그래서 미리 준비해 간 등산용 비상식량인 '즉석 비빔밥'을 먹기로 했다. 비상용으로 준비한 것인데 호텔에 도착하자마자 꺼내 먹는 게 마음에 걸렸지만 앞으로의 강행군을 생각하면 초반에 잘 먹어둬야 한다. 나름 괜찮은 호텔을 잡은 것도 그런 이유에서였다. 시작 전부터 의욕이 앞섰다가 몸살이라도 난다면 여행 후반을 제대로 소화하지 못할 수 있다. '캠핑용 즉석 비빔밥'은 남자들에게는 익숙한 메뉴다. 군대에서는 '전투식량'이라고 부르는 것인데 뜨거운 물을 넣고 4분 정도 기다린 뒤 고추장과 참기름을 넣어서 비벼 먹는 비상용 식량이다. 요새는 등산용으로 쉽게 구입할 수 있어 한국에서 준비해 왔다. 전투식량을 준비하다보니 군대에서 엄동설한 혹한기 훈련 때가 떠오른다. 전투식량과 컵라면이 저녁으로 배식됐다. 으레 후임 병사들이 고참 저녁까지 챙기는데 멋모르는 신참이 뜨거운 물을 부어놓고는 야전 천막 밖에다 놓고 들어온 것. 영하의 날씨에 물이 금방 식어버려 라면이 제대로 익지 않았다. 고참들의 불호령에 내무반에 찬바람이 불었던 기억. 요즘도 전투식량을 보면 군대 시절의 아련한 추억이 떠올라 웃음이 난다.

여행의 피로를 전투식량으로 달래고 싶었는데 아무리 찾아봐도 호텔 방에는 전기포트가 없었다. 대부분의 호텔에는 뜨거운 물을 끓이도록 전기포트가 있는데 스페인에는 없는 것 같았다. 로비 데스크에 전화로 물어보니 처음에는 뜨거운 물은 잘 나올 텐데 무슨 소리냐고 반문했다. 그녀는 내가 욕실에서 뜨거운 물을 찾는 줄 알았던 모양이다. 하지만 먹을 물이라고 말하자 이내 알아듣고는 1층 로비에 레스토랑이 있는데 거기에서 얻을 수 있다고 설명해줬다. 나중에 알게 된 일인데 스페인에서는 주로 1층 레스토랑에서 뜨거운 물을 얻을 수 있기에 방에는 전기포트가 없는 곳도 많다. 야밤에 뭔가 먹겠다고 애쓰는 모습이 가엽게 보였는지 레스토랑 종업원은 더 필요한 게 없느냐, 언제 도착했느냐 이것저것 나에게 물어봤다.

뜨거운 물을 넣은 뒤 조심스레 들고 방으로 돌아와서 고추장과 참기름을 넣었다. 한 방울이라도 남아있을까 싶어 정성들여 쥐어짰는데 이내 방 안에 고소하고 향긋한 참기름 냄새가 퍼져나갔다. 마드리드에서 먹는 즉석 비빔밥의 맛이란 말로 표현하기 어려울 만큼 좋았다. 시장이 반찬이라고 했던가. 몸은 피곤했고 시차 때문에 잠이 안 올 것 같았지만 배가 든든한 덕분에 이내 침대에 빨려 들어갔다. 그 때가 새벽 2시가 넘은 시간이었다. 여전히 몸살 기운이 있었지만 서울에서 가져온 감기약 한 알을 먹고 잠을 청했다. 내일부터는 산티아고로 향하는 본격적인 일정이 시작된다. 살짝 잠들었는데 이내 다시 깨어났다. 여행지에서 첫날이라는 흥분 때문인지 잠이 쉽게 오지 않았다. 스페인 마드리드 시내의 공기는 건조했다. 자신의 개성을 하나도 드러내지 않은 채. 첫 느낌은 외롭고 삭막하다는 표현이 어울릴 듯 싶다. 어쩌면 내 마음이 그러했는지도 모른다. 마드리드의 어두운 밤공기는 어쩐지 두렵게 다가왔다. 첫 느낌이 전부는 아니지만 오래도록 잊을 수 없는 인상을 남기는 것은 사실이다.

낯선 여행지에서의 첫날 밤 문득, 첫인상 하면 잊을 수 없는 재미있는 인연이 떠올랐다. 프랑스 파리에서 사업을 하다가 잠시 한국에 돌아온 선배와의 만남이었다. 벌써 7~8년도 넘은 일이다. 파리에서 오래 살다온 선배를 모임에서 우연히 알게 됐는데 그 분은 '파리지엥'(parisien) 특유의 까칠하고 도도한 첫인상을 풍겼다. 술자리에서 서로 많은 이야기를 나눴는데 그 형은 뜬금없이 나에게 '너는 너무 되바라진 것 같다'고 핀잔을 하는 게 아닌가. 내가 무례하게 군 게 없었는데 잘 모르는 사람에게 그런 이야기를 듣는 게 내심 불쾌했다. 여러 사람이 모인 자리여서 내색을 하지 않았지만 속으로는 '잘 알지도 못하면서 남에 대해 쉽게 말하는 사람이라면 안 봐도 그만'이라고 생각했다. 그 선배는 다시 파리로 돌아갔고 자연스럽게 멀어졌다. 나쁜 감정은 갖지 않았다. 다만 내 진심과는 다르게 선배에게 그렇게 보였다는 점이 속상한 것은 사실이다. 만날 인연이라면 다시 만난다고 했던가. 우연히 다시 연락이 됐고 그 뒤로도 자주 만나면서 친한 사이가 되었다. 함께 파리에 여행도 갔었고 골프도 그 형에게 배웠을 정도로 아주 친한 형이 된 것이다. 한참 지난 뒤에 그 선배는 나에게 우리가 처음 만났을 때를 이야기했다. '네가 씩씩해 보이길래 일부러 좀 놀려본 것인데 화내지 않고 무던하게 대하는 걸 보고 호감이 생겼다'고 한다. 첫 만남에서 그런 속내를 알 수 없었지만 첫인상만 가지고 속단했다면 지금 그 선배와의 좋은 인연은 지속되지 못했을 것이다. 첫인상이 전부는 아니리라.

사실 낯선 이와 처음 만날 때 우리가 마주하는 감정은 대게 호기심과 두려움이다. 두 개의 감정 중 어떤 하나가 다른 하나를 압도할 경우 우리는 균형적인 시각을 잃게 된다. 호기심과 두려움은 자연스러운 감정이다. 단순히 개인적인 느낌과 첫인상만 가지고 극단에 치우치는 것은 현명하지 못한 일이다. 대게 남자들이 이런 편견에 노출되기 쉽다. 감성저이고 인간관계를 중시하는 여자들은 호기심과 두려움을 적절하게 배합하는 지혜를 타고난 듯하다. 그게 바로 여성들의 힘이고 능력이다. 호기심과 두려움, 이 두 개의 감정이 자연스럽게 '밀고 당기도록' 내버려두는 게 좋다. 한쪽이 다른 편을 제압하려는 유혹이 생겨 그대로 방치할 경우 잘못된 선입견에 빠질 수 있다. 남자들이 첫 만남에서 서툰 것도 그런 이유다. 낯선 사람을 만날 때 첫 느낌에 너무 연연하지 말았으면 한다. 첫인상이 좋았던 사람이 끝까지 오래도록 좋으리란 보장도 없고 그 반대의 경우도 마찬가지인 탓이다.

나의 마드리드, 그 첫 느낌에는 고소하고 향긋한 참기름 냄새가 배어있었다.

2011년 10월 4일 새벽
마드리드 도착

유럽 끝에서
나를 떠나 나를 찾기

　　오전 6시. 휴대폰 알람 소리를 듣고 깜짝 놀라 잠에서 깨어났다. 여긴 어디인가. 나는 또 누구인가. 비몽사몽(非夢似夢). 여행 첫날 심신 모두 지친 상황에서 늦잠을 자다가 일정을 망친 경우가 종종 있었다. 낙천적인 성격에 한번 잠들면 업어 가도 모를 정도로 숙면을 취하는 체질도 때로는 거추장스럽다. 경건한 성지순례에 오르는 길이기에 허투루 시간을 허비하면 안됐다. 잠에서 깨어나면서 스마트폰으로 트위터와 페이스북 메시지를 확인하려고 습관적으로 어플(application)을 눌렀다. 이내 인터넷을 연결할 수 없다는 메시지가 나온다. 한국에서 무료 와이파이에 익숙했던 터라 유럽에서 가장 불편한 게 무선 인터넷 사용이다. 와이파이가 호텔에서 제공되고 있었지만 하루 이용하는 데 6유로였다. 우리 돈으로 환산하면 와이파이 사용하는데 1만원을 내야 하는 셈이다. 트위터와 페이스북과 카카오톡 등으로 지인들과 평소 소식을 주고받는 게 몸에 배서 하루가 지났을 뿐인데 답답하다. 결제를 하고 인터넷을 사용할 수 있었지만 여행 전에 웬만하면 스마트폰을 쓰지 않기로 스스로 다짐했다. 일상에서 한발 물러나 있는 기회를 찾아보는 게 좋을 거라고 생각했기에 불편함을 감수하고 귀국할 때까지

'스마트한 유혹'을 참기로 한다.

　스마트한 세상이 된 뒤로 우리는 잠시도 일상에서 벗어나지 못하고 있다. 스마트폰을 손에 쥐고 늘 누군가와 그다지 의미도 없는 이야기를 나누며 시간을 보낸다. 친구들과 오랜만에 모임을 해도 결국 처음에만 반갑게 악수를 나눌 뿐 핸드폰을 들고 각자 다른 짓을 한다. 다리를 꼰 채로 스타벅스 커피를 홀짝거리면서 앞에 앉아 있는 친구는 외면하고 스마트폰과 눈을 맞추기에 여념 없다. 왜 우리는 잠시도 사이버 세상에서 벗어나지 못하고 있을까. 낯선 공간보다는 익숙한 스마트폰 속에서 웅크리고 있는 현대인들. 어머니 자궁과 같은 안락함은 이제 손바닥만한 작은 기계가 대신하는 것이다. 요즘 사람들은 휴대폰 속으로 퇴행을 반복하고 있는 것처럼 보인다. 나 역시 그런 익숙한 공간에서 자유롭지 못하다. 무의식적으로 '어머니 자궁'으로 돌아가고 싶어 하는 욕망은 스페인에서도 마찬가지였던 게 아닐까. 이번 여행에서만큼은 나 자신을 더 생각해 보고 싶었다. 그래서 과감하게 스마트폰을 배낭에 던져 넣고 길을 나서기로 한다.

　오전 7시가 되어도 창밖의 풍경은 여전히 어두웠고 돌아다니는 사람도 없었다. 오전에 이른 아침을 먹고 짐을 정리하고 마드리드 샤마틴(Madrid Chamartin)역으로 서둘러 출발해야만 한다. 아침에 일어나 보니 몸살 기운과 환절기에 달고 다니는 비염도 많이 좋아졌다. 서울에서 컨디션 조절에 실패했다고 은근히 걱정했는데 정작 마드리드에 도착하니 하룻밤 사이에 몸이 깃털처럼 가볍게 느껴졌다. 비즈니스급 호텔이어서 그런지 아침 식사를 제공했지만 너무 간소하다. 유럽의 경우 아침을 주지 않는 호텔도 상당히 많고 대부분 빵과 과일에 커피 정도만 먹을 수 있다. 물론 특급호텔은 다르지만 우리와는 달리 아침에 불을 피우지 않는 것이 오래된 관습이고 아침을 거하게 먹지 않는 게 기본이다. 1층 로비의 레스토랑에는 정장 차림의 남자들이 식사를 하고 있을 뿐 조용했다. 접시와 나이프가 부딪히는 소리가 도드라질 정도로 말이다. 포크와 나이프가 접시에 부딪히는 날카로운 소리도 어쩐지 경쾌하게 들렸다.

짐을 정리한 뒤 호텔을 나서면서 마드리드 샤마틴 역으로 이동하는 방법을 놓고 고민해야했다. 버스를 타고 갈 수도 있지만 걸리는 시간과 노력에 비해서 아끼는 돈이 크지 않다고 판단했기에 택시를 타고 편하게 이동하기로 했다. 허리띠를 더 졸라맬 수도 있겠지만 11일 정도의 휴가를 내서 온 마당에 교통비를 아끼는 것은 현명하지 못하다고 생각했다. 택시 창문 너머로 보이는 마드리드 시내는 도시 중심을 벗어난 외곽이어서 그런지 다소 황량하고 개성 없는 건물들만 늘어서 있다. 한국에서도 회색빛 콘크리트에 질렸는데 여기서도 빌딩 숲이라니. 이번 여행은 평범한 회사원에게 허락된 '직장인 맞춤형 일정'으로 떠난 것이니 정식 풀코스는 아니다. 그러니 마드리드에서 최종 목적지인 산티아고 데 콤포스텔라 인근의 소도시까지는 대중교통으로 이동해야 했다.[2]

나는 늘 열차를 타면 데이비드 린 감독의 영화 '닥터 지바고'의 시베리아 횡단 열차가 먼저 떠오른다. 이상하게도 어린 시절에 본 영화 속 장면이 강하게 뇌리에 남아 있는 모양이다. 눈 덮인 평야 위를 하얀 증기를 뿜어내면서 내달리는 횡단 열차는 유년 시절 동경의 대상이기도 했다. 주인공인 유리 지바고(오마 샤리프)가 우수에 찬 눈빛으로 라라

(줄리 크리스티)에게 던진 대사는 사춘기 소년 길수에게 자신이 모르는 더 큰 세상이 있다는 것을 느끼게 했다.

> 당신이 슬픔이나 회한 같은 걸 하나도 지니지 않은 여자였다면 나는 당신을 이토록 사랑하지는 않았을 거요. 나는 한 번도 헛딛지 않고 낙오하지도 않고 오류를 범하지도 않는 그런 사람은 좋아할 수가 없소. 그런 사람의 미덕이란 생명이 없는 것이며 따라서 아무런 가치도 없는 것이니까. 그런 사람은 인생의 아름다움을 보지 못한단 말이요…….

스페인의 열차여행은 영화 '닥터 지바고' 속 명장면만큼이나 아름답고 낭만적이다. 열차를 타면 상념에 빠지기 쉽다. 넓은 평야와 지평선을 바라보면 마음이 편안해진다. 닥터 지바고가 라라에게 한 말을 곰곰이 생각해본다. 그는 '헛딛지 않고 낙오하지도 않고 오류를 범하지도 않은 사람'을 좋아할 수 없다고 했다. 내가 바로 그런 사람이었다. 너무 많은 실수와 오류로 길을 잃고 있었다. 낙오한 인생이 아니라고 변명했지만 과연 그런지 장담할 수 없다. 자존심으로 버티고 있었을 뿐 숱한 시련에 부대끼며 발을 헛딛는 느낌을 지울 수가 없었다.

2 마드리드에서 산티아고까지 향하는 야간열차도 있지만 장거리 비행 이후 곧바로 야간열차를 타는 것은 좋은 생각이 아니다. 어차피 순례길에 오르면 죽도록(?) 고생할 테니 미리 힘을 뺄 필요는 없었다. 나는 낮 시간에 열차로 2번 갈아타고 이동하는 대안을 선택했다. 결과적으로 낮에 이동하면서 스페인 북부 지역의 아름다운 자연 풍광을 마음껏 구경할 수 있었으니 개인적으로 이 방법을 추천한다. 마드리드에서 열차로 이동하면 스페인 지방의 독특하고 아름다운 경관을 감상할 수 있는 호사까지 누릴 수 있으니 말이다.

낯선 곳에서 나를 생각하다

나의 실수와 오류들이 내 삶에서 어떤 영향을 미치게 될지 알 수 없지만 적어도 인생의 아름다움을 훼손시키지 않기만을 소망했다. 애써 부정하고 있었지만 반복되는 일상에서 내 자존감은 계속 낮아지고 있었다. 솔직히 인정하고 싶지 않았던 것뿐이다.

기차는 마드리드 역을 빠져나와 서서히 미끄러지듯 트랙을 따라서 달리기 시작했다. 이내 답답한 도시를 벗어나 확 트인 평야 지대가 반갑게 맞이하고 있었다. 스마트폰에서 가수 김현철의 '춘천 가는 기차'를 골라서 플레이를 눌렀다. 감미로운 목소리가 귓가에 퍼져나갔다. 혼자 산티아고를 찾은 내 마음과 너무 같았다. 아무 계획도 없었고 쫓기는 생활에서 벗어나, 한발 물러나 나를 찾아보는 기회를 얻고 싶었다. 이제부터 드디어 매일매일 나를 들여다보고 나와 얘기 나누는 시간이 찾아올 것 같은 황홀한 예감이 들었다.

조금은 지쳐 있었나봐 쫓기는 듯한 내 생활
아무 계획도 없이 무작정 몸을 부대어보며
힘들게 올라탄 기차는 어딘고 하니 춘천행
지난 일이 생각나 차라리 혼자도 좋겠네
춘천 가는 기차는 나를 데리고 가네
오월의 내 사랑이 숨쉬는 곳
지금은 눈이 내린 끝없는 철길 위에
초라한 내 모습만 이 길을 따라가네
그리운 사람...

김현철 〈춘천 가는 기차〉 중

2011년 10월 4일 오전 6시
마드리드에서 레온으로

수컷들의 속내
터프함으로 가장한

　때론 기차를 타고 하는 여행이 비행기나 자동차 보다 훨씬 낭만적이고 쾌적하다. 비행기를 타면 좁은 좌석에 앉아 모니터 화면을 뚫어져라 쳐다볼 뿐이지만 기차 여행은 탁 트인 주변을 둘러보는 즐거움을 누릴 수 있으니 얼마나 좋은가. 게다가 요즘 열차들은 얼마나 조용하고 쾌적한지 모른다. 프랑스 파리 북역에서 영국 런던으로 이동할 때도 고속열차인 유로스타(Eurostar)를 타고 도버해협을 횡단한 적이 있었다. 조용히 음악을 들으면서 준비해간 자료를 읽을 수 있었는데 이번에도 레온까지 향하는 동안 꼼꼼하게 정리된 성지순례에 대한 글을 읽을 수 있었다. 여행 에세이 한권과 여행 정보 서적 한권을 필요한 부분을 골라서 훑어보니 어느새 서너 시간이 훌쩍 흘러간 듯 하다. 기차가 1차 목적인 레온(León)[3] 역에 도착했고 이내 스페인어와 영어로 안내 방송이 흘러나온다. 혼자 하는 여행은 누군가 옆에서 귀찮게 말을 걸지 않는다는 장점이 있지만 반대로 누구와도 여행의 즐거움을 나눌 수 없다는 아쉬움도 있다. 물론 현지에서 낯선 사람과 친구가 되고 담소를 나눌 수 있지만 번거롭게 느껴질 때가 더 많은 게 솔직한 심정이다. 스스로를 돌보기 위해 홀로이 떠나는 여행의 백미는 그런 게 아니겠는가.

이미 시간은 오후 2시가 넘었는데 아침을 일찍 먹어서 그랬는지 배가 고프다 못해 살살 쓰려왔다. '복중시계'(腹中時計)가 거세게 울리고 있었다. 밥부터 먹는 게 우선. '산티아고도 식후경'이라고 레온에서 가장 유명한 건축물인 카테드랄(catedral) 대성당과 건축가 가우디의 카사 데 보티네스(Casa de Botines) 인근에 레스토랑이 몰려 있을 것 같았다. 레온 역에서 도보로 20분 정도 걸어서 산토 도밍고 광장(Pl. de Santo Domingo) 인근에 있는 아담한 식당을 찾았다. 바로 옆에 가우디의 카사 데 보티네스가 보이는 목 좋은 곳에 자리 잡고 있는 레스토랑이다. 옆 테이블에 있는 관광객 차림의 노부부가 맥주를 마시고 있다. 노부부가 간간히 이야기를 나누면서 살며시 미소를 짓는 그 순간. 서로를 향한 무한한 신뢰. 별다른 말은 없지만 그들에게 무슨 말이 필요하겠는가. 반세기(半世紀)를 함께 한 세월의 흔적이 그들의 얼굴에 고스란히 드러나 있는 것을. 행복한 노년에 배우자의 존재는 절대적이

---

3   레온(León)이란 도시는 산티아고로 향하는 순례자들이 반드시 지나는 도시 중 가장 유명한 곳 중 한 곳이다. 인구 13만여 명의 작은 도시지만 옛 레온 왕국의 수도로 번성했던 흔적이 고스란히 남아 있는 유서 깊은 소도시다. 레온 역에서 베르네스가 강(Río Bernesga)을 건너서 산토 도밍고 광장을 지나 구시가로 들어서면 바로 왼쪽에 안토니오 가우디가 설계한 유명한 건축물 카사 데 보티네스가 화려하고 아름다운 모습을 자랑한다. 스페인이 내놓은 세계적인 건축가인 가우디는 건축의 성자라고 불릴 정도로 천재성 뿐 아니라 평생을 수도자처럼 살다간 인물로 존경 받고 있다. 그의 작품은 스페인 카탈루냐 지방에 집중돼 북부 지역에는 거의 찾아보기 어렵다. 그런데 산티아고 성지순례길의 중간 정착지인 레온에서 그의 작품을 만날 수 있다. 카사 데 보티네스는 가우디의 설계로 1893년 완공된 네오고딕 양식의 건물로 현재는 은행으로 쓰고 있다. 구름 한 점 없이 맑은 날, 가우디의 작품을 감상할 수 있는 행운은 아무나 누릴 수 있는 게 아니다. 그야말로 떠난 자들이 누리는 행운일 터!

다. 남녀관계를 넘어 평생 함께 살아온 벗이고 오누이 같은 사이기 때문이다. 우리 부모님 두 분도 젊어서는 아옹다옹 다툼이 많으셨지만 지금은 세상에 둘도 없는 단짝이시다. 요즘도 가끔은 서로에게 가시 돋친 핀잔으로 얼굴을 붉히지만 그래도 자식들보다 '여보 당신'이 더 좋다고 하신다. 행복한 부부가 따로 있는가, 말없이 서로의 늙은 얼굴을 바라보며 가벼운 미소를 짓는 일, 그런 게 아닐까.

스페인은 정오가 지나면 10월에도 한여름 무더운 날씨를 방불케 한다. 맥주 한잔과 감자를 넣은 오믈렛을 시켜서 늦은 점심을 먹었는데 맛이 아주 소박하고 담백하다. 허기와 갈증으로 처음에는 레온이란 도시가 눈에 제대로 들어오지 않았다. 바로 옆에 가우디 건축의 아름다움을 보여주는 카사 데 보티네스가 서 있는데도 전시에만 코를 박고 있었으니……. 어느 정도 배가 부르니 그제야 소박한 도시의 아름다움이 눈에 들어온다. 걸신처럼 먹고 나니 먹는 것에 대한 욕망이 남달리 강한 식도락가 친한 형님이 생각난다. 이 형님은 풍채가 좋은데 먹고 싶은 게 있으면 장거리 운전도 마다하지 않는다. 하루는 텔레비전 음식 프로그램에서 영덕에 대게가 풍년이라는 소리를 듣고는 방송이 끝난 자정에 잠자고 있는 부인과 아이를 깨워서 새벽에 고속도로를 달려 영덕에 도착했다고 한다. 영덕에서 대게를 먹으려면 식당이 아닌 선장에게 직접 전화를 하라고 귀띔해 주는 그런 분이다. 전국에 있는 맛집을 줄줄이 외울 정도다. 도대체 무슨 이유에서 그렇게 힘들게 맛집을 찾아다니는지 궁금해 물어본 적이 있다. 그 형님 대답이 재밌다.

"즐겁잖니. 세상에 맛있는 게 너무 많은데 그걸 못 먹는다는 게 아쉽지 않니?"

그 형님의 식탐(食貪)이 유별나다고 생각했는데 꼭 그런 것만은 아니었다. 형님 말씀은 두 딸들에게 자신이 이렇게 많은 맛집을 알고 있고 너희들과 함께 먹고 싶다는 걸 알리고 싶었다는 것. 아이들에게 자신이 아는 것도 많은 근사한 아빠라는 사실을 인정받고 싶었던 것이다.

무언가를 누군가와 함께 먹는다는 건, 누군가에게 사랑을 주고 싶고 아울러 받고 싶다는 욕구의 발로인 것이다. 실제로 친한 후배는 가족 간의 불화와 실연의 상처를 먹는 것으로 해소했다고 한다. 평소 몸무게보다 무려 15㎏이나 불어났는데도 그 후배는 배가 부를 때에는 외로움을 덜 느낀다고 했다. 다행히 주변 선배들과 어울리기 시작하면서 사랑 받고 싶은 욕망을 먹는 것으로 푸는 '미련한 짓'을 줄여나가고 있다. 먹는다는 행위는 그렇다. 폭식증이나 거식증과 같은 질환은 누군가에게 사랑 받지 못한데서 오는 반작용인 것. 현대인의 병인 비만을 물질적 풍요에서만 찾는 것은 온전한 해석은 아닌 것 같다. 물질적 풍요라기보다는 정신적인 빈곤, 즉 외로움에서 비롯된 부작용이라고 생각한다. 자신이 조금 과하게 뚱뚱하다고 생각된다면 먹는 습관을 먼저 돌아볼 게 아니라, 주변 사람과의 관계를 되짚어보는 게 어떨까. 맛난 음식을 먹으면서 참 생각도 많은 길수로구나.

레온까지 새마을 열차를 타고 왔다면 다음 목적지인 몬포르테 데 레모스까지 가는 일종의 '무궁화 열차'를 타야했다. 지방의 작은 간이역까지 모두 정차하는 5량 안팎의 완행열차를 타는 것도 색다른 경험일 듯싶어 여행사를 통해 예약했다. 발걸음을 재촉해서 5분 정도 걸어가면 레글라 광장(Pl. de la Regla) 옆에 카테드랄이 있다. 정교한 스테인드글라스로 유명해 스페인의 3대 카테드랄로 꼽힌다. 13세기 초부터 14세기 말에 건축된 고딕 양식의 대성당으로 레온에서 꼭 봐야할 곳이라고 모든 여행 책자에서 설명하고 있다. 그러니 나의 기대는 남달랐다. 특히 내부에 들어가면 성당 안의 상부를 수놓고 있는 스테인드글라스가 장관(壯觀). 성당은 외관으로 보기에도 웅장하고 멋스럽게 보였다. 빨리 안으로 들어가려고 했는데 이상하게 인기척이 없고 문이 닫혀 있는 게 아닌가. 뭔가 문제가 있는 게 아닌지 카테드랄을 한 바퀴 둘러봤지만 스페인어를 모르는데다가 설명해줄만한 안내원이 있지 않았다. 캐나다에서 온 젊은 커플이 안내 책자를 유심히 들여다보면서 닫혀있는 것 같다고 푸념할 뿐이었다. 이런 낭패가 있나. 시간도 없는데 문까지 닫혀있고 난감할 뿐이었다. 아뿔싸! 그제서야 스페인의 낮에는 시에스타(Siesta)라고 하는 낮잠 문화가 있어 오후 1시~4시 사이에 문을 닫는 곳이 많다는 친구의 말이 떠올랐다. 깨알같이 적혀 있는 안내 책자를 유심히 살펴보니 평일에는 오후 1시 30분부터 오후 4시까지 문을 닫는다고 친절하게 적혀 있다. '허당 길수 어린이'는 어쩔 수 없구나. 스페인의 3대 카테드랄이라고 침 튀겨 찬미했지만 정작 성당이 문을 여는 시간도 모르고 있다니.

부끄러운 얘기지만 대부분의 남자들이 이런 식이다. 디테일에 약하고 꼼꼼하지 못한 자신의 단점을 과장된 터프함으로 감추려하는 것이다. 아직까지도 한국에서는 남자가 세세한 것까지 신경 쓰는 모습을 보이면 쫀쫀하다는 소리를 듣기 마련이다. 대충대충 해놓고 남자다움이라고 변명하는 게 아직도 통하는 사회다. 21세기는 감성적인 사람들, 세심하게 디테일에 강한 이들이 대접 받는 세상이다. 지나치게 쫀쫀하게 굴고 숨 막히게 살자는 이야기는 아니지만 때로는 남자들도 섬세해야 한다. 그런 섬세한 일들에 익숙해지는데 요리와 가사 노동만큼 좋은 게 없다. 나 자신도 혼자 살기 시작하면서 요리와 가사 일에 재미를 붙인 뒤 디테일의 미학을 더 잘 이해하게 됐다. 요리와 가사는 보기와는 달리 매우 세심하고 섬세한 노력을 요구한다. 가령 감자볶음을 할 때 프라이팬에 볶기 전에 채를 썬 감자를 찬물에 담가둔 뒤 요리해야 감자채가 서로 엉기지 않는다. 감자의 녹말 성분을 제거해야 깔끔한 맛을 낼 수 있는데 남자들은 이러한 디테일을 잘 모른다. 친한 사업가 선배는 주말을 맞아 큰마음 먹고 어묵 탕을 끓여서 가족들에게 대접하려고 했단다. 어묵이 상하는 것을 막아주는 방부제가 있는데 그것도 국물 스프인줄 알고 몽땅 털어 넣었던 것. 밥상을 차리던 형수님이 싱크대에 버려져 있는 방부제 껍데기를 봤기에 망정이지 식구들이 그 어묵 탕을 먹을 뻔 했다고. 외려 그 형님은 부인에게 '어묵 안에 들어 있는 수프는 다 먹는 것 아니냐'고 핀잔했다고 한다.

왜 남자들은 섬세하고 세심한 면모를 부끄러워하는지도 모르겠다. 가사 노동을 한 번 해보라. 터프한 당신에게 섬세하고 부드러워질 수 있는 기회를 줄 것이다. 터프함에 세심함까지 더한다면 최고의 남자가 되리니. 나는 요리와 가사노동에 재미를 붙인 뒤부터 아줌마들과 감성적인 대화에 잘 어울리게 됐다. 이따금 아파트 부녀회의 다과모임이나 반상회에 참석해 보는 것도 좋은 훈련이 된다. 마초 신드롬(macho syndrome)에 갇힌 남성들에게 새로운 세상을 소개하고 싶다. 그러나 결국 나도 매한가지 한국 남자였던 것인가! 스페인에서 마초 신드롬으로부터 자유롭지 못했던 것 같다. 터프함을 가장해 자신의 나약함을 감추려는 남자 특유의 본능이 드러나고 말았다. 갈아타는 열차 시간이 오후 4시였으니 결국 대성당을 구경하는 것은 포기할 수밖에 없었다. 120장 이상의 패널을 붙여 예술적 경지로 끌어올렸다는 스테인드글라스 공예는 여행 책자 속의 작은 사진을 보는 것으로 만족해야했다. 다시 돌이켜 아무리 생각해봐도 남자의 터프함은 거추장스럽기만 하다.

2011년 10월 4일 오전 10시
순례도시 레온 입성

낯선 곳에서 나를 생각하다

내리쬐는 **태양** 아래,
상념에 잠기다

　　대성당의 스테인드글라스를 구경하지 못한 게 못내 아쉬웠지만 열차 시간도 얼마 남지 않았다. 산토 도밍고 광장을 다시 되돌아와 레온 역으로 무거운 발걸음을 옮겼다. 정말 시에스타 때문인지 거리에 인적이 드물었다. 태양이 머리 위로 내리쬐는데 그늘에 벌렁 드러누워 낮잠을 자야겠다는 생각이 간절할 만큼 무더웠다. 레온 역으로 돌아와 대합실에서 열차를 기다렸다. 출발 시간보다 20분 먼저 도착해 가방에서 칫솔과 치약을 꺼내 화장실에서 양치질을 한다. 거울에 비친 모습을 보니 벌써부터 눈이 퀭하게 꺼지고 볼이 쑥 들어간 것처럼 보인다. 도대체 뭘 한 게 있다고 벌써부터 맥이 풀려있는지 모를 일. 성지 순례길에 오르기 전부터 진이 빠졌다고 해야 할까. 그런 상황에 풀어진 정신을 뻔쩍 들게 한 일이 있었다.

　　역 대합실에서 멋들어진 순례자 커플을 만난 것. 사실 그들이 대합실에 들어섰을 때 그 안에 있는 사람들 모두 그곳을 쳐다봤다. 길이가 성인 남성 키 절반은 족히 되어 보이는 대형 배낭을 짊어진 40대 초반의 여성들이었는데 금발에 푸른 눈을 가진 미녀들이었다. 언뜻 보기에도 이들은 독일 여성이라는 분위기를 강하게 풍기고 있었다. 큰 배낭에는 독일 국기가 작게 붙어 있었다. 검은색 아디다스 스포츠웨어를 입어 운동선수처럼 보이기까지 했다. 나 같이 아직 시작하지도 않은 초심자와는 한눈에 봐도 수준이 다른 고수들임에 틀림없다. 두 여성은 지쳐 보이긴 했지만 어딘지 모르게 표정이 무거웠고 단 한마디의 말도 나누지 않고 서로 거리를 둔 채 열차를 기다리고 있다. 나 같으면 가방을 내려놓고 열차를 탈 때 다시 짊어질 거 같은데 이들은 가방을 멘 채 정면만 응시하고 있다. 어깨에 배낭을 멘 곳이 아팠는지 방석을 두 번 접은 것처럼 생긴 두꺼운 패드를 양쪽에 덧대고 있는 것이다. 심한 압박감을 줄여주기 위한 임시방편으로 보였는데 갑자기 두 여성이 존경스럽기까지 했다.

당시에는 그녀들이 왜 가방을 내려놓지 않았는지 의아했다. 때로는 무거운 짐을 다시 메는 것보다는 그냥 어깨에 두는 편이 좋다는 깃을 한참 뒤에 알았다. 물론 내 가방도 작은 건 아니라고 스스로 대견해 했는데 실제로 산티아고 순례길에 이르자 뒷동산에 산책 나온 어린이 가방처럼 왜소하게 생각됐다. 남과 비교하는 게 어리석은 일이지만 숙녀들도 저렇게 큰 배낭을 메고 있는데 괜한 엄살을 부린 것 같아 부끄러웠다. 그녀들의 가방에는 하얀색 조개껍데기[4]가 성지순례를 상징하듯 당당하게 매달려 있다. 난 왜 저걸 매달 생각을 못했을까. 당장 카미노에 가면 저것부터 사야겠다는 유치한 조바심이 치밀어 오른다. (남과 비교하는 요놈의 못된 습관!) 과연 사람들의 눈에는 내가 어떻게 보일까 궁금하다. 입고 있는 차림새는 순례자의 모습과 비슷한데 왠지 신참 순례자의 모습과 다름없을 것 같다. 좀 과장해서 말하면 동양에서 온 젊은 사내가 '날탱이 같은 때끈한 차림'으로 아직 출발도 안한 채 잔뜩 폼만 잡고, 옷에도 가방에도 먼지 하나 묻지 않고 깨끗했다. 그야말로 신참 중의 신참이었으리니.

왜 이렇게 우리는 남의 기준으로 나를 괴롭히는 걸까. 고수 순례자 독일여자분들 덕에 만감이 교차한다. 나 자신도 그렇지만, 남의 눈치를 보는 심리는 참으로 알다가도 모르겠다. 자존감이 높고 개성이 강한 사람들도 남의 이목에서 자유롭지 못하다. 남과 비교한다고 해서 자신의 삶이 달라지거나 전혀 나아지지 않는데도 우리는 남과 나를 저울질 하는데 시간을 낭비한다. 옆집 남편, 친구의 아내, 동창생의 자녀 등과 말이다. 다수의 집단에서 따돌림 당하지 않으려는 심리에 자

---

4 카미노 데 산티아고는 예루살렘과 로마에 이어 3대 기독교 성지로 불리며 매년 많은 순례자들이 종교적인 이유로 찾아온다. 예수의 12제자 중 한 사람인 성 야고보는 스페인에서 포교활동을 마치고 고향인 예루살렘으로 돌아갔다. 그러나 기독교의 확대를 두려워한 유대 왕 헤롯에 의해 참수됐고 그의 제자들이 유해를 산티아고로 운반했던 것. 그로부터 800여년이 지난 9세기에 한 수도사가 산티아고에서 야고보의 무덤을 발견했고 이 소식은 기독교도들에게 힘을 주었다고 한다. 당시 아스투리아스의 왕이었던 알폰소 2세는 이곳에 성당을 건조한 뒤 자신이 최초의 순례자가 되어 오비에도(Oviedo) 지방에서 산티아고까지 순례길에 오르면서 역사가 시작돼 오늘에 이르고 있다. 이러한 소문이 유럽 각지로 퍼져나갔고 추종자들은 순례의 증표인 가리비 껍데기를 지니고 지팡이에 의지해 산티아고를 찾고 있는 것이다. 산티아고는 성 야고보의 스페인식 이름이기도 하다. 순례길을 상징하는 가리비 껍데기에는 흥미로운 전설이 내려오고 있다. 구전에 의하면 옛날 옛적 한 순례자가 길을 나섰다가 바다에 빠졌다. 절체절명(絕體絕命)의 위기상황에서 그는 산티아고 성인의 이름을 애타게 불렀고 그런 그에게 커다란 조개껍데기가 어딘가에서 파도를 가르며 나타나 그를 무사히 육지에 태워다 주었다고 한다. 그래서 순례자들은 산티아고까지 자신의 여정이 무사하길 기원하며 조개껍데기를 지니고 다녔고, 오늘날의 순례자들도 배낭에 하나씩 매달고 다니는 것을 잊지 않는다. 순례를 무사히 마치고 최종 종착지인 땅끝 마을 '피스테라(Fisterra)'에 도착하면 이 조개껍데기를 바다에 던져 감사의 뜻을 전한다고 한다. 지금이야 세상에서 가장 안전하고 아름다운 도보여행 코스로 각광받고 있지만 불과 수세기 전에는 성지순례에 오르는 것은 목숨까지 내놓아야 하는 위험천만한 일이었던 것이다.

기도 모르게 남을 흉내 낸다. 한국에서 젊은 여성들이 명품 가방을 사기 위해 술집에서 아르바이트를 한다는 뉴스를 보고 한심하다고 생각한 적이 있다. 남자들도 별 수 없다. 친구가 골프를 치니까 덩달아 골프백을 메고 필드를 어슬렁거리지 않았냐 말이다. 잠시 동안이었지만 나 역시 독일 여인들의 거대한 배낭을 보고 왜소해진 내 모습을 발견했다. 그럴 필요가 없다. 나는 내 모습을 드러낼 때 가장 아름답고 자신감 넘치는 것인데 타인과 견주어서 따라한다고 비슷해지겠는가. 성지순례에 오른 것이지 세상에서 가장 무거운 배낭 짊어지기 대회에 나온 것은 아니지 않은가. 옆집 남자가 젊고 아름다운 부인과 살면서 비싼 수입차를 타고 있다고 무작정 부러워할 게 아니다. 속사정을 들으면 정말 안됐다고 오히려 당신이 옆집 남자를 위로해야 할는지도 모른다. 짧은 경험이지만 ㄱ 동안 살아오면서 ㄴ낀 것인데 겉으로 ㄱ렇듯해 보이는 것들 중 의외로 가짜가 많고 껍데기인 경우가 허다했다. 반짝이는 것들은 가짜일 수 있다.

어느새 열차는 정해진 시각 트랙에 도착해 있었다. 두 번째 열차는 레온과 산티아고 데 콤포스텔라의 중간에 자리 잡은 몬포르테 데 레모스(Monforte de Lemos)로 향할 예정이다. 독일 여성들은 익숙한 자세로 배낭을 짊어지고 느긋하게 기차에 몸을 실었다. 도심지인 레온을 열차로 지나쳐 시골길에서 다시 도보로 이동하려는 계산인 듯싶다. 한 정거장 지난 뒤 그녀들이 열차에서 내리는 뒷모습을 바라보는데 왠지 오랜 친구를 떠나보내기라도 한 듯 마음 한구석이 허전했다. '산티아고에서는 모두가 친구'라는 말을 어렴풋하게 깨닫고 있었다.

진정으로 친구라고 부를 수 있는 사람이 단 한명이라도 있으면 성공한 인생이라고 한다. 헨리 아담스는 '사람은 평생에 한 친구면 충분하다. 둘은 많고 셋은 문제가 생긴다'고도 했다. 중국 진나라 때의 거문고 달인 백아(伯牙)와 종자기(鍾子期)의 우정은 언제 읽어도 깊은 감동을 주는 고사다. 친구인 종자기가 죽었다고 거문고 현을 끊은 백아의 우정은 감동적이다. 그런데 정말 친구는 한 명이면 족할까? 친구가 많고 적음은 문제가 되지 않는다고 본다. 또한 자주 보고 못 보고도 중요한 것은 아니다. 내게도 많은 친구가 있지만 정작 필요할 때 손을 잡아주는 이들은 얼마나 될까. 친구란 서로 비교하는 존재가 아니다. 나를 비춰주는 거울 같은 이들이다. 우정은 앞서거나 뒤서는 게 아닌 것 같다. 그저 옆에서 묵묵히 함께 걸어주는 것이다.

Don't walk in front of me. 앞에서 걷지마.
I may not follow. 뒤따르지 않을 테야.
Don't walk behind me. 뒤에서 걷지 마.
I may not lead. 앞장서지 않을 테야.
Walk beside me. 옆에서 걸어 줘.
And just be my friend. 그리고 친구가 되어 줘.

알베르 카뮈

2011년 10월 4일 오후 3시
레온 역, 기죽은(?) 초짜순례자

고성에서
어머니를 생각하다

　레온역을 뒤로한 채 다음 목적지인 몬포르테 데 레모스로 향했다.
스페인에서 두 번째 숙소로 정한 곳이 바로 이곳에 있었기 때문이다.
성지순례를 주된 목적으로 삼았기 때문에 처음 찾은 낯선 나라인데도
불구하고 많은 곳을 둘러볼 수 없어 아쉬움이 컸다. 그래서 선택한 게
고성(古城)을 개조한 호텔인 파라도르(Paradores)[5]에서 하룻밤을 자
는 것이었다. 할리우드 영화 중 '레터스 투 줄리엣(Letters to Juliet)'
을 좋아하는데 유럽의 오래된 성과 아름다운 경치가 오래도록 인상에
남아있는 작품이다. 물론 영화는 스페인이 아닌 이탈리아의 아름다운
자연과 고성을 보여주고 있지만 스페인에서라도 비슷한 감흥에 빠져
보고 싶었다. 스페인에 온 김에 약간의 사치를 부리기로 했다. 성수기
도 지났고 이런저런 할인까지 받으니 1일 숙박에 86유로에 묵을 수 있
었다. 일반 호텔 가격과 비교해도 그렇게 부담되는 금액은 아니었기에

5　파라도르는 수백 년이 넘은 고성, 궁전, 수도원 등 역사적인 건물을 고급 호텔로 리
　모델링해서 스페인에서 운영하는 국영호텔 체인이다. 투숙객에게 기존의 고급 호텔
　을 능가하는 색다른 체험을 제공하는 파라도르는 현재 스페인 전역에 수십여 곳이 성
　업 중이다.

감당할만 했다. 출장을 다니면서 최고급 호텔도 다녀봤지만 파라도르는 기회가 없었다. 숙박 시설은 물론이고 낭만적인 분위기와 아침식사 등 모든 게 훌륭하다고 주변에서 적극 추천했기에 기대가 남달랐다. 게다가 성지순례 첫 출발지점으로 정한 사리아(Sarria)에서 가까워서 모든 조건을 충족했다.

오래된 고성을 기대해서 그랬는지 완행열차를 탄 여행마저도 낭만적인 기분에 젖게 했다. 갈아탄 열차는 스페인 시골 마을의 이름 모를 간이역에 자주 정차했다. 처음에는 기차에 사람들이 제법 들어차 있었는데 소박한 차림의 현지인들은 짐을 들고 하나둘씩 내리기 시작한다. 레온역에서 시작해 아스토르가(Astorga)와 폰페라다(Ponferrada)를 거쳐 목적지인 몬포르테 데 레모스로 이어지는 길은 정말 뛰어난 장관을 연출한다. 산과 계곡과 들판이 이어지는 아름다운 풍광에 지루할 틈이 없다. 높지 않은 산이 끝없이 이어졌는데 바로 그 밑으로 투명하고 깨끗한 계곡물이 흐르고 있다. 그런데 급하게 점심을 먹어서 그랬는지 갈증이 났다. 가지고 있던 물도 바닥났는데 목마름은 점점 심해졌다. 다행히 기차 안에는 음료수 자판기가 있었다. 동전을 넣고 500ml 생수를 눌렀다. 그런데 동전 떨어지는 소리는 둔탁하게 자판기를 울렸지만 아무런 반응이 없다. 자판기 동전 투입구에는 스페인어로 뭐라고 적혀있다. 아무래도 고장이란 뜻이 아닐까 싶다. 억울한 마음에 자판기를 손바닥으로 두드려봤지만 소용없는 짓이다.

그때 앞좌석에 앉아 있던 젊은 청년이 수줍은 미소를 지으며, 스페인말로 뭐라고 묻는 게 아닌가. 영어로 스페인어를 할 줄 모른다고 말하고는 자리에 앉는데 계속 뭐라고 이야기를 걸어왔다. 자판기를 가리키며 손으로 엑스(X)자를 만들어 보이자 그는 이내 알았다는 얼굴로 똑같이 엑스자를 흉내 내며 난처한 표정을 보였다. 고맙지만 괜찮다고 웃음으로 대답하는데 자기는 페르난도인데 일본에서 왔냐고 물어왔다. 스페인 사람들은 북유럽이나 독일, 스위스 등과 달리 영어를 생각보다 잘 하지 못한다. 페르난도는 계속 스페인어로 말하더니 이내 다른 객차로 분주히 사라졌다. 그는 곧이어 열차 차장과 함께 나타났다. 허름하고 빛바랬지만 제법 멋스러운 제복을 입은 차장은 자판기 때문에 미안하다고 말하는 것 같다. 안타깝게도 그 역시 영어를 못한다. 손짓으로 물을 마시고 싶으냐고 묻는 것 같았지만 지나친 관심이 오히려 부담스러웠던 게 솔직한 심정이다. '괜찮다', '신경 쓰지 않아도 된다'고 의사를 표현했는데 제대로 전달이 됐을까 의문이다. 한참 만에 다시 나타난 차장은 반쯤 남아있는 1.5l 짜리 생수병을 들고 멋쩍게 건네주는 게 아닌가. 괜찮다고 거듭 사양하자 컵으로 따라 마셨으니 염려 말라는 몸짓을 했다. 이정도 되니 더 사양하기 어려웠다. 지금도 그 생수 브랜드가 기억난다. 리비아나(Liviana)였는데 이름이 참 예쁘다고 생각한다. 어느 나라이건 간에 생수 이름은 상당히 세련되고 멋스러운 듯싶다.

열차에서 만난 스페인 사람들의 호의는 우리네 정겨운 인심과 별반 다르지 않다고 생각한다. 나도 그렇지만 요즘 사람들은 낯선 타인의 호의에 우선 경계심부터 갖는다. 흉흉한 범죄가 많아진 탓이겠지만 다른 이유도 있다. 주고받는 상황 자체를 불편해하며 타인의 호의를 부담스럽게 느끼는 것이다. 내가 받았으면 언젠가 돌려줘야 한다는 불편한 진실이랄까. '받을 생각도 안 할 테니 내가 먼저 주지 않는다고 욕하지 말라'는 방어적인 심리다. 나에게 친절을 베풀지 않아도 불평하지 않을 테니 너도 나에게 친절을 기대하지 말라는 계산법. 삭막하고 살벌한 풍경이 아닐 수 없다. 기차 안의 호의에 오랜만에 감동을 느끼면서 이제부터라도 타인에게 좀더 관대하고 너그럽게 대해야지 생각한다.

서너 시간 달려 도착한 작은 마을인 몬포르테 데 레모스는 우리나라의 시골 읍내와 비슷해 보였다. 역을 빠져 나와 택시를 잡으려 했는데 누구에게 물어야할지 난감했다. 역 바로 앞 카페에 앉아있는 중년의 아저씨에게 택시를 타고 파라도르에 가려고 한다고 말하자 이내 휴대폰을 꺼내 어딘가에 전화를 걸었다. 알고 보니 작은 마을에선 모두가 이웃사촌이었던 셈. 친한 친구가 택시운전기사였던 모양인데 전화를 끊고 나자 이내 어딘가에서 택시가 달려왔다. 시골마을 사람들의 네트워킹이 재밌고 신기하다. 택시를 타고 고대하던 파라도르에 도착했다. 숙소인 '파라도르 호텔'은 가장 높은 곳에서 도시를 한눈에 내려다보는 언덕에 웅장하게 버티고 있다. 19세기부터 시작된 호텔로 깊은 역사를 지녔다.

로비에서 체크인을 하고 짐을 풀었다. 창밖으로 몬포르테 데 레모스 시내가 내려다 보였다. 벌써 해는 저물어 붉은 꼬리를 물고 넘어가고 있었다. 고성을 개조해서 만든 호텔인지라 로비와 복도에는 오래된 그림들과 작은 석상들이 아름답게 장식돼 있다. 오래된 것들이 뿜어내는 시간의 흔적들은 벽돌 사이에 낀 이끼 하나만으로도 충분히 짐작하고도 남았다. 그 순간 어머니가 생각난 건 평소 효심이 지극해서가 아니다. 오히려 불효자에 가까운 아들로 집안에서 유일한 근심거리가 바로 나다. 평소 어머니께서 자주 흥얼거리시는 노래가 가수 이미자 선생님의

'황성 옛터'이다. 그 가사는 어려서부터 들어온지라 줄줄 외울 수 있다. 스페인 고성에서 황성옛터를 떠올린 까닭은 아직 잘 모르겠다.

> 황성 옛터에 밤이 되니 월색만 고요해
> 폐허에 설운 회포를 말하여 주노라
> 아 가엾다 이내 몸은 그 무엇 찾으려고
> 끝없는 꿈의 거리를 헤매어 있노라

저도 모르게 노래를 흥얼거리다 보니 감회가 새로웠다. 어머니의 구수한 노랫가락이 절로 들리는 것 같은 착각에 빠졌다. 고풍스럽고 아름다운 곳에 어머니를 꼭 모시고 와보고 싶었다. 어머니는 평소에 전화를 잘 하지 않으시는데 간혹 꿈자리가 뒤숭숭하셨다면서 안부를 묻곤 하신다. 이미 오래 전부터 독립해서 혼자 살고 있는데도 어머니는 절대 불쑥 찾아오시는 경우가 없다. 아들에게 방해가 될까 싶어 그러시는 것을 알고 있다. 고지식한 성격의 어머니는 남에게 조금이라도 신세를 지길 싫어하신다. 그게 아들이라고 해도 마찬가지다. 함께 지하철을 타고 시내에 외출한 적이 있었는데 어머니께서는 빈자리가 생겨도 절대 앉지 않으셨다. 두 다리 튼튼한데 뭐 하러 자리에 앉느냐고 한사코 사양하신 것이다. 일흔이 다된 연세에도 그 정도로 고지식한 분이다. 그러니 해외여행이라도 한번 보내 드리려고 하면 집안 회의까지 열어 큰 소리가 나야 한다. 당신은 아들들이 힘들 게 번 돈으로 유람을 떠날 수 없다고 버티시기 때문이다.

그런 어머니를 스페인 파라도르에 모시고 오려면 진땀 좀 흘려야겠다는 생각이 들자 피식 웃음이 터져 나온다. '항공기 호텔 다 예약해서 취소하면 한 푼도 돌려받지 못한다'고 어머니를 상대로 협박 아닌 협박을 해야 되겠지. 비단 우리 어머니만 그렇겠는가. 세상 모든 어머니들이 비슷하지 않을까. 그래서 어머니라는 존재는 자식들에게 평생 지울 수 없는 아픈 이름인 것이다. 산티아고에 출발할 때에도 어머니에게 말씀 드리지 않고 비행기에 올랐다. 괜히 걱정만 하실 것 같아서 말씀 드리지 않고 떠났던 것이다. 고즈넉한 파라도르에 앉아 나 혼자서 호강한다고 생각되자 어머니의 깊게 패인 주름이 떠올랐다. 10년이 넘은 낡은 구두를 신고 다니시는 어머니. 우리는 정말 소중하고 가치 있는 것들이 무엇인지 시간이 지난 뒤에야 깨닫곤 한다. 삶에서 중요한 것들을 어떻게 다뤄야 하는지 아직 잘 모르겠다면 다음과 같은 글을 소개하고 싶다.

> 삶은 공중에 다섯 개의 공을 돌리는 저글링과 같습니다. 다섯 개의 공에 일, 가족, 건강, 친구, 영혼(자기 자신)이라고 이름 붙이고 공중에 돌려보십시오. 당신은 '일'이라는 공은 고무공이라는 것을 알게 될 것입니다. 떨어뜨려도 다시 튀어 올라옵니다. 그러나 다른 네 개의 공은 모두 유리로 만들어졌습니다. 하나라도 떨어뜨리면 손상되고, 흠집이 나고, 산산이 부서져 다시는 예전처럼 돌이킬 수가 없습니다. 그래서 당신은 이 다섯 개의 공의 균형을 잡기 위해 노력해야 합니다.

이 글은 미국의 유명 기업가인 더글라스 태프트(Douglas N. Daft) 전 코카콜라 회장이 2000년 신년사로 직원들에게 들려준 이야기다.

나에게도 다섯 개의 공에서 중요한 것을 꼽아보라면 가족이 무엇보다 소중하다. 특히 어머니를 생각하면 이상하게 콧등이 시큰해지면서 가슴이 아려온다. 사랑하는 사람에게 줄 수 있는 최고의 선물은 '함께 시간을 보내는 것'이라고 한다. 세상에서 가장 사랑하는 여인인 어머니와 보낼 수 있는 시간은 당신이 생각하는 것처럼 많이 남아있지 않다. 뭘 망설이는가. 당장 어머니에게 전화해서 여행 스케줄을 확인해라. 더 늦기 전에 단둘이 무작정 어딘가 떠나보는 것은 어떨까. 파라도르여도 좋고 아니어도 상관없다. 어머니와 함께라면……

2011년 10월 4일 저녁
몬포르테 데 레모스

Step 3

길 을 잃 고 나 를 앓 다

남자가 진짜 멋있을 때

길 잃은 김수, 그대로 멈춰라!

고독, 돈 주고라도 사고픈 '사치'

나약한 눈물, 그래도 나약하고 싶다

남자가 진짜 멋있을 때

이른 새벽에 뒤척이다 잠이 깼다. 아직 창밖은 어두웠고 날이 밝으려면 한참을 기다려야 한다. 드디어 산티아고의 성지순례길에 들어서게 된다. 본격적인 도보 여행이 시작되는 날이기도 하다. 서울에서 출발해서 이틀 만에 카미노에 도착했으니 이른 새벽부터 설레는 마음에 잠을 설쳤다. 너무 이른 새벽에 일어난 탓에 다시 잠을 청했지만 정신은 오히려 또렷해졌다. 실내 등을 켜서 호텔 안을 둘러보는데 침대 구석에 반듯하게 세워놓은 등산 배낭이 눈에 들어온다. 그다지 크다고 할 수 없는 가방인데도 앞으로의 여정이 걱정된다. 어제 하루 종일 배낭을 메고 걸어본 뒤 한 가지 결론내린 게 있다. 가방에 패드를 덧대야 한다는 것. 가방 크기가 35리터로 대형 사이즈는 아닌 탓에 배낭끈 패드가 얇아 어깨에 심한 압박을 가해왔다. 1~2시간은 몰라도 하루 종일 메고 걷기에는 무리가 있을 듯 싶다. 새벽에 일어나서 뭔가 방법이 없을까 침대에 걸터앉아 머리를 굴렸다. 무게도 무게지만 어깨를 짓누르는 게 신경에 거슬려 걷는데 집중하기 어려울 것 같다.

전날 레온역에서 만난 독일 여성들이 방석 같은 것을 잘라서 어깨끈에 꿰매 놓았던 게 떠올랐다. 서울에서 가져온 4단 접이 등산용 방석을 잘라서 이용하기로 한다. 맥가이버 같은 순발력에 스스로를 대견스러워 한다. 제법 두툼한 방석이어서 옷핀으로 고정하면 훌륭한 완충제가 될 테니 말이다. 칼과 가위가 필요했지만 새벽에 어디에서 구한단 말인가. 무작정 1층 로비를 찾았지만 아무도 없었다. 하는 수 없이 안내 데스크에 놓여있는 연필꽂이에서 가위를 발견했다. 로비 소파에 앉아서 등산용 방석을 자르기 시작한다. 다행이 4개의 조각을 꿰맨 방석이어서 틈새를 따라서 비교적 어렵지 않게 분리했다. 4개의 조각을 들고 호텔방으로 돌아왔다. 옷핀으로 알맞은 자리에 고정시켰다. 아무튼 마음은 한결 가벼워진 듯 했다. 아침을 일찍 먹고 샤워를 하고는 택시를 불러 순례길에 오르기 위해 사리아로 출발했다. 가벼운 빗방울이 택시 창밖을 적시고 있었지만 사리아 지방에 도착하자 안개비는 사라지고 태양이 구름 사이로 모습을 드러냈다. 택시 기사는 친절하게도 사리아에 있는 순례자 사무소 앞에 정확하게 내려줬다.

성지순례의 열흘짜리 코스[6] 가 시작되는 첫 구간인 사리아 지역에서 우선 순례자 사무소에 들어가 순례자용 여권에 해당하는 '크레덴시알

---

6 성지순례의 경우 일반적으로 한 달, 보름, 열흘 코스가 대중적인 루트로 꼽힌다. 그 중에서도 프리랜서나 대학생들 사이에선 한 달 짜리 풀코스가 선호되는 반면 열흘이라는 짧은 기간은 직장인들이 주로 선택한다. 나의 경우도 짧은 휴가를 이용해 열흘 코스에 도전했다. 열흘 코스가 시작되는 첫 구간이 바로 사리아 지역으로 최종 목적지인 산티아고 데 콤포스텔라에서 100km가 조금 넘는 거리에 위치해 있다. 카미노에서 100km 이상을 걸었다는 것은 중요한 의미를 지닌다. 공식적으로 도보로 100km 이상을 걸어서 최종목적지를 찾아온 순례자에게 대성당인 카테드랄에서 순례자임을 인증하는 증명서를 발급해 주기 때문이다. 누군가는 그런 형식에 구애받을 필요가 있겠냐고 반문하는지 모르겠지만, 기왕이면 100km를 걸어서 증명서를 받는 게 더 재미있지 않을까. 그래서 첫 출발지를 사리아로 정했다.

(Credencial)'을 발급받는다. 까다로운 절차를 밟아야 하는 게 아닌지 걱정했지만 의외로 너무나 간단하다. 이 증명서가 있어야 순례자 전용 숙소인 알베르게(Albergue)에 묵을 수 있고 각 코스별로 도장을 받게 된다. 첫 시작을 기념하기 위해 사리아라는 표지석이 있는 곳에서 기념사진을 찍었다. 지나가는 순례자를 붙잡고 카메라를 건네자 '부엔 카미노(Buen Camino)'라고 내게 인사한다. 부엔 카미노는 말 그대로 옮기면 '좋은 길'이라는 뜻인데 산티아고로 가는 길에서 만나고 헤어지는 순례자들이 서로의 순례길을 축복해주며 건네는 인사말이다. 굳이 해석하자면 '멋지고 평안한 순례의 길 되시라'는 의미로 카미노에서 하루에도 수백 번 넘게 되풀이하는 말이다.

산티아고 순례길은 예상했던 것보다 더 아름다웠다. 오래된 나무들이 울창한 숲을 이룬 오솔길을 따라 아름다운 길이 이어진다. 낮은 언덕길과 평지가 대부분이었는데 몬하르딘(Monjardín)으로 가는 첫 번째 구간은 털가시나무와 소나무 자연림을 통과하는 상쾌한 코스로 시작부터 친절하게 맞이해준다. 첫인상은 따뜻한 어머니의 품과 같다. 이 구간의 특징은 완만한 경사로를 따라서 오솔길을 지나 해발 고도 660m의 파라모 고개(Alto Páramo)를 넘어서 포르토마린으로 이어지는 비교적 무난한 코스이다. 30여일 코스[7] 에 견주어보면 둘레길 산책로에 가깝다. 게다가 날씨도 청명하게 맑았고 한국의 초여름과 비슷해 1시간 가량 발걸음을 옮기자 살짝 땀이 나면서 굳었던 몸이 풀렸다. 마라톤에서 러너스 하이(runner's high)라는 게 있는데 중간 강도의 운동을 30분 이상 계속했을 때 느끼는 행복감으로 이때의 느낌은 마약과 같은 약물을 투여했을 때 나타나는 상태와 유사하다. 걷기에서도 마찬가지여서 워커스 하이(walker's high)라고 부를 수 있다. 30~40분 이상 가볍게 숨이 찰 정도로 걷다보면 어느새 호흡이 가라앉고 상쾌한 기분이 들면서 이 상태로 어디든 걸어갈 수 있는 착각에 빠져드는 것이다. 산티아고에서 첫 걸음은 아름다운 경치와 쾌적한 날씨 등이 어울려 거의 완벽했다. 시작부터 조짐이 좋았다. 나는 지금 이순간 사람이 적게 간 길을 선택하고 있다고 생각했다. 어쩌면 이후로 내 삶은 크게 달라질지도 모른다는 느낌과 함께. 한국에서 나를 짓눌렀던 짐들이 이 순간만큼은 홀가분하게 느껴진다. 내 앞에 펼쳐진 길이 그야말로 탄탄대로처럼 끝도 없이 이어져 있는 듯 보인다.

> 훗날에 훗날에 나는 어디선가
> 한숨을 쉬며 이야기할 것입니다
> 숲 속에 두 갈래 길이 있었다고
> 나는 사람이 적게 간 길을 택하였다고
> 그리고 그것 때문에 모든 것이 달라졌다고...
>
> 로버트 프로스트 〈가지 않은 길〉 중

순례길에 오른 첫날 사리아에서 포르토마린(Portomarín)까지 총 22.9km를 예상 거리로 잡았다. 첫날 오전 10시가 다 되어서 출발한 탓에 서둘러 걸어야했고 아직 길에 적응하지 못했기 때문에 마음이 조

---

7 30일 코스는 첫 출발지인 생장피드포르에서 시작, 해발 1,450m의 콜 데 뢰푀데르 (Col de Lepoeder) 고지를 넘어야하는 험난한 코스로 악명이 높다.

급했다. 안내 책자에는 경사로를 감안하면 사실상 24.4km에 해당한다고 설명돼 있다. 보통 성인 남성 기준으로 1시간에 4km를 걷는다고 보면 적어도 쉬지않고 걸어도 6시간을 족히 걸어야 하는 거리다. 오전 10시가 지나서 걷기 시작했으니 쉬는 시간까지 감안하면 오후 5~6시가 되어야 목적지인 포르토마린에 도착할 것 같았다. 첫날 컨디션에 따라서 좀더 걸어보는 것도 나쁘지 않겠다고 자신만만한 상황이었다. 평소 체력에는 자신이 있어서 좀 의욕이 앞섰다고나 할까. '길수 어린이'라는 별명과 함께 '허당'이라는 소리를 자주 듣지만 몸으로 하는 운동에는 소질이 있다고 믿었다. 그런데 역시 자만은 금물이라고 했던가. 실수를 통해서 배운다고 했지만 때로는 그런 무모함이 화(禍)를 부르기도 한다.

용감한 도전과 대책 없는 무모함은 확실히 다르다. 주제를 모르고 스스로를 과대평가해서 착각하는 것은 용기가 아니다. 그것은 현실을 인정하지 않고 도피하려는 과대망상에 지나지 않는다. 지나치게 소심하게 구는 것도 문제지만 과대평가로 인한 무모함은 큰 화를 불러온다. 현대인들의 자기기만(自己欺瞞), 특히 남성들에게서 쉽게 발견할 수 있는 무모함은 어디서 시작되는가. 수컷은 무조건 강해야 하고 무모한 도전도 남자의 상징이라는 식의 '강한 남자' 판타지에서 비롯된 건 아닐까. 남성성에 대한 이런 환상은 오히려 '강한 남자 콤플렉스'를 부르기도 한다. 속으로는 여리고 나약한 모습을 한 남자일수록 더 이러한 유혹에 빠지기 쉽다. 스스로 강하지 않다는 사실을 알고 있기 때문에 그점을 감추고 위장하고 싶은 것이다. 어느날 갑자기 텔레비전 화면에 20

대 연예인이 복근에 식스 팩을 하고 나타나면 중년 남성들은 불안해지기 시작한다. 무의식적으로 남성들은 건강하고 젊은 수컷을 보면 자신에 대한 도전이고 영역을 침범하려는 것으로 느끼게 된다. 이건 본능이다. 그래서 무모하게 운동을 시작한다. 자기 체력과 건강 상태를 감안하지 않고 무리하게 운동 하다가 결국 디스크나 무릎 통증으로 병원 신세를 면치 못한다. 이 얼마나 어리석고 안타까운 일인가.

동물의 세계에서도 나이든 수컷은 젊은 수컷에게 언젠가 자리를 넘겨주는 것이 순리로 받아들여진다. 인간도 예외일 수 없다. 하지만 인간과 동물이 다른 것은 외적인 강인함에서 수컷다움이 완성되지 않는다는 점이다. 인간의 수컷다움은 육체적 강인함에서만 오는 것은 아닐 터. 올드 앤 와이즈(old and wise), 로맨스 그레이(romance gray)라는 말도 있지 않은가. 일부 여성들은 나이가 들수록 더 매력적인 남자가 많다고 얘기하면서 남성성을 '쎈 것'으로 착각하는 남자들을 이해할 수 없단다. 용기와 무모함은 겉으로 보기엔 비슷해 보일지 모르지만 시작하는 동기는 물론이고 결과 또한 확연하게 다르다. 독자 여러분이 현명한 수컷으로 나이들길 바란다. 산티아고에서 용기와 무모함의 차이를 모르고 큰 수업료를 치른 한 남자의 살아있는 조언이니 참고하셔도 좋을 듯. 현명한 수컷이 되려면 스스로의 나약함 또한 인정하고 받아들이는 게 중요하다. 남자의 멋은 강한 외모가 아닌 자상하고 지혜로운 내면에 있다는 것을 기억하시길.

2011년 10월 5일 새벽
카미노에 들어서다

길 잃은 길수,
그대로 멈춰라!

　어렸을 적 텔레비전 외화 시리즈 중에서 〈환상특급(twilight zone)〉
이라는 외화 프로그램이 있었다. 현실에서는 일어날 수 없는 황당무계
한 일들을 드라마로 만든 것인데 어렸을 때 이불 뒤집어쓰고 본 기억이
아직도 생생하다. 당시 어린 마음에 우리가 알지 못하는 초자연적인 현
상이 일어날 수 있다고 굳게 믿었던 것 같다. 나이가 들면서 영화 속에
나 나올 법한 꾸며낸 일이라고 알게 됐지만, 얼마나 뇌리에 강하게 남아
있는지 이번 산티아고 여행에서 깨닫고는 스스로도 놀랐다. 도대체 무
슨 일이 있었기에 '환상특급' 얘기까지 꺼내는 건지 궁금하시겠지만 잠
시 인내심을 가져달라. 한 남자의 웃지 못 할 해프닝이 이제 시작되니.

　첫날 카미노에서 걷고 있다는 생각에 다소 흥분했던 것일까. 페이
스를 조절했어야 했는데 너무 서둘렀던 모양이다. 휴식을 취하고 물도
충분히 마셔야 했는데 목적지를 지나 좀더 멀리 가겠다는 욕심에 무리
하게 속도를 높였다. 그것도 모자라 점심도 제대로 챙겨 먹지 않았다.
호텔 조식 뷔페에서 몰래 들고 나온 빵 몇 조각으로 대충 때운 것도 어
리석은 짓이었다. 준비한 물도 거의 떨어졌지만 다음 알베르게에서 보

충하면 된다고 여겼다. 그런데 뜻하지 않은 일이 벌어졌다. 사리아에서 5km 떨어진 바르바델로(Barbadelo)를 지나 10km 지점인 모르가데(Morgade) 사이 어딘가에서 길을 잃어버린 것. 10km를 못 미친 어느 시골 오솔길에서 한 쌍의 젊은 커플을 뒤쫓아 걷고 있었다. 카미노에서는 따로 이정표나 지도가 없어도 노란색 화살표가 곳곳에 표시돼 있어 쉽게 길을 찾아갈 수 있다. 그래서 아무리 낯설고 복잡한 산길이라도 노란색 화살표가 나침반이 되어 산티아고 데 콤포스텔라로 인도한다. 앞 커플만 따라가던 중간에 소변을 보기 위해서 잠깐 숲 속으로 들어갔다. 그 곳에서 볼 일을 급히 보고 큰 길을 따라서 서둘러 쫓아갔는데 앞서 간 커플이 보이지 않았다. 걸음이 빨랐기 때문에 먼저 고개를 넘어갔다고 생각했다. 길을 제대로 확인하지도 않고 당연히 큰 길만 따라시 한참을 걸어갔디. 이상한 노릇이다. 어느 정도 걸어가면 반드시 노란색 화살표가 나타나는데 시간이 상당히 지났는데도 화살표가 없다. 더군다나 세 곳으로 갈라지는 갈림길이 나타났는데 그 어느 곳에서도 화살표를 발견할 수 없었다. 갈림길에는 반드시 노란 화살표가 있어야 하는데……

처음 온 길이었지만 중간에 절대 길을 벗어나지 않았다고 확신했기 때문에 세 갈래로 나눠진 길에서 가장 넓고 반듯한 길로 일단 걸음을 옮겼다. 그리고 한참을 걸었다. 20여분을 걷고 난 뒤에야 뭔가 잘못됐다는 직감이 들었다. 주변에는 아무 소리도 들리지 않고 뒤에서 순례자들이 따라와야 하는데 사방은 너무 조용하기만 했다. 내가 아무리 빨리 걷는다고 한들 뒤에서 자전거를 탄 순례자들이 반드시 추월해 지나치기 마련이다. 그런데 단 한 대의 자전거도 나타나지 않았다. 조급한 마음이 들기 시작한다. 길을 잃은 게 분명해지자 갑자기 초조해졌다. 시계를 보니 오후 1시가 지났고 태양은 정 중앙에서 열기를 뿜어냈다. 스페인에 낮잠 문화인 시에스타가 오랜 전통인 데에도 다 이유가 있다. 이런 태양 아래서 도대체 무슨 일을 한단 말인가. 온 몸에서 땀이 줄줄 흘러내렸지만 어디서 길을 잃었는지 알 수 없다. 지금 생각해보면 왔던 길을 차근차근 되짚어서 돌아 나오면 될 일인데 판단력이 흐려져 넋 나간 상태로 이리 저리 뛰어다녔으니 한심한 노릇이다. 등산복은 이미 땀으로 흥건히 젖었고 주변에 사람들이 있는지 소리를 질러 보기도 했다.

"분명히 노란색 화살표가 있어야 하는데 도대체……."

다급한 마음이 들면 별거 아닌 일에도 흔들리는 게 인간이다. 앞으로 나아갈 생각만 했지 차분하게 상황을 바라보지 못하고 무려 1시간 가량을 같은 자리를 맴돌고 있었다. 잘 이해가 안 될지 모르지만 시골 오솔길이라는 게 비슷하게 생겨서 어디가 어딘지 분간하기가 여간 어려운 일이 아니다. 도저히 힘이 들어 움직일 수 없었다. 나무 그늘에서 잠시 쉬면서 남아 있는 생수를 다 마시고는 우선 인가(人家)가 있는 곳을 찾아 나섰다. 다행히 인가를 발견했지만 커다란 개들만 맹렬하게 짖어댈 뿐 아무도 없는 듯 했다.

"올라(Ola)! 올라! 아무도 없어요!"

비슷하게 생긴 시골길을 헤매고 있는데 순간 겁이 나기 시작했다. 분명히 다른 길을 걷고 있다고 생각했는데 몇 분 전에 지나쳤던 것과 거의 똑 같은 집이 눈앞에 다시 나타났기 때문이다. 정말 소스라치게 놀란 것은 파란색 트럭이 길 가에 폐차(廢車)로 버려져 있었는데 분명

히 똑같은 차가 거짓말처럼 다시 시야에 들어오는 게 아닌가. 상식적
으로 절대로 그 차가 다시 내 앞에 나타날 수 없다고 생각하자 온 몸
에 소름이 돋았다. 태양은 내리쬐고 있는데 사방에는 개 짖는 소리 외
에는 정말 조용했다. 그랬다. 무슨 이유인지는 모르겠지만 스페인 시
골 마을에서 길을 잃었는데 계속 같은 자리를 빙빙 맴돌고 있었던 것
이다. 운 좋게도 한 허름한 시골집에서 정말 100살은 되어 보이는 할
머니가 지팡이를 잡고 천천히 다가왔다. 영어로 길을 잃었다고 설명해
본들 할머니께서 알아듣지 못하시는 눈치다. 스페인 말로 계속 뭐라고
말씀하셨지만 단 한 마디, 한 단어도 아는 게 없었다. 놀랍게도 할머
니는 묘한 미소를 짓고 나를 물끄러미 바라보시는 게 아닌가. 정말 영
화에나 나올 법한 그런 백발의 할머니가 말이다. 왜 그런지 순간 등골
이 오싹했다.

　어려서 텔레비전에서 봤던 '환상특급'이 뇌리에 스쳤다. 정말 공포영
화에 나오는 것처럼 무슨 마녀의 저주에 걸려 숲에서 길을 잃은 게 아닐
까 혼자서 상상의 날개를 펼치고 있었다. 뭔가에 홀려서 미스터리한 4
차원의 세계에 갇힌 건 아닌가 싶었다. 순간 겁이 나고 이 상황에서 빨
리 벗어나야 한다는 초조한 마음에 할머니에게 인사도 하지 않고 서둘
러 자리를 피했다. 언덕길을 뛰어다닌 탓에 체력은 거의 바닥났고 극심
한 갈증이 느껴진다. 하지만 그 할머니가 혹시나 뒤쫓아 오는 건 아닌
지 연신 뒤를 돌아봤다. 지금 생각해도 부끄럽고 바보 같은 짓이지만.

　거의 탈진한 상태에서 숲길에 털썩 주저앉았다. 그런데 희한하게도
웃음이 터져 나왔다. 뭐 될 대로 되라는 식의 체념이랄까. 길바닥에
대자로 누우니 바닥에서 찬 기운이 올라온다. 시원한 감촉이 나쁘지

않다. 이런 모습을 비웃기라도하는 듯 하늘은 더 없이 푸르고 맑다. 한 10분 정도 아무 생각 없이 하늘을 올려다봤다. 뭐가 어떻게 돌아가는지 차분히 다시 생각해 보기로 했다. '길 잃고 헤맨 길도 길'이라 했던가. 트래킹이나 산행에서 길을 잃었을 경우 우선 그 자리에서 움직이지 말고 주변을 잘 살펴봐야 한다는 아웃도어 철칙이 있다. 당황한 순간에 섣부르게 움직였다가 더 깊은 숲속으로 빠져들기 십상인 탓이다. 무턱대고 나섰다가는 미로의 한 가운데로 들어서게 된다. 그럴 때 뒤엉킨 실타래를 풀 듯 차근차근 되짚어 나가면서 출구를 찾아야 하는 것이다. 산티아고 첫날 긴장이 풀려서 그랬는지 가장 기본이 되는 원칙을 잊고 있었다.

차가운 바닥에 누워있자 차츰 냉정을 되찾고 있었다. 하얀 구름은 바람에 밀려 천천히 흐르고 있었다. 그 순간 간단한 해결법이 떠올랐다. 처음 소변을 본 곳을 찾아보기로 한 것이다. 길이 대부분 비슷하게 생겼기 때문에 되돌아 나오는 곳이 맞는 것 같기도 하고 아닌 것 같기도 했지만 별 도리가 없다. 벌써 희미해진 기억에 의지해 20~30분 정도 되돌아 나갔다. 그런데 멀리서 사람 목소리가 들리는 듯 했다. 분명했다. 사람들의 목소리가 틀림없다. 나도 모르게 소리를 질렀다.

"헬프 미(help me)! 헬프 미!"

무슨 조난당한 사람도 아닌데 '헬프 미'라니. 돌이켜 생각하니 얼굴이 붉어진다. 하지만 당시에 그럴 여유가 있었겠는가. 누군가 '헬로우' 하면서 대답했다. 그제야 '이제 살았다'하는 탄식이 저도 모르게 흘러나왔다. 명치를 꽉 누르고 있던 무언가가 확 뚫리는 기분. 독자들에게 당시 분위기를 좀더 생생하게 전달하고 싶지만 당사자가 아니면 정확히 어떤 심정이었는지 짐작하기 어려울 터. 호들갑 떤다고 핀잔을 해도 어쩔 수 없지만 솔직히 그 당시에는 너무 당황한 나머지 정상적으로 판단하지 못한 것 같다. 스페인 순례자들이 나를 반갑게 맞아줬고 그 중 한명이 물병을 건넸다. 시원한 물맛. 그리고 살아있다는 기분. 사람들을 만나고 나서야 어디서 길을 잃었는지 알 수 있었다. 한 시간 반 전에 소변을 보고 황급히 뛰어간 큰길이 사실은 반대 방향이었다는 것을 알게 됐다. 넓고 안전한 길이 사실 나에겐 위험한 길였는데도 몰랐던 것. 큰 길 옆에 작은 오솔길이 있었는데 그 곳 바닥에 노란색 화살표가 있었다. 작은 오솔길이 올바른 코스였던 것이다. 그것도 모르고 당연히 큰 길이 제대로 된 길이라 여기고 엉뚱한 방향으로 열심히 걸어간 셈이다. (침착하게 생각했더라면 쉽게 길을 찾을 수 있었을 텐데 말이다.) 어처구니없는 실수였지만 한 시간 반 가량을 숲에서 헤맨 일은 순례길 첫날의 소중한 경험이다.

우리 인생도 마찬가지여서 길을 잃고 헤매는 순간이 온다. 도저히 한 치 앞도 볼 수 없는 오리무중(五里霧中) 상황에 종종 놓인다. 그럴 때 사람들은 차분하게 방향을 생각하지 않고 성급하게 더 열심히 앞으로 나아가곤 한다. 더 크게 성공하고 더 높은 자리에 오른 사람일수록 자신의 힘으로 길을 찾으려고 발버둥치기 마련이다. 해안선은 반대 방향인데 망망대해 쪽으로 열심히 노를 젓는 것과 같다. 누구나 한번쯤 느껴봤을 것이다. 전보다 더 열심히 살았는데 제자리걸음은 고사하고 오히려 뒤로 밀려나는 기분. 나 자신도 그랬다. 여기 산티아고에서 길을 잃고 제자리를 맴도는 것은 흡사 한국에서의 내 모습과 다르지 않았다.

'달리는 기차에선 별이 보이지 않는다'는 말도 있다. 급한 마음에 선택한 일들은 늘 후회하기 마련인데도 판단력이 흐려지는 것은 욕심 때문이다. 급할수록 조급한 마음을 버려야 하는 것도 그런 이유에서다.

취재원으로 알게 된 50대 후반의 한 선배가 있다. 대기업에서 30년 가까이 일하다가 만년 부장에서 임원 승진을 못하고 퇴직한 분이다. 퇴직 후 두 달도 채 쉬지 않고 퇴직금 3억을 들고 친구와 동업을 시작했다고 했다. 인쇄소를 하는 친구의 권유로 퇴직금을 전부 투자해 사업을 시작했는데 주변의 만류에도 호기롭게 일을 벌였던 것. 그분은 자신이 건재하다는 것을 보여주고 싶었는지 모른다. 가장으로서 뭔가 증명해보이고 싶었던 마음에 판단력이 흐려졌던 것이다. 인쇄업은 사양사업이었는데 경험도 없이 의욕만 앞섰다가 종국에는 낭패를 당했다고 전해 들었다. 그분은 새벽에 출근해 밤늦게까지 일했지만 인쇄소는 적자에 시달리다가 결국 문을 닫았다. 동업한 친구와 사이도 틀어지면서 결국 대인기피증까지 생겼다고 한다.

사람들은 이런 실수를 흔히 저지른다. 자기가 서 있던 길에서 조금만 벗어나게 되면 조급한 마음이 들어서 더 열심히 움직이려고 한다. 길을 찾지 못하고 낯선 곳에 접어들 때면 오히려 차분하게 주변을 살펴보고 침착해야 하는데 자존심이 허락하지 못하는 것이다. '내가 이 정도에서 무너질 수 없다'는 자존심에 고집을 부린다. 결국 자신과 주변 사람들에게 큰 상처를 주는 실패로 이어지는 경우가 허다하지만 같은 실수는 계속 되풀이 된다. 왜 그럴까. 조급한 마음과 알량한 자존심 때문이다. 그놈의 자존심이 밥 먹여주는 것도 아닌데. 그럴 때는 조용히 그 자리에서 눈과 귀를 열어두고 주변을 살피고 신중하게 판단하는 게 낫다. 길을 잃었을 때는 지도를 들고 뛸 게 아니라 일단 멈춰서는 지혜와 용기가 필요하다. 여기서 용기란 자존심을 꺾을 수 있는 용기다. 인간은 불안감을 느끼면 본능적으로 몸이 먼저 움직인다고 한다. 하지만 이런 두려움을 이겨내고 참아야 한다. 그래야 내가 살고 함께 걷고 있는 팀원들이 무사하게 집으로 돌아갈 수 있는 것이다.

인생도 마찬가지여서 아무리 열심히 살아간다 해도 방향이 잘못됐을 땐 차라리 그 자리에 멈춰서야 한다. 그리고 겉으로 보기에 안전해 보이는 길에 생각지 못한 시련이 기다리고 있을지 모른다. 나도 직장에서 10여 년 동안 열심히 살았다고 자부하지만 과연 그 방향이 옳았는지 자문하게 됐다. 내게 안전하다고 믿었던 길에는 과연 끝까지 위험이 없을 것이라고 장담할 수 있을까. 스스로 가야만 하고, 또한 원하는 길에 있다고 주저하지 않고 말할 수 있는 이들이 얼마나 될까.

첫날부터 산티아고는 잊을 수 없는 추억과 교훈을 선물하고 있었다.

2011년 10월 5일 정오
산티아고에서 길을 잃다

고독,
돈 주고라도 사고픈 '사치'

여행의 또 다른 즐거움은 낯선 곳에서 낯선 이와 인연을 맺는 일이다. 카미노에서 첫날이었지만 길에서 여러 친구들을 만나고 사귀는 행운을 얻었다. 초행길에 욕심이 앞서 한참을 헤맨 뒤 다시 카미노에 들어설 수 있었지만 길에서 만난 사람들 덕분에 금방 안정을 되찾게 됐다. 스위스에서 온 요하네스를 만난 건 사리아에서 14km 정도 떨어진 페레리오스(Ferrerios) 마을 인근이었다. 작은 키에 까무잡잡하게 그을린 피부를 가진 요하네스는 먼저 인사를 해왔다.

"올라, 부엔 카미노!"

그는 나에게 일본에서 왔냐고 물어왔다. 유럽에서 아직도 한국은 낯설고 먼 나라에 불과했다. 대부분의 사람들은 일본인이나 중국인으로 생각했다고 했다. 하지만 요하네스는 한국에 대해서는 분단국가라는 사실 등 상당한 정보를 갖고 있었다. 굳이 혼자 걸을 필요도 없고 말동무가 있어서 나쁠 게 없었기에 그와 함께 나란히 걸었다. 자신의 이름은 영어식으로 존(John)인데 독일어권에서는 흔하며 라틴어로 요하네스(Johannes)는 '하나님은 자비롭다'는 의미라고 소개한다. 그는 가톨릭신자로 종교적인 이유 때문에 카미노를 찾았다고 한다. 동그란

금테 안경을 쓴 요하네스는 이번이 두 번째 방문이다. 2년 전 자신의 고향인 스위스 루체른에서 출발해서 산티아고로 향했지만 중간에 스페인 북부 도시인 부르고스(Burgos)[8]에서 중도 포기할 수밖에 없었던 것. 이유는 무릎에 통증이 심해져 도저히 목적지까지 완주하기 어려웠다고 말했다. 그래서 2년이 지난 2011년 가을 휴가를 겸해서 20여일 일정으로 부르고스에서 출발해 2주일 동안 걸었다고 한다. 서로 모르는 사람이 조우(遭遇)할 때 가장 먼저 확인하는 게 그 사람의 신상명세에 관한 내용이다. 그건 국적이나 남녀노소를 불문하고 어디에나 통용된다. 보름 동안 도보 여행에 이골이 났는지 반바지를 입은 그의 다리에는 힘줄이 도드라져 건강미가 넘쳤다. 올해 예순여섯이라는 나이가 믿기지 않을 만큼 그는 건강하고 젊어보였다. 사십대 후반이라고 해도 토를 다는 사람이 없을 듯싶었다. 물론 얼굴에 깊은 주름이 그의 나이를 말해주고 있었지만.

요하네스는 한시도 말을 멈추지 않았다. 혼자 카미노에 와서 여러 날을 걷다보면 사람이 그리워지는 법인가 보다. 스위스 루체른에 대한 자랑으로 포문을 열었다. 그의 고향은 루체른호수의 서안 로이스강의 기점에 위치한 도시로 중세 스위스 도시 중 가장 아름다운 풍경을 지녔다고 했다. 특히 구 시가지를 중심으로 역사적인 유산들이 많이 남아있

---

8 부르고스는 1037년부터 약 400년에 걸쳐 카스티야 이 레온(Castilla y león) 왕국의 수도로 번성했던 도시로 아를란손 강변에 위치한 중세의 정취가 고스란히 남아 있는 아름다운 고도(古都). 산티아고 순례의 주요 중계지로 도시의 중심에는 3대 대성당 중 하나인 고딕 양식의 카테드랄이 있다. 이슬람교도를 몰아낸 운동인 레콩키스타(Reconquista: 재정복)의 영웅 엘 시드(El Cid)의 출생지로 알려져 있어 그의 공적(功績)을 기리는 동상이 거리 곳곳에 있다.

는데 시간이 허락하면 꼭 여행오라고 당부했다. 서울에 돌아온 뒤 자료를 정리하다가 알게 된 사실이지만 그가 살고 있는 도시는 정말로 유명한 관광명소로 꼽힌다. 그는 한국에 대한 관심도 상당했다. 초등학교 교사 출신인 덕분에 해박했다. 일본이 한국을 오랫동안 식민통치했다는 사실을 알고 있었다. 남북이 분단된 사실과 경제적인 발전을 이룩했다는 식의 간단하고 피상적인 내용이었지만 아시아 지역에 대한 관심이 크다고 했다. 일본에 대한 지식은 상당한 수준이었고 조만간 일본 지역을 여행하고 싶다고 한다.

그에게 일본을 거쳐서 한국도 잠깐 찾아올 수 있기를 희망한다고 덕담을 건네자 해맑게 웃으며 악수를 청했다. 나이는 정말 숫자에 불과하다는 말이 거짓은 아니다. 그는 말 그대로 청년이었다. 요하네스 외에도 카미노에서 함께 걷고 대화를 나눈 이들은 적지 않다. 그 중에서 특히 그가 인상적이었던 것은 그의 밝은 얼굴 이면에 감춰진 그늘 때문인지도 모른다. 그는 상당히 친절하고 쾌활했지만 어딘지 모르게 과도하게 들떠있는 듯 느껴졌다. 그는 묻지도 않았는데 자신의 사생활을 너무도 솔직하게 이야기하는 게 아닌가. 초면에 타인에게 늘어놓기에는 부담스러운 주제인데도 거리낌 없이 드러내고 있었다. 오래전에 부인이 곁을 떠났다고 했다. 자녀도 없었고 지금은 혼자서 사는데도 전혀 외롭지 않다고 강조하는 그가 왠지 측은했다. 그의 표정에 외로움의 그늘이 드리워져 있었기 때문이다. 절대 외롭지 않다는 강한 부정은 뼛속 깊이 외롭다는 뜻이 아니었을까.

순례자들은 인간관계에서 오는 외로움을 달래려고 산티아고에 왔는데 이곳에서도 사람들 사이를 오가면서 갈증을 느끼고 있는 것 같다.

요하네스가 바로 그런 것 같았다. 그는 뒤따라오는 한 남성과 오랫동안 대화를 나누고 있었는데 처음에는 서로가 일행인줄 알았다. 그런데 오늘 처음 보는 카미노 친구라고 했다. 나와 이야기를 나누기 전에도 자신의 말을 들어줄 사람을 찾아다닌 셈이다. 어느새 너무 사적인 질문공세를 퍼붓는 바람에 은근히 혼자 걷고 싶다는 마음이 들었다. 그런데도 요하네스는 물꼬가 터진 것 마냥 쉬지 않고 재잘거렸다. 한편으로 측은했지만 기회를 봐서 혼자서 걸어야겠다고 생각하던 차에 서울에서 국제전화가 걸려왔다. 요즘 스마트폰은 자동으로 로밍이 되기 때문에 비상용으로 전화를 켜두고 있었다. 그리고 순례길 도중에는 따로 기록이 힘드니 스마트 폰의 녹음기를 이용해 걸으면서 상세하게 메모해두고 있었다. 급한 전화가 아닐게 분명했지만, 요하네스를 먼저 보내기 위해서라도 전화를 반갑게 받았다. 그에게 양해를 구하고 먼저 가라고 손짓을 했다. 먼저 떠나는 뒷모습을 바라보며 서둘러 전화를 끊었다. 국제전화 요금이 좀 비싼가.

주변에서 외롭다는 말을 입버릇처럼 하는 이들이 있다. 외롭다는 마음 상태는 정확히 어떤 것일까. 요즘 자살이 늘고 있는데 외로워서 더 이상 살고 싶지 않다는 유서가 제일 많다고 한다. 그런데 비슷한 말로 고독하다는 말이 있는데 왠지 어감이나 느낌은 다른 것 같다. 고독(solitude)과 외로움(loneliness)은 정서적인 느낌으로는 비슷하게 보이지만, 둘 사이에는 좁힐 수 없는 간극(間隙)이 있다. 고독이란 것은 모든 존재 안에 있는 존재론적인 영역에서 일어난다. 고독은 외부로부터 만들어지는 게 아니라 내부에서 발생한다. 인간이란 존재는 누구나 고독의 감정을 느끼게 마련인 것. 하지만 외로움은 인간의 존재론적인 것보다는 현상적으로 느끼는 감정에 가깝다. 외로움은 혼자 있는 것을 견디지 못하는 심리상태라고 봐야 한다. 그렇기 때문에 모든 인간은 고독하지만 반면 모두가 외롭다고 느끼는 것은 아니다. 고독은 혼자 있는 것에서 기쁨을 느끼는 상태라면 외로움은 혼자 있는 고통을 표현하는 것이다. 그래서 사람들은 '고독을 즐긴다'고 하고 '외로움에 떤다'고 말 하는지도 모른다. 근본적인 차이는 능동적으로 자신의 내부에서 시작된 감정이냐 아니면 단순히 외적인 요인에 의해 느껴지는 감정의 상태냐에 따라 달라진다.

고독은 내가 스스로 찾아내는 감정이고 외로움은 내게 찾아드는 수동적인 정서일 뿐이다. 고독은 삶을 좀더 긍정적으로 껴안으려는 자세라면 외로움은 인생에서 도피하려는 감정이 아닐까. 두 개의 감정이 삶에 미치는 영향은 정반대일 수밖에 없다. 긍정과 부정, 삶과 죽음, 희망과 절망, 빛과 어둠, 미래와 과거 등과 같은 극단의 결과물을 내놓는다. 어느 방향으로 갈지 선택하는 것은 온전히 당신 몫이다. 고독이라는 감정은 성숙한 인격체가 되기 위해 반드시 거쳐야 하는 과정인 듯 싶다. 비싼 값을 치르더라도 경험해야 하는 현대인들의 정서적 사치가 아닐까.

요하네스와 헤어진 뒤에도 카미노에서 여러 차례 그를 다시 만났다. 그때마다 그는 늘 혼자 있지 않고 순례자들을 붙잡고 이야기를 나누고 있었다. 그렇게 자주 만났는데도 그와 단둘이 찍은 사진이 없는 걸 보면 은근히 불편하게 생각했는지 모를 일이다. 그는 침묵에 대한 두려움이 있는 게 아닌가 싶었다. 당신이 침묵과 적막함을 견디지 못한다면 고독을 즐길 줄 모르는 게 아닌지 의심해 봐야 한다. 요하네스는 물론이고 독자 여러분에게 막스 피카르트의 지혜를 들려주고 싶다.

> 침묵은 결코 수동적인 것이 아니고
> 단순히 말하지 않음이 아니며
> 침묵은 능동적인 것이고
> 독자적인 완전한 세계다
>
> 막스 피카르트 〈침묵의 세계〉

곁에서 지켜본 요하네스는 우울증을 앓거나 극심한 외로움에 시달리고 있는 듯 보였다. 산티아고를 찾는 사람들 중 가족을 잃거나 이혼 등의 고통을 달래려는 이들이 상당히 많다는 글을 읽은 적이 있다. 나 역시도 시작할 때는 마음 속 깊은 곳에 숨겨놓은 상처와 고통을 인정하지 않고 외면했던 것 같다. 그런데 카미노에 더 깊숙이 들어갈수록 나 자신과 마주서게 된다는 것을 알게 됐다. 또 다른 자아를 만나게 되면서 사람들이 왜 카미노를 찾는지 차츰 이해할 수 있었다. 카미노에선 그 누구도 예외일 수 없다. 순례길을 찾은 것도 오랫동안 일해 온 언론인이라는 직업에 대해 근원적인 고민을 안고 있었기 때문이다. 사명과 보람도 있지만 평생을 바쳐서 해야 할 일인지에 대해 점점 확신을 잃어가고 있었다. 혼기가 지났는데도 가정을 꾸리지 못했다는 주변의 시선에서 자유롭지도 못했다. 우울증까지는 아니어도 뭔가 큰 장벽에 가로막혀 출구가 보이지 않는 상황에 있었다. 그러던 차에 순례길에 올랐기 때문에 불안정한 심리 상태에 있는 사람들의 마음과 눈빛을 쉽게 감지할 수 있었다. 카미노에서 인생의 전환점을 맞게 되리라고 당시에는 미처 생각하지 못했다. 하지만 내 안에 무언가가 꿈틀거리면서 변하고 있다는 걸 깨닫기까지 오랜 시간이 걸리지 않았다. 고독과 외로움의 경계선을 밟은 채 흔들리고 있었지만 한번쯤은 겪어야 할 독감 같은 것이었다.

2011년 10월 5일 오후
산티아고의 수다쟁이 친구, 요하네스

나약한 눈물?
그래도 나약하고 싶다

요하네스와 함께 걷다보니 생각보다 시간을 많이 지체했다. 해는 뉘엿뉘엿 저물어 서쪽 마루에 걸렸고 노을이 아름답게 들판을 수놓고 있다. 첫날 목적지로 정했던 포르토마린(Portomarín)에 도착한 게 오후 6시가 넘어서다. 예상보다 1시간 더 걸렸다. 이곳에 여정을 풀어야 할지 아니면 더 나아갈지 정해야했다. 낮에 숲속에서 길을 잃었던 게 영 마음에 걸린다. 무리하지 말자고 다짐했는데도 2시간 정도 더 걸을 수 있다고 판단한 것이다. 포르토마린에 이르자 인근의 벨레사르 저수지(Embalse de Belesar)가 검푸른 색으로 빛나고 있다. 나 자신은 포르토마린으로 들어가는 순례자들과 다르다는 당치 않은 자존심을 부린 것 같다. 이제 저녁 시간인데 벌써 끝내서야 되겠냐는 오기를 부렸으니 말이다. 이곳에서 8km를 더 나아가면 곤사르(Gonzar) 지방에 도착하는데 그곳에서 알베르게를 잡으려 했다. 무식하면 용감하다는 말이 딱 맞다. 거리상은 8km였지만 오르막길을 감안하면 10km가 넘는다는 점을 간과했다. 그것도 체력이 바닥나고 물도 거의 떨어진데다가 날이 저물고 있는데 만용(蠻勇)을 부린 셈. 돌이켜보면 말도 안 되는 '똥고집'이었다.

포르토마린이 시야에서 벗어나자 곧바로 언덕길이 시작된다. 처음엔 가볍게 걸을 수 있었지만 이내 경사가 가파르게 변했다. 포도밭을 옆으로 끼고 숲길을 오르자 왼편으로 해가 기울고 있었다. 해가 지려면 아직은 한두 시간 여유가 있었지만 마음이 급해졌다. 생각보다 땀을 많이 흘렸는지 언덕을 넘는 지점부터 갈증이 심해진 것. 참을 수 있다고 생각했지만 남아 있는 마지막 물 한 모금을 마시자 목마름은 참을 수 없는 지경에까지 이르렀다. 물을 먹기 전보다 더 심해진다. 인근에는 산책 나온 차림의 젊은 여성이 애완견과 바닥에 쭈그리고 앉아 뭔가 열심히 들여다보고 있었다. 강아지에게 볼일을 보게 하는 것 같다. 역시 서툰 몸짓을 써가면서 다음 알베르게까지 얼마나 걸리는지 물었다.

"여기서 3~4km를 가면 아마 있을 거 같아요."

그녀는 확실하다는 표현 대신에 그럴 것 같다(I think so... probably)고 답하는 게 아닌가. 설마 더 멀지는 않겠지 싶었지만 그래도 불안한 마음이 들었다. 안내 책자를 보니 근처에는 알베르게가 없는 것 같았는데 그녀의 말에 희망을 걸어볼 수밖에 없다. 목마름은 군대에서 유격 훈련을 받거나 행군을 할 때 느꼈던 갈증보다 더 고통스러웠다. 스스로 자초한 일이었기에 누굴 원망하랴. 언덕이 끝나고 찻길 왼편에 도자기 공장에 이르렀을 땐 정말 자리에 털썩 주저앉을 만큼 극도로 피곤했다. 그때였다. 도자기 공장에서 작업복 차림의 남자가 퇴근을 하는 모양인지 자동차 문을 열고 있었다. 급한 마음에 그에게 도움을 요청하기로 한다. 혹시 여기서 다음 알베르게가 있는 마을까지 데려다줄 수 있는지 물었으나 그는 난처한 표정을 지으며 자신은 반대방향으로 간다고 한다. 그렇다면 포르토마린으로 데려다 줄 수 있냐고 애처롭게 물었다. 그 역시도 어렵다고 했다. 동양에서 온 낯선 남자가 차를 태워달라고 하니 내키지 않았던 모양이다. 하지만 포기할 수 없었다. 그래서 빈 생수통을 들어 보이며 물이라도 얻을 수 있겠냐고 부탁했더니 잠시 딴청을 부리더니 빈 통을 받아들고 공장 안으로 사라졌다. 지금 생각하면 기다린 시간이 5분도 안됐을 게 틀림없다. 그런데 당시에는 한참을 기다린 것 같았다. 야외에서 물이 떨어질 경우 어떤 결과를 초래할 지 잘 알고 있었는데도 정작 순례길에서는 자만했던 것이다. 그가 들고 온 빈 생수통에는 맑고 투명한 물이 가득 담겨 있었다. 물병 외부에는 물방울이 대롱대롱 매달려 있었다. 물맛이 어땠을 것 같은가? '사막의 오아시스'라는 말을 나는 예전에는 이해하지 못했다. 그런데 지금은 충분히 그게 어떤 뜻인지 공감할 수 있다. 물맛이야 더 말해서 무엇 하겠는가. 혼자서 물 한통을 단숨에 비웠다. 벌러덩 누워서 하늘을 바라보니 어느새 어둑어둑 했다. 더 걸어갈 자신이 없다. 그리고 물을 마시고 나니까 이제는 허기가 몰려왔다. 배가 고팠고 기운도 빠졌는데 더 걸어가기 힘들다고 판단했다. 더 정확하게 말하면 의욕을 잃었다고 할까. 돌아가야 된다고 생각했다. 포르토마린으로.

스스로 미련하다고 자책할 정도의 기운도 없다. 공장 노동자는 이내 차를 타고 사라졌고 황량한 도자기 공장 앞에는 아무도 없다. 순간 물을 더 채워서 마시는 게 좋겠다는 욕심이 생겼다. 공장엔 담이 없었고 굵은 쇠사슬만 채워져 있었기 때문에 정문을 가로질러 물을 찾으려 했던 것이다. 물 한 모금 더 마신다고 큰 잘못은 아닌 듯 싶었다. 주변에 아무도 없는데 누가 뭐라고 할까. 도자기 공장은 생각보다 넓었다. 그 안을 둘러봤지만 물이 있을 만한 곳을 쉽게 찾지 못했다. 포기하고 돌아서려 하는데 공장 한 가운데 바닥에 물이 뿌려진 자국이 보였다. 공장에 먼지가 나는 것을 막기 위한 스프링클러였다. 공장 근로자가 방금 전 저 물을 나에게 받아준 것이라고 생각하고 아무런 의심 없이 물을 채워서 빠져나왔다. 갈증을 풀기 위해 아무 생각 없이 물을 삼분의 일 가량 들이켰는데 좀 전에 마실 때는 몰랐는데 뭔가 이상했다. 먹고 나서 물통에 코를 박고 냄새를 맡아보니 물에서 역겨운 기름 냄새가 났다. 주유소에서 날 법한 기름 냄새 말이다. 다시 냄새를 맡으니 더 심하게 느껴지는 게 아닌가. 그 남자가 받아준 물이 스프링클러에서 나온 물이라면 아까는 왜 모르고 마셨을까. 좀 전에는 극도의 목마름으로 기름 물이고 뭐고 생각할 겨를이 없었던 것이다. 아무리 그래도 기름 냄새나는 물을 주는 건 너무했다는 원망이 들었다.

　순간 화가 나서 물통을 길바닥에 내동댕이치고 헛구역질을 해봤지만 아무 소용없었다. 혹시 심하게 오염된 물을 먹었다면 탈이 날지도 몰랐다. 걱정이 앞섰지만 당장 포르토마린으로 돌아가는 일 외에는 도리가 없다. 길에서 차를 얻어 타려는 생각으로 히치하이킹을 시도했다. 차들은 경적을 울리며 지나갈 뿐 멈추지 않았다. 트럭 한 대가 멈췄지만 좀 태워달라고 하자 손사래를 치면서 그대로 출발했다. 이해는 됐지만 저렇게 쫀쫀할 수 있을까 싶었다. 그렇게 30분 정도 허탕만 치고 있는데 어떤 노부부가 탄 구식 자동차가 멀리서 털털거리며 다가오는 게 보였다. 혹시 나이든 분들은 좀 다르지 않을까 희망을 갖고 간절한 표정으로 손을 흔들었다. 역시 어르신들은 기대를 저버리지 않았다. 알고 보니 그분들은 포르토마린으로 저녁을 드시러 가는 길이었던 것이다. 무려 1시간 가량 걸어온 거리가 차를 타고 달리니 고작 3~4분도 걸리지 않았다. 90도로 배꼽인사를 한 뒤 노부부와 헤어졌다. 시간은 벌써 8시가 넘었고 포르토마린의 가로등도 하나둘씩 켜지고 있었다.

배낭을 멘 채 우선 카페를 찾아서 뭔가 마셔야겠다고 생각했다. 배가 고팠는데 막상 도착하고 나니까 식욕은 당기지 않는다. 안주도 없이 맥주를 시켜 연신 두 잔을 비웠다. 빈속에 취기가 올랐고 오늘 하루가 너무 길게 느껴졌다. 낮에 길을 잃은 것도 모자라 저녁에는 히치하이킹에 기름 물까지 마셨으니. 별거 아니라 웃고 넘길 수 있었지만 감정적으로 동요하고 있었다. 역겨운 기름 물을 마시고 난 뒤라서 그랬는지 속도 좋지 않았다. 마실 때는 아무렇지 않았는데 갈증이 풀리고 나니 휘발유 맛이 났다. 우습게도 그 순간 원효대사의 해골물이 문득 떠올랐다. '모든 건 마음속에 달려 있다'는 일체유심조(一體唯心造)라는 말이 스페인 산티아고에서도 별반 다르지 않았다. 결과적으로 그날 마신 물은 큰 문제를 일으키지 않았지만 적잖이 놀란 게 사실이다. 여행지에서 오염된 물을 잘못 마시면 대책이 없으니 말이다. 허기를 채우기라도 하듯 혼자서 맥주를 들이켰다. 도대체 몇 잔이나 비웠던 걸까. (사실 이 대목부터는 조금 창피해서 혼자만의 기억으로 간직하려고 했지만 독자 여러분들에게만 살짝 털어놓기로 한다.)

취기가 오르자 나도 모르게 그만 눈물이 나기 시작했다. 왜 그랬는지 잘 모르겠는데 유년기의 한 장면이 머릿속에 중첩되면서 왈칵 눈물이 쏟아진 것이다. 아마도 혼자 버려져 있다는 기분에 휩싸였던 것 같다. 초등학교 2~3학년 때였던 것으로 기억한다. 어느 날 늦게 집에 돌아와 보니 아무도 없고 텅 빈 아파트에 불까지 다 꺼져있었다. 부모님은 물론이고 형과 동생도 집에 없었다. 이상한 일이다. 엄마를 기다리려고 아파트 놀이터에 오래도록 앉아 있는데 아무도 나타나지 않았던 것이다. 그렇게 오래도록 기다리다가 무섭고 외로운 생각이 들어서 혼자 울었던 유년의 기억이 이유 없이 떠올랐다. 그날 왜 모든 식구들이 늦게 귀가했는지 지금은 기억이 나지 않지만 큰 사건이 없었던 건 확실하다. 아마 그 당시 태어나서 처음으로 외로움이란 이런 기분일 것 같다는 자각을 했던 것 같다. 그때와 같은 느낌이 왜 하필 첫날 산티아고에서 들었을까. 카미노에서 하루를 보내면서 어린 시절 내 모습을 마주하게 된 것은 아닐까. 철이 들고 나서 이토록 서럽게 울어본 건 오랜만이다. 그럴 상황도 아니고 이유도 없었지만 그 동안 무의식적으로 나 자신을 억누르고 있는 것들이 산티아고에서 까닭 없이 튀어나온 건 아닐까.

남자 화장실에 가면 소변기 앞에 '남자가 흘리지 말아야 할 것은 눈물만이 아니다'는 우스갯소리가 붙어있다. 남자는 평생 3번 울어야 한다는 말도 있다. 정말 잘못된 편견이라고 생각한다. 남자도 울어야 한다고 믿는다. 운다는 것은 나 외의 누군가와 그리고 더 깊게는 나 자신의 모습과 공감한다는 것이다. 주변에서 나이가 들면서 눈물이 많아졌다는 중년 남성들을 자주 접한다. 그런 스스로가 부끄럽다는 소리도 빼놓지 않는다. 눈물이 많아졌지만 그 사실을 인정하고 싶지 않다는 소리이다. 여자가 남자보다 감성적으로 자신의 감정을 잘 표현하기 때문에 스트레스를 덜 받는다는 연구 결과가 있다. 실제로 감정표현에 서툰 한국의 중년 남성들이 눈물을 흘리지 못하는 건 거의 장애에 가깝다. 남자가 울면 사내답지 못하다는 고정관념 때문에 '남자의 눈물'을 나약한 것으로 치부하는 거다. 그런 강박증으로 인해 많은 남자들은 감동적인 순간이 와서 눈가가 촉촉해지면 얼른 고개를 흔들어 버린다. 때론 울어야 할 상황에 울어야 뒤탈이 없는데 속으로 쌓아둔다. 배출하지 않고 꼭꼭 눌러버리는 것이다. 심리학과 정신분석학에서는 카타르시스(catharsis, 淨化)를 느끼는 게 중요하다고 조언한다. 이는 마음속에 억압된 감정의 응어리를 언어나 행동을 통해 외부에 표출함으로써 정신의 안정을 찾는 것이다. 눈물을 흘리는 게 대표적이다.

남성성에 짓눌려 감정 표현에 서툰 모든 남자들에게 가끔은 속 시원하게 울어보는 것도 나쁘지 않다고 조언하고 싶다. 이제 부끄럽다 생각하지 말고 울 때는 울어보자. 아니 때로는 일부러 슬픈 드라마나 소설을 읽고 억지로라도 울어보길 바란다. 심리학자 군터 슈미트는 "과거가 현재를 결정하는 것이 아니라, 현재가 과거를 결정한다"고 했다. 어쩌면 나도 과거로부터 벗어나려고 외면하려고만 했던 것 같다. 슈미트의 말처럼 자신의 삶과 과거를 긍정적으로 보느냐 혹은 부정적으로 보느냐의 차이에 따라 인생이 달라진다고 전문가들은 조언한다. 부정적인 경험이 있지만 그것을 극복하려는 생각의 차이가 중요하다는 말이다. 더불어 내면의 상처를 치료하는데 가장 효과적인 방법은 자신의 상처와 '대면'하는 것이라고 한다. 그래서일까? 속이 너무 후련했다. 한참을 울고 나니 마음이 가벼워지고 기분도 한결 산뜻해진 것이다. 아마도 오랫동안 가족과 주변 사람에게 받아왔던 상처들을 정면으로 마주하며 나 자신의 지금 모습을 마음으로 받아들인 것 같다. 눈물이 마르자 이제 내일부터는 마음 편하게 산티아고 대성당까지 걸어갈 수 있을 것 같은 느낌이 든다. 우여곡절이 많았던 긴 하루는 그렇게 마무리되고 있었다.

2011년 10월 5일 저녁
포르토마린으로 컴백

Step 4

온전한 나로서 나를 만나다

멈춤 그리고 사소함의 미학
주머니 비우고 마음을 채우다
버럭 길수, 현대인에게 소통이란?

멈춤 그리고
사소함의 미학

    포르토마린에는 여러 개의 알베르게[9]가 있지만 그 중 두 곳이 유명하다. 페라멘테이로(Ferramenteiro)와 오미라도르인데 둘 다 현대식 시설로 깨끗하고 편리해 순례자들에게 사랑 받고 있다. 순례길 첫날 많은 일들을 겪은 뒤라 한가롭게 알베르게를 선택할 겨를이 없었다. 눈에 띄는 가까운 곳을 찾다보니 포르토마린 입구에 자리 잡은 오미라도르로 발걸음을 옮겼다. 보통 순례자들은 아침 일찍 출발해 오후 4~5시가 되면 숙소를 잡고 하루 일과를 마무리한다. 첫날 욕심을 부린 탓에 오후 늦게 포르토마린에 도착하게 됐고, 울적한 마음에 맥주를 마시면서 시간을 허비해 알베르게에 오후 9시 30분이 되어서야 들어서게 됐다. 알베르게의 관리인은 간이 의자에 앉아 졸린 표정을 지으며 혼자 왔냐고 물었다. 순례자용 여권인 크레덴시알을 건네자 도장을 찍어주면서 10유로라고 무덤덤하게 이야기한다.

    그의 눈빛에는 '이 늦은 시간에 찾아오는 건 너 뿐이다'라고 말하고 있다. 그 남자는 하루 종일 알베르게에서 잡일을 하느라 피곤에 쩐 표정이었지만 작은 스피커에서 흘러나오는 음악에 정신이 팔려 있다. 나에게는 눈길 한번 주지 않고 음악에 빠져 몽롱한 표정이다. 너무나 익

숙한 재즈선율. 재니스 조플린(Janis Joplin)의 서머타임(Summertime)
이었다. 우리들에겐 휴식과 안식이 필요하다. 복잡한 세상을 살아가
는 요즘 더 절실하게 요구된다. 지친 몸을 이끌고 집에 돌아와도 반겨
주는 이가 하나도 없다. 식구가 있건 없건 그건 마찬가지다. 팍팍한
하루를 보낸 수고스러움에 대한 보상은 어디에서도 얻을 수 없다. 뭔
가 거창한 것에서 위안을 얻어야 한다고 말하려는 게 아니다. 작은 즐
거움, 소소한 안식과 여유를 찾아보라는 말이다. 알베르게 관리인의
지친 하루를 재니스 조플린이 어루만져줬듯.

  친한 선배 중에 벤처 사업으로 성공한 형이 있다. 사업하다 보면 머
리가 복잡하기 마련. 그 형은 음악과 공연을 무척 좋아하는데 그 분야
의 전문가를 능가하는 해박한 지식을 자랑한다. 하루 종일 일하고 피
곤할 법한데도 간신이 시간에 맞춰 공연장으로 뛰어가는 모습을 보면
존경스럽기까지 하다. 왜 그렇게 공연을 보냐고 물어보면 '그냥 재밌

9 알베르게는 순례자 호스텔(albergues de peregrinos)로 카미노 순례자들에게만 개방되
  는 공간이다. 성지순례에 오르는 이들은 경건한 마음으로 산티아고로 걸어가야 하는
  데 숙식에 관해서도 예외일 수 없다. 공동숙소를 사용하는데 2층 침대를 쓰며 화장실
  과 샤워장, 부엌 등도 함께 이용하면서 순례자들과 자연스럽게 어울린다. 알베르게
  는 꼭 한번 다시 찾아보고 싶은 곳이다. 숙박시설이 그렇게 편한 것도 아니고 공동생
  활을 해야하는 탓에 예민한 사람은 잠을 설치기 마련이지만 산티아고에서 가장 인상
  깊었던 경험들은 대부분 알베르게에서 체험하기 때문이다. 나도 이번 성지순례에서
  가장 중요한 경험과 깨달음을 그 곳에서 얻었다고 생각하고 있다. 그렇기 때문에 알
  베르게는 단순한 숙박시설에 불과하지 않다고 장담한다. 경제적인 측면에서 저렴한
  숙박비용으로 순례자들의 부담을 덜어줄 뿐 아니라, 종교적인 면에서도 성지순례의
  가치관에도 가장 부합하는 장소이기도 하다. 왜냐하면 검소하고 청빈한 삶을 강조한
  예수의 가르침에 따라 물질적인 화려함과 안락함을 허락하지 않는 곳이니 말이다.
  실제로 산티아고에서는 1km를 걷는데 1유로의 돈이 필요하다는 말이 통용될 만큼 산
  티아고 안에만 들어오면 큰돈이 필요하지 않다.

잖아' 라고 대답할 뿐 별다른 이유가 없다고 한다. 곰곰이 생각해 보면 음악과 공연은 그 형에게 여유와 안식을 주는 연인(戀人)인 셈이다. 말 못할 고민이나 마음의 상처가 있을 때 그 정인(情人)은 아무 이유를 따져 묻지 않고 조용히 곁을 지켜준다. 현대인에게 그런 휴식은 반드시 필요하다. 고상한 클래식 음악이나 거창한 취미를 즐기라는 말은 아니다. 만화책을 보거나 작은 우크렐레(ukulele)를 연주해 보거나 뭐든 상관없다. 남들이 뭐라고 하든지 당신이 좋아하는 '애인' 같은 취미생활을 하나쯤 만들어 봤으면 좋겠다. 음악을 좋아하는 그 사업가 선배는 결국 신사동 가로수길에 재즈 전문 공연클럽인 자스 바(Jass Bar)를 열었다. 공연 클럽은 입소문을 타고 인기를 끌고 있다. 취미로 했는데도, 아니 취미를 사랑하는 마음으로 해서 그런지 사람들의 반응도 좋다.

재니스 조플린의 허스키한 목소리에 취해 나 역시도 잠시 몽롱한 시간을 즐겼던 모양이다. 시간은 자정으로 향하고 있었다. 저녁이라고 먹은 게 맥주가 고작인데다가 취기가 오르자 배가 고파왔다. 뜨거운 물을 얻어서 공항 면세점에서 사온 라면을 먹기로 한다. 플라스틱 용기에 온수를 넣자 이내 코끝을 자극하는 라면 냄새가 진동하기 시작했다. 알베르게 1층 바에는 사람들이 거의 없었지만 라면을 들고 야외 테라스로 나왔다. 늦은 시간인 탓에 주변은 칠흑 같이 어두울 뿐 아무 것도 보이지 않았다. 라면을 국물까지 털어 마시고 나자 몸에서 기운이 나는 것 같다. 하지만 몸이 천근만근 무거워 배낭을 메고 계단을 내려가기 힘들 지경이다. 침대에 누워 쓰러지자 도저히 일어날 수 없었다. 몸을 좀 씻고 잠들어야했지만 다음날 아침에 샤워를 하면 그만이다. 땀에 절어 시큼한 냄새가 풍기는 옷을 입고 알베르게에서 첫날 밤을 보내고 말았다.

오전 6시. 정신없이 잠에 취해있는데 알베르게 안에서 사람들의 인기척이 들리기 시작한다. 아침 일찍부터 순례자들은 길을 떠날 채비에 분주했던 것이다. 그것도 모르고 침대에서 눈만 깜빡이고 있었다. 다음날부터는 현지에 적응해서 다른 순례자들과 거의 똑같이 움직일 수 있었지만 선배 순례자들에 비하면 여전히 부족한 게 많은 초보자에 불과했다. 전날 하루 종일 걸었다고 몸이 천근만근 같았다. 아침에 씻는 것이 더 귀찮게 여겨졌다. 대충 몸에 물을 바르고 양치질을 했다. 물을 사다놓은 게 없었기에 아침에 갈증이 났지만 마실 만한 게 없다. 알베르게는 오전 6시에 문을 여는데 아직 관리인은 일어나지도 않았다. 동전을 찾아서 1유로를 넣고 자판기에서 커피를 한잔 뽑아 마셨다. 그래도 갈증은 풀리지 않는다. 오히려 달달한 커피를 마셨더니 물 생각이 더 심했다. 혀가 입천장에 붙는 느낌이다. 전날 심한 갈증에 고생한 터라 물을 마시고 싶다는 욕망은 트라우마(trauma)처럼 따라 붙었다. 사람이 육체적으로 겪는 고통 중에서 가장 큰 것 중 하나가 갈증이다. 포르토마린의 작은 시내에는 음료수 자판기가 있을 것 같았다. 아직 해가 뜨지 않아 밖은 어둑어둑했다. 달빛과 가로등 불빛에 의지해 시내를 둘러본다. 물이나 음료수를 마시고 싶었지만 자판기가 보이지 않는다. 전날 생수라도 한 병 사두는 것을. 결국 산 니콜라스(San Nicolás) 성당까지 걸어 올라갔지만 망가진 자판기 한 대만 덩그러니 놓여있었다. 경험이 부족하면 이렇게 불편을 자초하게 된다.

초심자에게는 늘 벌어지는 일이지만 여행길에 올랐을 때는 미리 대비하고 챙겨두는 습관이 필요하다. 건설업에 종사하는 한 사업가 선배는 등산 마니아다. 코오롱에서 운영하는 '코오롱 등산학교'를 여름, 겨울학교 모두 수료했고 안나푸르나 트래킹에도 다녀온 고수다. 그런데 북한산 인수봉 부근으로 산행을 갔을 때 신발이 벗겨져 한 쪽 등산화를 잃어 버렸다. 북한산은 바위가 많은 험한 산인데 등산화가 없으면 제 아무리 고수라 해도 하산하기가 쉽지 않다. 난처한 노릇이었다. 그 때 리더로 팀을 이끌던 한 분이 배낭에서 신발을 꺼내 건네줬다고 한다. 리더인 등반대장은 그 선배에게 '만에 하나 이런 일이 벌어질지 몰라 가방에 챙겼다'고 웃으며 이야기했다고. 그렇다. 뜻밖의 일을 미리 준비하고 대비하는 사람과 눈앞에 보이는 것만 간신히 챙기는 사람의 차이가 바로 프로와 아마추어를 가른다.

한 가정과 조직을 이끄는 리더라면 작은 디테일, 보이지 않는 것까지 꼼꼼하게 생각해야 한다. 그래야 어려움에 처해도 흔들리지 않는 것이다. 잔소리 하지 않고 호인으로 불리는 회사 사장이 직원들에게 인기를 끌지만 그런 회사는 어려운 순간이 오면 맥없이 무너진다고 한다. 평소에 직원들에게 '우리 사장은 너무 쫀쫀해서 별의 별 것을 다 챙기고 간섭한다'는 불평을 듣는 사장이 회사를 잘 경영한다는 말이 있다. 직원들에게 인기는 없지만 회사가 망해서 직원들을 실업자로 만들지는 않는다는 것. 인기 있는 경영자가 될 것인지, 쫌스럽다는 말을 들어도 직원들 밥 굶기지 않을지는 당신 하기 나름이다. 보이지 않는 디테일까지 미리 대비하고 준비하는 습관. 당신이 크건 작건 어딘가에서 리더로 불린다면 기억할 대목이다. 아마추어는 실패의 책임을 자기 외부에서 찾는다면 프로는 실패를 통해 한 계단 성숙하는 기회로 삼는 것도 차이점이다. 자기 자신을 극복하고 넘어서는 자가 리더로서 자격이 있는 것. 징기즈칸(Chingiz Khan)은 "나를 극복하는 순간, 나는 징기즈칸이 되었다"고 말했다.

부끄러운 일이지만 나도 여행에 익숙하지 않은 티를 내고 있었다. 나 자신을 이끄는 리더로서는 아직 형편없이 부족했던 것. 여행의 불편함을 내가 아닌 남의 탓으로 돌리고 있었던 것 같다. 솔직히 인정하고 나니까 산티아고의 알베르게에서 겪었던 시행착오들에 대해서 좀 더 허심탄회하게 털어놓을 수 있는 용기가 생긴다. 알베르게에서 겪었던 재미있고 황당한 파란만장 스토리들은 계속 나올 것이다. 첫날 있었던 일들은 훗날 벌어진 것에 비교하면 정말 대수롭지 않은 사소한 해프닝에 불과하다. 그야말로 '갈수록 태산'이니 흥미진진(?)한 마음으로 지켜들 보시라!

2011년 10월 5일 자정~6일 오전 6시
순례자들의 안식처, 알베르게

온전한 나로서 나를 만나다

마음을 채우다

주머니 비우고

카미노 데 산티아고는 걷기를 빼놓고 이야기하기 어렵다. 걷기로 시작해 걷기로 끝나는 게 산티아고 성지순례이다. 자전거와 말을 타고 성지를 순례하는 경우도 있지만 대부분 자신의 두 발로 걸어 순례길에 오르고 싶어 한다. 앞서 이 길을 걸었던 사람들과 가장 가깝게 교감하는 방법인 까닭이다. 걷는데 제일 중요한 것은 신발이다. 신발은 주로 운동화가 아닌 등산용 트래킹 신발을 신는 게 기본. 초보자들은 가벼운 운동화나 스니커즈도 괜찮은지 묻는데 절대 금물이다. 1~2시간 코스의 산책은 몰라도 장거리 도보여행에는 전문 등산화나 트래킹 슈즈가 반드시 필요하다. 카미노의 경우도 피레네 산맥을 넘어가는 30일 루트는 초반 코스가 험난하기로 유명하다. 산티아고 길을 얕잡아봤다가 낭패를 당하기 십상이라는 말이다. 게다가 신발 하나에 의지해 하루 8시간 이상을 걷는 데는 무리가 따른다.

전문가들이 장거리 도보여행에 마운틴 폴(mountain pole, 등산용 스틱)을 적극 추천하는 것도 그런 이유에서다. 여행 전문서적을 보면 오랜 도보여행 길에 오를 때 마운틴 폴이 꼭 필요하다고 했는데 아직 젊은 나이여서 그런지 몰라도 험준한 등산이 아닌 가벼운 트래킹 코스에서는 솔직히 필요성을 느끼지 못했다. 한국에서도 등산용 스틱을 가지고 산에 다녔지만 지리산이나 설악산 등과 같이 큰 산이 아니면 거추장스럽게 느끼곤 한다. 그런데 장거리 도보 여행에는 효과적이라고 가져가는 게 좋다고들 해서 준비했건만 등산용 스틱은 여행 초반부터 거추장스러운 짐이 되지 않았던가. 공항에서부터 마운틴 폴 때문에 골머리를 앓았고 마드리드에 도착해서도 호텔 버스를 간신히 타게 만들었다. 하지만 카미노에 들어선 뒤로는 내게 좋은 친구가 되어 주었다. 오래 걷다보면 다리와 무릎 등에 피로가 쌓이게 되는데 마운틴 폴 덕분에 체중을 분산시켜 몸이 한결 가뿐했다. 또 산티아고에는 개들이 많은데 만에 하나라도 위험한 상황이 벌어지게 되면 자신의 몸을 지키는데 유용하기도 하다.

내가 가져 간 스틱은 온라인 쇼핑몰에서 구입했는데 처음에는 마차푸차레(Machapuchare)[10] 라는 브랜드 네임이 마음에 들어서 선택했다. 산을 좋아하는 사람이라면 한 번쯤 이름을 들어봤을 것인데 안나푸르나의 성봉(聖峰) 이름이다. 성지순례의 대명사인 산티아고에서 네팔의 안나푸르나 산맥의 유명한 봉우리 이름을 딴 스틱을 들고 걸었으니 기분이 묘했다. 산티아고 다음으로 정한 트래킹 여행지가 바로 안나푸르나였으

10　해발 6,993m의 마차푸차레는 네팔 북부에 위치한 안나푸르나 산맥에서 남쪽으로 갈라져 나온 봉우리다. 두 개로 갈라져 있는 봉우리의 모습이 물고기의 꼬리 모양을 하고 있다고 해서 'Fish Tail'로도 잘 알려져 있다. 마차푸차레는 히말라야 유일의 미등정 산으로도 유명한데, 1957년 지미 로버트가 이끄는 영국등반대가 정상 50m 앞까지는 등반한 적은 있으나 지금은 네팔인들이 신성시하는 산으로 등반이 금지돼 있는 그야말로 성봉이다. 이 산을 한번 보면 평생 잊지 못할 정도라고 사람들은 말한다. 그런 신성한 산의 이름을 딴 스틱을 성스러운 길에서 들고 걸었으니 절묘한 궁합이 아닐 수 없다.

니 단순히 우연이라고만 해야 할까. 그런 사연 덕분에 처음에는 귀찮은 존재였지만 산티아고에서 쓰면 쓸수록 등산용 스틱에 더 애착이 갔다.

10월은 스페인도 수확의 계절로 모든 게 풍요로운 시기다. 길에는 사과가 익어서 떨어져 나뒹굴고 큼지막한 도토리가 수북하게 쌓인다. 길을 걸어가면서 단조로움을 피하고 싶을 땐 마운틴 폴로 도토리와 썩은 사과를 툭툭 치면서 심심풀이로 이용하곤 한다. 언덕길을 내려갈 때에는 특히 무릎에 체중이 많이 실리게 돼 문제를 일으킬 수 있다. 그럴 때 요긴한 게 바로 스틱이다. 카미노에서 만난 스위스의 요하네스는 무릎 통증이 심해져 중간에 포기했다고 하지 않았던가. 그런 스틱이었기에 시간이 지날수록 친구마냥 정이 들었다.

애초의 계획은 성지순례를 다 끝내고 산티아고에서 90여km 떨어진 땅 끝 마을인 피스테라(Fisterra)에 마운틴 스틱을 두려는 것이었다. 성지순례를 마친 사람들 중 일부는 자신이 신고 걸었던 등산화나 양말을 태우면서 여행을 마무리한다. 신발은 슬리퍼와 등산화가 전부였기 때문에 태우기는 어려웠고 대신 스틱을 피스테라의 출발지점인 '파로(Faro, 등대)'에 남겨두고자 했다. 어차피 두고 오려고 했던 물건이었지만 중간에 잃어버리면 아쉬울 것 같아 소중하게 간직했다. 애칭으로 이름도 붙여준 것도 그런 이유에서다. 길동무가 없었으니 친구라고 생각해서 별명을 '마치'로 정하고 중간에 카페에서 휴식을 취할 때 손수건으로 먼지를 털어줬으니. 톰 행크스가 주연한 할리우드 영화 '캐스트 어웨이(Cast away)'를 보면 주인공 척 놀랜드는 비행기 추락 사고로 무인도에 혼자 남게 된다. 그 곳에서 외로움에 지친 나머지 배구공에 '윌슨'이라는 이름을 붙이고 대화를 나눈다. 물론 내가 그 정도까지 그리움에 떨었던 건 아니지만 혼자 카미노를 걸으면서 마운틴 폴은 지팡이 이상의 가치를 발휘했다. 톰 행크스에게 '윌슨'이 있었다면 나에겐 '마치'가 있었다.

생각한대로 일이 벌어진다고 했던가. 처음부터 말썽이었던 나의 친구 '마치'의 운명은 결정되어 있었던 건가. 피스테라에서 기념으로 두고 오려고 했건만 카미노에서 중간에 마운틴 폴을 잃어버리고 말았다. 도보 이틀째 일정을 모두 마치고 팔라스 데 레이(Palas de Rei)를 지나쳐 알베르게인 카사 도밍고(Casa Domingo)에서 숙박하려고 했다. 그런데 사설 알베르게인 그곳은 침상이 14개였다. 자리가 다 찬 상황이라 다른 곳을 수소문할 수밖에 없었다. 관리인에게 물어보니 인근 알베르게도 자리가 꽉 차서 순례자들이 서둘러 이동했다고 귀띔한다. 첫날 후되게 신고식을 한 탓에 이번에는 택시를 불러서 안전하게 사설 알베르게인 볼보레타(Albergue a Bolboreta)까지 이동하기로 했다. 그런데 택시를 기다리던 중 그곳에서 브라질에서 온 산도바오라는 중년 남성과 담소를 나누다가 그만 마운틴 폴을 두고 온 것이다. 잃어버린 사실도 그 다음날 한참을 걷다가 문득 깨닫게 됐으니 얼마나 한심한 일인가. '마치는 내 친구'라고 개방정을 떨어놓고는 까맣게 잊었던 것이다. 아무래도 나는 허당 길수 어린이가 맞는 것 같다.

물질만능주의 시대일수록 소유와 집착에서 벗어나 무소유의 가치를 이야기하는 게 유행이다. 적어도 그렇게 말하는 게 멋진 일처럼 보인다. 소유하는 게 나쁘다는 주장은 아니다. 소유는 악이고 무소유는 선이라는 극단적인 이야기를 하려는 것도 아니다. 다만 소유한다는 것을 다른 관점에서 바라보길 바란다는 말을 하고 싶은 것이다. 외국의 한

노교수가 어딘가에 쓴 글을 오래 전에 본 적이 있다. 그분은 물질이 최고의 선으로 평가되는 세상에서 인간조차 돈으로 사고파는 물건이 되었다고 한탄했다. 연봉이 얼마이고 축적한 재산에 따라서 고기 등급을 매기듯 이마에 도장을 찍는 비인간적인 시대가 됐다는 것이다. 그 교수는 '자신이 가장 아끼는 물건을 누군가에게 그냥 한번 선물해 보라'고 말한다. 오래된 수제 파이프 담배일 수도 있고 고가의 명품 시계일 수도 있다. 과연 가장 아끼는 물건을 남에게 줄 수 있을까. 그리고 준 뒤에 아무렇지 않을까.

노교수는 결국 아무렇지 않다는 사실을 알게 될 것이라고 우리에게 말하고 있다. 처음엔 그 물건에 대한 미련을 버리지 못해 화도 나고 언짢게 느껴지지만 차츰 눈앞에서 사라진 물건은 마음에서도 함께 사라진다고 했다. 어느 순간 물건 없이도 잘 살고 있는 자신을 발견하고는 다소 허탈하게 느끼게 된다고 충고하고 있다. 우리가 움켜쥐고 있는 물건들은 대부분 세월이 흐르면 고물상에 넘겨도 제 값을 쳐주지 않는 고철이 되고 만다. 그런 물건에서 자유로워지는 소중한 '경험'을 하게 되면 이후에 물건을 대하는 태도가 달라지고 더불어 삶이 변하게 된다는 것이다. 노교수는 시간이 지나면 하찮은 쓰레기가 되는 물건에 마음을 빼앗기지 말고 세월의 때가 묻을수록 보물이 되는 것에 투자하라고 한다. 그게 뭐냐고? 뭐겠는가. 바로 사람이다. 시간이 지나도 변하지 않고 더 아름답게 빛나는 것은 사람이 아니고 뭐가 있겠냐고 반문한다. 소유와 무소유는 결국 인간에 대한 사랑을 바탕에 깔고 있어야 제대로 논할 수 있다는 가르침이다.

나는 친구라고 자랑하던 '마치'를 마치 헌신짝처럼 내팽개치고 말았다. 덜렁거리는 성격 덕분에 무소유의 작은 깨달음을 얻었다고 하면 지나친 허풍이라고 할까. 등산용 스틱이 있었으면 좋았겠지만 결과적으로 무사히(?) 성지순례를 마쳤으니 소유의 집착에서 조금은 벗어날 수 있을 것 같았다. 산티아고 길동무였던 '마치'와는 그렇게 이별했다. 집착을 버리고 마음 편하게 헤어지는 것은 삶을 더욱 평안하게 한다. 제 힘으로 어찌할 수 없는 헤어짐이 이별(離別)이라 한다면, 제 힘으로 힘껏 갈라서는 헤어짐은 작별(作別)이라 한다. 이별은 '겪는' 것이고 작별은 '하는' 것이다. 나는 '마치'와 작별하는 기회를 놓쳤지만 나쁘지 않은 이별을 했다고 스스로 위안했다. 지금 이 순간에도 '마치'는 산티아고 어딘가에서 새로운 친구를 만나 여전히 성지순례를 돕고 있을지도 모른다.

2011년 10월 6일. 카미노 한 중간,
'마치'와의 이별

온전한 나로서 나를 만나다

버럭 길수,
현대인에게 소통이란?

　카미노에서 둘째 날 팔라스 데 레이를 지나쳐 저녁이 되기 전에 카사 도밍고에 들어갔다. 포르토마린에서 출발해 팔라스 데 레이까지 26km를 걸었다. 그곳에서 카사 도밍고까지 4~5km를 더 걸었으니 하루에 30km를 소화했다. 둘째 날 치고는 나쁘지 않은 성적이었다. 오후 5시가 넘은 시간이었는데도 일찍 출발한 사람들은 이미 샤워까지 마치고 편안한 복장으로 휴식을 즐기고 있었다. 게으름을 피운 것도 아니고 부지런히 걸었는데 오늘도 다른 순례자들 보다 늦게 도착한 것. 더 걸어갈 힘이 있었지만 어제의 일에서 배운 학습효과라고 할까. 오늘은 이 정도 선에서 만족하고 택시를 불러 인근 알베르게로 이동하는 게 좋다고 판단했다. 카사 도밍고의 관리인은 인상 좋은 옆집 아저씨 같았는데 친절하게 다른 알베르게를 연결해줬다. 택시를 타고 싶다고 하자 요금이 2~3유로는 나올 거라고 설명해 상관없다고 대답했다. 거기서 브라질에서 온 산도바오를 만났다. 그와 맺은 인연은 나중에 자세히 소개할 기회가 있으니 잠시 미루자.

　알베르게 식당에서 맥주를 마시며 한참동안 택시를 기다렸다. 산도바오는 작은 수첩을 꺼내서 꼼꼼하게 뭔가 적고 있었다. 카사 도밍고는 작은 알베르게였지만 카사(casa)라는 이름처럼 일반 가정집같이 아늑하다. 택시가 왔다는 말에 밖으로 나오니 승합차 한 대가 서 있었다. 우리로 치면 영업용이 아니라 개인이 운영하는 택시인 듯 했다. 한때 강남에서는 '콜뛰기'라고 해서 운전기사에게 전화(콜)를 걸면 출발지에서 대기하고 있다가 승객을 태우는 편법영업이 성행했다. 비슷한 택시인가 싶어 아무런 의심도 하지 않고 올라탔다. 승합차는 크고 깨끗했고 기사 아저씨도 서글서글한 인상에 지나치게 친절한 게 부담스러울 정도였다. 2km 남짓 달렸을까. 택시는 카미노에서 조금 벗어난 외진 곳에 멈춰 섰고 택시 기사는 상냥하게 자동차 문을 열어주기까지 했다. 그가 말했다.

"13유로 주시면 됩니다."

맙소사. 택시요금으로 13유로를 달라고? 순간 이런 사기꾼 같은 놈이 다 있나 싶었다. 현지 사정을 모르는 외국인이라고 이렇게 심하게 바가지를 씌우다니. 너무 화가 났고 어처구니가 없어 'Are you kidding me?(지금 장난 하나?)'라고 소리를 지르고 말았다. 택시기사는 당황한 표정을 짓더니 13유로 밑으로는 받을 수 없다고 버티는 것이다. 스페인 사람이 영어를 못하는 게 잘못은 아닌데도 간단한 영어도 못하는 상황도 괜히 짜증이 났다. 보통 기본구간을 달리면 팁을 포함해 3~4유로면 충분하다고 들었는데 13유로면 한화로 2만 원 정도가 나온 셈이다. 오래 전 중국 베이징 출장길에서 택시 요금을 엄청 바가지 쓴 경험이 있다. 공항에서 시내호텔까지 이동했는데 택시 요금이 상당하게 나왔다. 나중에 알고 보니 택시 기사가 시내를 빙글빙글 돌아서 데려다준 것. 태국 방콕 여행에서도 비슷한 일을 당한 적도 있다. 안 좋은 일은 쉽게 잊는 편인데 유독 택시비에 대한 불쾌한 기억은 잘 사라지지 않는다. 돈도 돈이지만 여행객을 등쳐먹으려는 수작이 뻔히 보였던 것이다. 그렇게 실랑이를 벌이는데 택시 운전수가 더듬거리는 영어로 '아침 식사를 포함해서 13유로……' 라고 말하는 게 언뜻 들렸다.

아뿔싸! 택시기사가 아니라 사설 알베르게의 주인아저씨가 픽업을 나온 것을 '콜뛰기' 기사로 착각했던 것이다. 얼굴이 확 달아올랐다. 알베르게 숙박료가 13유로였는데 그걸 택시비로 오해해서 벌어진 촌극이다. 자초지정을 설명하려던 그의 말을 제대로 듣지도 않고 버럭질을 해댔으니 스스로 얼마나 부끄러웠던지. 정중하게 사과하고 상황을 수습하려고 했지만 주인 아저씨의 표정은 금방 풀리지 않는 눈치였다. 픽업까지 나왔고 바가지는커녕 저렴한 값에 아침 식사까지 제공한다고 했는데 입장을 바꿔놓고 보면 억울하겠다는 생각이 들었다. 알베르게 이름은 볼보레타(Bolboreta)였는데 이 책에서나마 다시 사과의 말씀을 전한다. 사실 그날 알베르게에 묵은 사람은 나 하나뿐이었다. 저녁 만찬으로 열명 남짓한 손님들이 식사를 하러 다른 알베르게에서 방문했을 뿐 숙박하는 순례자는 없다고 한다. 짐을 풀고 샤워를 마치고 오늘 일을 돌아보니 웃음이 나온다.

대부분의 오해는 커뮤니케이션의 실패에서 비롯된다. 남자들의 비극은 자기 말만 하려는 데서 시작되는 것. 이건희 삼성전자 회장이 삼성에 처음 입사해 근무하는 첫날 아버지인 고(故) 이병철 회장이 마음의 지표로 삼으라고 경청(傾聽)이라는 휘호를 주었다고 한다. 이 회장은 이 휘호를 벽에 걸어놓고 보면서 늘 스스로에게 잘 듣고 있는가를 묻고 더 잘 들으려고 노력했다고 한다. 지금 삼성을 키워낸 것도 모두가 이건희 회장의 경청의 자세에서 덕을 봤다고 할 수 있다. 현대인들 특히 남자들은 잘 듣지를 않는다. 부인이 하는 말을 귓등으로 듣고 상사의 잔소리도 한귀로 듣고 한귀로 흘린다. 그러니 제대로 된 소통이 가능할 수 없다. 한 연구소의 조사에 따르면 대부분의 사람들은 상대편이 이야기하는 도중 그 말을 집중해서 듣기보다는 자신이 하려는 말을 생각하는 탓에 절반도 이해하지 못한다고 한다. 오해가 쌓이고 관계가 서먹해지는 것은 상대방의 이야기를 잘 듣지 않기 때문이다. 인간관계에서 경청의 기술이 통하는 비결은 뭘까? 제법 단순하다. 제대로 듣는 법을 아는 사람이 의외로 적기 때문인 것이다. 그러니 상대방을 배려하는 마음으로 조금만 더 잘 들으려고 노력하면 인생 사는데 어려울 게 없을 것도 같다.

알베르게 주인의 말에 경청했으면 괜한 오해를 하지 않았을 텐데. 잘 듣기만 해도 세상 사는 어려움의 절반은 자연스럽게 해결된다. 그게 경청의 비밀이고 신비다. 그래서 그날 밤에는 귀를 열어두기로 했다. 저녁 만찬은 전통적인 스타일의 스페인 요리가 나왔다. 오븐에 노릇하게 구워낸 닭 요리와 주먹만 하게 큰 미트볼이었는데 초일류 레스토랑일지라도 이 훌륭한 맛을 흉내낼 수 있을까. 집에서 만든 하우스 와인에 맥주까지 곁들여서 알베르게에서 파티를 벌였다. 그날 저녁 식사를 예약한 팀은 미국, 캐나다, 프랑스, 호주 등 '연합국'이었는데 카미노에서 친구가 됐다고 한다. 숙소는 인근이고 저녁만 먹으러 온 것이다. 그들과 자연스럽게 어울려 식사를 했는데 그들 중에서 쾌활한 중년 여성인 사만다가 빛을 발한다. 캐나다 출신인 그녀는 나와 같은 날 사리아에서 출발한 것이다. 가톨릭 신자인데 딸은 20일 전에 생장피드포르에서 출발해 산티아고에서 만나기로 했단다. 모녀가 대성당에서 상봉하면 얼마나 감격스러울까. 각자 소소한 이야기를 무용담처럼 늘어놓고 자랑스러운 표정을 짓는데 백발이 성성한 초로(初老)의 사내들에게서 사춘기 소년의 수줍음이 서려 있다. 서로 모르는 이들이 카미노에서 웃고 떠들고 흥건하게 취할 수 있다는 건 멋진 일이 아닌가. 커뮤니케이션은 바로 이런 순간을 두고 하는 말이다. 서로 마음을 열고 경청하려는 자세 말이다. 사만다에게 순례길이 힘들지 않느냐고 물었는데 대답이 걸작이다.

"힘이 들려고, 고생을 하려고 오는 게 순례자의 길 아니냐? 당연히 고생스럽지만 행복하다. 난 지금 여기 카미노에 있으니까……."

밤늦도록 맥주와 와인을 마시면서 산티아고를 찬미했다. 카미노에서는 휴식을 취할 때 맥주나 와인을 한잔 마시면 갈증을 해소하고 피로도 풀 수 있어서 좋다. 한잔에 1~2유로에 불과해 여느 관광지에 비해 저렴하기 때문에 애주가라면 더 반가운 노릇. 예로부터 문인들 중에 술을 좋아했던 사람이 많다. 여행을 좋아하는 예술가들은 특히 주당(酒黨)이 많다. 당나라에 이백(李白), 고려 시인 이규보(李奎報) 그리고 조선의 문장가 송강 정철(鄭澈)을 꼽을 수 있다. 정철은 술을 좋아하는 이유를 〈계주문(戒酒文): 술을 경계하는 글〉에서 이렇게 설명한다.

"내가 술을 즐기는 이유가 넷 있으니 불평이 하나요, 흥취가 둘이요, 빈객을 대접하는 것이 셋이요, 남이 권하는 것을 거절하기 어려운 것이 넷이다."

애주가들의 핑계일 수 있지만 공감이 간다. 나는 술 자체의 흥취도 좋지만 남과 어울려 즐길 수 있어서 술을 흠모한다. 산티아고에서 낯선 친구들이 건네는 술잔을 뿌리치기가 어려웠다. 한잔 두잔 취기가 오르자 분위기는 달아올랐다. 내가 '택시비 13유로 사건'을 이야기하자 테이블에 둘러앉은 모든 사람들이 동시에 웃음을 터뜨렸다. 주인장은 어깨를 으쓱하며 무덤덤한 얼굴로 주방으로 사라졌다. 이내 하우스와인 한 병을 들고 와서는 테이블에 내려놓는다. 내가 낯을 붉히며 악수를 청하자 윙크를 하면서 털이 숭숭한 손을 내밀었다. 때로는 작은 오해와 착각, 또 그것을 해결하려는 사과와 용서, 화해가 있기에 단조로운 인생이 더 풍요로워진다. 내일이 걱정됐지만 술잔을 비우는 속도는 더 빨라졌고 산타아고의 밤은 얼큰하게 깊어갔다.

2011년 10월 6일 오후 5시
카미노의 택시 사건

Step 5

나의 상처와 아픔을 말하기

> 사랑의 상처가 주는 선물
>
> 소소한 일상이 주는 선물
>
> 길수, 너 잘 살고 있냐?

사랑의 상처가 주는 선물

　　카미노에서 하루 일과를 끝마치고 알베르게에 들어서면 그날 있었던 일들과 감정들을 정리하곤 한다. 대부분 스마트폰을 이용해 세세하게 녹음을 해두었지만 틈틈이 메모를 남겨놓았다. 카미노에서 삼일째인 10월 7일 아르수아(Arzúa) 지역의 아름다운 알베르게인 비아 락테아(Via Láctea)에서 짐을 풀었다. 여섯 개의 얕은 계곡을 건너 하루에 25km 정도를 걸었다. 길의 70%가 숲길로 이어져 자동차 소음에서 벗어나 한적하게 걸을 수 있다. 조용한 숲길을 걷는 즐거움이란 굳이 설명하지 않아도 짐작하리라.[11] 목적지인 산티아고 데 콤포스텔라까지 40km 정도 남겨놓고 있다. 알베르게에서 샤워를 하고 빨래까지 했는데 오후 5시가 채 못 됐다. 밖은 여전히 환하게 밝았고 딱히 할 일도 없어 그 동안 적어 놓은 메모들을 정리한다. 어떤 글씨는 커피 자국인 듯 보이는 누런 국물에 번져 종이 안으로 이미 숨어들었다. 여러 개의 메모 중에서 눈에 들어오는 글귀가 있다. 프랑크푸르트에서 마드리드로 향하던 중 떠오른 생각을 옮긴 쪽지다.

〈더 많이, 더 깊이 사랑한 자의 슬픔〉

누군가를 사랑한 뒤 더 많은 슬픔과 상실감을 느끼는 이는 오히려 축복 받은 사람이다. 더 많이, 더 깊이 사랑하지 않고서는 지금의 슬픔과 상실감을 느낄 수 없다. 당신이 느끼는 슬픔은 기적과 같은 축복이며 신의 은혜가 없었다면 가능하지 않았을 터. 자신이 누군가를 사랑했다고 생각했지만 정작 헤어짐의 슬픔은커녕 가슴 속 한 자락의 추억도 없는 사람들이 적지 않다. 이별 뒤 상실의 고통은 고사하고 슬픔조차 느끼지 못해 당혹스러워하는 이들이 얼마나 많은가. 더 많이 사랑했다고 후회하고 슬퍼하는 일 만큼 어리석은 짓은 없다. 지금 누군가를 사랑한다면 온 가슴을 다해 마음이 가는 곳으로 두려워 말고 다가가길 기도한다. 비록 꿈속에서라도 사랑은 우리의 삶을 빛나게 하리니.

2011년 10월 3일
마드리드로 가는 비행기에서 메모

사랑이야말로 인간이 한 평생 천착(穿鑿)하는 주제인 듯하다. 남녀의 사랑은 물론이고 가족 간의 애증, 신에 대한 아가페(agape) 등 결국 우리 삶은 누군가를 사랑하면서 보낸다. 산티아고를 찾은 사람들에게도 사랑이라는 테마는 중요한 화두다. 절대자를 향한 사랑에서 시작된 길이지만 한편으론 상실의 고통을 잊으려 순례자의 길에 오르는 이

11   대부분의 코스가 아름답지만 이 구간은 특히 수려한 경치 덕분에 트래킹 코스로 안성맞춤이다.

들이 많다. 출국 전에 카미노에 대한 에세이를 몇 권 읽었는데 그 중에서도 한 작가는 친동생의 갑작스러운 죽음을 잊기 위해 훌쩍 떠났다고 고백했다. 어떤 보이지 않는 손길이 카미노를 찾은 순례자들의 상처를 어루만져주고 영혼의 안식을 주는 것 같다. 나 역시 누군가를 사랑했고 또한 누군가에게 상처를 받았고 그로 인해 고통스러운 시간을 보낸 적이 있다. 또한 앞으로 살아가면서 사랑하는 사람들과 언젠가는 헤어질 수밖에 없는 운명이다. 메모에서 솔직한 심경을 밝혔듯 누군가를 사랑한다는 건 분명 축복이고 은혜로운 일이다. 뜻하지 않은 헤어짐에 슬퍼할 수 있겠지만 추억할 게 없는 삶은 얼마나 쓸쓸한가 말이다.

아픔과 상처가 없는 사람은 절름발이, 반쪽 사람이라는 말이 있다. 아픔과 상처를 통해 인간은 한 단계 더 성숙해질 수 있는 기회를 얻기 때문이다. 비행기에서 적은 메모에서 하고 싶었던 말은 사랑 없이 무덤덤하게 살 바에는 아파도 사랑하며 살고 싶다는 내 나름의 철학이었다. 요즘 사람들은 사랑도 계산이고 투자라고 보는 경향이 있다. 사랑을 '기브 앤 테이크'로 바라본다. 과연 그럴까. 주고받는 게 사랑이라면 많이 주고, 덜 받게 되면 그 관계는 성립될 수 없다는 말이다. 그건 사랑이 아니라 사업이고 장사일 뿐이다. 사랑에 덧셈 뺄셈이 들어오는 순간 그 사랑은 슬그머니 뒷문을 열고 나간다고 한다. 이미 사랑이 들어설 자리는 없으니 말이다.

사람 사는 것은 열차를 타고 가는 기차여행에 비유해도 될 것 같다. 내가 타고 가는 열차에는 많은 사람들이 타고 내리지만 처음부터 끝까지 함께 할 수 있는 사람은 나 자신을 제외하곤 없다. 부모와 형제가 가장 오래 열차에 머물곤 하지만 그들 역시 언젠가는 열차에서 내려야 하는 운명이다. 어떤 인연은 일찍 타서 중간에 내리고 또 다른 인연은 중간에 타서 마지막까지 함께 하기도 한다. 그렇다고 그 열차에서 타고 내리는 만남에 너무 연연할 필요는 없다. 함께 하는 순간 그들과 웃고 떠들면서 가는 동안 목적지까지 행복하게 기차 여행을 하면 그만이다. 그런데 정작 타고 있는 순간에는 마음껏 사랑하지 못하고는 열차에서 내려야 하는 순간이 오면 아쉬워하곤 한다. 앞서 내린 이를 잊지 못해 지금 막 기차에 올라탄 인연을 몰라보는 바보가 된다. 먼저 내린다면 웃으면서 보내주는 것, 그리고 새롭게 올라타는 사람을 반갑게 맞이해 주는 것. 그렇게 어려운 일이 아닌데도 우리가 가장 어려워하는 일이다. 평소 친하게 지내는 목사님은 이런 말씀을 하셨다.

"사랑하는 사람을 만나서 결혼하는 것이 아니라, 결혼한 사람을 사랑하는 것이다. 그게 결혼이고 인생이다."

억지로 사랑하는 사람을 찾으려 노력하지 말고 자신의 주변에 있는 사람들을 먼저 사랑하라는 말씀이다. 정말 오래도록 여운을 남긴 말씀이다. 자신의 열차에 올라타는 사람들부터 사랑하고 그들과 행복하게 지내려고 노력하는 게 그렇게 어려운 일일까. 요즘 사람들에겐 적어도 가장 어려운 일처럼 보인다. 현대인들은 자신의 감정을 제대로 표현하지 못하니 더 그렇다. 익숙하지 않아서 불편하다. 자기가 먼저 사랑한 뒤 그 사랑을 돌려받지 못해 상처를 받지 않을까 걱정이 앞선다고 한다. 어리석은 짓이다. 정말 사랑이란 감정을 느끼는 그 자체가 얼마나 감사한 일인지 모르기 때문이다. 사랑하는 인연들이 어느 역에서 내릴지 모르지만 함께 하는 동안 그들에게 온 마음을 바쳐 사랑해 보자. 때론 그 과정에서 상처와 고통을 당할지도 모른다. 그러나 그건 부끄럽고 치욕스러운 게 아니다. 상처와 아픔을 느꼈다는 것만으로도 내 사랑의 뜨거움을 증명했기 때문이다.

상처 입은 영혼들이 모이는 산티아고에서는 다른 곳에서 경험하기 어려운 기이한 체험을 하게 된다. 알베르게에서는 대부분 단체로 2층 침대에서 묵는다. 1, 2층 침대를 낯선 순례자와 공유하는 것이다. 그러다 보니 웃지 못 할 일들도 벌어진다. 포르토마린의 알베르게에서 첫날 잠을 자다가 실제로 겪은 경험이다. 피곤에 지쳐 세상모르게 잠을 자고 있었는데 옆 침대에서 어떤 젊은 여성이 흐느껴 우는 게 아닌가. 처음에는 꿈인 줄 알았다. 이 늦은 시간에 웬 여자가 서럽게 우는가 마음이 쓰였다. 그런데 흐느낌은 금세 그치지 않고 한 동안 계속되었다. 도대체 무슨 사연이길래 저리도 서럽게 울까. 놀랍게도 이제는 다른 방향에서 누군가 작은 소리로 피리를 불기 시작했다.

이럴 수가. 코고는 소리도 참기 어려운데 늦은 시간에 피리를 불다니 정신이 나간 사람이다. 산티아고 여행 준비물 리스트에서 수면용 귀마개를 분명히 봤는데 건성으로 흘려보낸 게 후회스러웠다. 결국 침대에서 몸을 일으켜 꽁지발을 해 발소리를 죽여 소음의 진원지를 찾아나선다. 피리소리의 실체를 확인하고는 큰 소리로 웃음보를 터뜨릴 뻔했다. 배가 집체만한 건장한 중년 남성이 만삭의 배를 씰룩거리면서 곤히 잠자고 있었는데, 글쎄 피리 소리는 그의 코에서 나는 것이었다. 피리는 당연히 있을 리 없다. 코에서 바람이 빠져나가면서 금속성 피리소리를 낸 것이다. 소리를 흉내 내기도 어렵다.

"삐유우우우 뿌르르르르 히히히히힛"

비슷한지 모르겠지만 아무튼 세상에 어떤 사람의 코에서는 피리 소리가 난다. 혼쭐을 내겠다고 단단히 벼르고 있었던 내 자신이 멋쩍어지는 순간이었다. 하지만 흐느껴 우는 소리는 그런 코믹한 상황은 아니었다. 울음소리가 나는 곳으로 가까이 다가가자 등지고 웅크려 누워있는 검은 그림자가 가늘게 떨리고 있었다. 어슴푸레 보이는 실루엣이 몸집이 작은 여자 같았다. 가까이 다가가자 인기척을 느꼈는지 이내 울음이 그쳤다. 모른 척 하고 그냥 혼자 있게 놔두는 게 옳았다. 누구일까. 무슨 사연일까. 상관없는 일이지만 마음이 무거웠다. 그녀의 흐느낌에 동요했는지도 모른다. 어떤 상처와 아픔이 그녀를 이곳 산티아고로 인도한 걸까. 그녀의 눈물이 잠시라도 상처를 어루만져 주었길 기도했다.

산티아고에서는 잠자리에 누워 꿈속을 거닐 때에도 순례길을 떠나지 못하나 보다. 뒤척이다가 겨우 잠들었는데 낯선 여행길에서 나 역시도 심란했던 모양이다. 뒤숭숭한 악몽에 시달렸다. 건물이 무너지고 있는데 나 혼자만 살아남았고 다른 사람들은 잔해에 파묻히는 끔찍한 꿈이다. 깨어난 뒤 꿈인지 생시인지 분간하지 못하고 혼자라도 살아남아 다행이라고 안도의 한숨을 내쉬었다. 다시 잠들었는데 회사를 그만두겠다는 후배가 꿈에 나와서 하소연하는 모습도 영화의 한 장면처럼 중첩됐다. 아마도 나 혼자서 순례자 여행에 오른 탓에 무의식적으로 불안해하고 있었는지 모른다. 솔직히 나 자신도 내 삶의 꿈과 목적을 몰라서 방황하고 있었던 것이다. 후배라는 타자(他者)에 투영되어 꿈에서 내 모습을 그려내고 있었던 모양이다. 나 또한 꿈에서도 순례길을 벗어나지 못하고 있었다. 산티아고는 그런 곳이다. 여담이지만 회사를 그만두고 배우가 되고 싶다던 그 후배는 결국 다른 언론사로 옮겨 나름 만족해하면서 일한다고 들었다. 그 후배가 꿈을 포기하지 않고 언젠가는 배우로 변신한 모습을 상상해 보니 왠지 기분이 좋아진다. 꿈을 갖고 있는 사람은 다른 이가 꿈꾸는 것을 보기만 해도 흐뭇해지나 보다. 바보화가로 유명한 몽우 조셉킴 선생의 '꿈'이란 시를 그 후배와 독자들에게 들려주고 싶다.

사람은 꿈을 꿀 때
가장 아름다운
존재가 된다
과거와 미래가
섞어지는
꿈속에서
인간은
인간으로서의
모습을 찾는다
꿈은
삶을 바꿀 수 있는
무한의
열쇠이다

몽우 조셉킴 〈꿈〉

2011년 10월 7일
알베르게, 비아 락테아 episode 1

소소한 일상이
주는 선물

아르수아는 산티아고로 들어가기 전 마지막으로 만나게 되는 인구 7천 명의 주요 도시다. 현대적인 시설을 갖추진 않았지만 오래되고 고풍스러운 도시여서 여기에 여장을 풀기로 했다. 목적지인 산티아고 데 콤포스텔라까지 42km. 남겨둔 리바디소(Ribadiso)를 지나 아르수아(Arzua) 지방에 두착했으니 이제 절반 이상을 걸은 셈이다. 순례길에 오른 지 삼일 째 되는 날이었고 사리아에서 대략 80여km를 걸었다. 한낮의 날씨는 한국의 초여름보다 더웠고 화창한 날이 이어졌다. 나중에 알고 보니 이곳은 순례자들이 오래 전부터 산티아고에 들어가기 전에 꼭 머무르는 뜻 깊은 도시라고 한다. 그런 전통이 있다는 사실을 나중에 알았지만 뜻하지 않은 행운에 기분이 한결 좋아졌다.[12] 촌뜨기 같은 표정으로 거리를 두리번거리며 적당한 알베르게를 물색했다. 마을

---

12 구시가(舊市街)의 특성을 그대로 반영하듯 중심가의 복잡한 도로가 어지럽게 이어진다. 길 표지판도 통일된 느낌이 없고 들쑥날쑥하다. 중앙 광장에서 왼편으로 약간 떨어진 곳에 원래 14세기 아우구스티누스 성당이었던 막달레나 예배당(Capilla de La Magdalena)이 있고 인근에 성 야고보에게 봉헌된 교구 성당이 눈에 들어온다. 교구 성당에는 무어인(Moors) 처단자이자 순례자로서의 산티아고(Santiago) 상이 서 있다.

나의 상처와 아픔을 말하기

중앙에 자리잡은 알베르게인 리오 베요(Río Vello)를 찾아갔다. 돌로 지은 전통 가옥을 아름답게 재단장한 곳인데 자리가 없다고 한다. 좀 더 마을 중앙부로 들어가 알베르게 비아 락테아(Via Lactea)에 문을 두드렸다. 숙박료 10유로를 지불하고 침상을 잡았다. 1인용 침대는 없지만 시설 자체가 깔끔하고 주방과 테라스까지 갖춰 요리를 만들어 먹고 빨래를 하기에 안성맞춤이다.

산티아고에서 그간 오랫동안 잊고 살았던 '빨래'에 대한 고마움을 다시금 깨닫는다. 비아 락테아에서 짐을 풀어놓고 우선 샤워를 했다. 하루 종일 땀이 밴 등산복에서는 시큼한 냄새가 풍긴다. 목 주변에는 땀이 마르고 젖고를 반복한 탓에 하얗게 소금기까지 올라온다. 등산복의 경우 기능성 제품이기 때문에 빨리 마르고 가벼워서 세탁하기 좋다. 빨기도 어렵고 쉽게 마르지도 않는 면 소재의 옷은 가급적 피하는 것이 바람직하다. 우기(雨期)에는 건조기를 사용하기도 하지만 빨래를 볕 좋은 곳에서 말리는 기분은 기대 그 이상이다. 보통 3~5유로를 넣으면 세탁기에서 빨래를 할 수 있다. 빨래 양이 많고 일행이 있을 경우에는 세탁기를 사용하는 게 편리하다. 하지만 혼자서 순례길에 올랐고 단출한 빨래감에 세탁기를 열기가 민망했다. 게다가 내 손으로 직접 '소금에 절인 김장배추' 헹구듯 손빨래를 해보는 것도 재미있을 것 같았다. 빨래비누가 없었지만 세숫비누를 문질러 조물조물 주물렀다. 시커먼 구정물이 나오는 것을 바라보니 속이 다 시원하고 기분까지 상쾌해진다. 세탁기만 하겠냐 싶어도 자기 옷을 손으로 빨아본 게 이 얼마만이던가. 군대에서 훈련을 마치고 난 뒤 흙과 땀으로 범벅된 전투복을 세탁할 때와 같은 행복감. 대학 때 여름 농활을 가서 동기들과 단체로 빨래할 때 느꼈던 싱그러움. 누렇게 녹슨 고물 펌프에서 얼음같이 차가운 지하수를 받아놓고 흙 범벅이 된 빨래를 발로 조물조물 밟은 기억이 생생하다.

정말 오랫동안 잊고 있던 소박(素朴)이란 이름의 즐거움. 바람이 솔솔 불어오는 너른 마당 뒤에서 하얀 물 먼지를 탁탁 털어 양지 바른 곳에 말릴 때의 그 기분 말이다. 손으로 주물러 세탁한 옷가지들이 바싹 말랐을 때의 즐거움은 건조기에서 꺼내는 그것과 비교할 수 없지 않을까. 알베르게 뒤편의 테라스에는 길게 빨래줄이 걸려 있고 울긋불긋 분첩을 바른 빨래들이 바람에 날려 왈츠를 춘다. 바람이 불어와 이내 마를 것 같았다. 요즘은 세탁기와 건조기가 모든 것을 대신해주는 시대다. 일흔을 바라보시는 니의 이머니는 요즘에도 기벼온 빨랫감은 손수 세탁하신다. 당신이 직접 손빨래를 하셔야 직성이 풀리신다고 하신다. 허리에 좋지 않다고 만류해도 소용없다. 이제는 손수 빨래하시는 그 마음을 조금 이해할 것 같다. 산티아고에서 '빨래'라는 소일을 통해 '정화(淨化)'의 참뜻과 즐거움을 맛본 나는 '세탁'이라는 집안일에 대해 다시 생각해 봤다. 오래 전 아낙들이 빨래터에 모여 방망이질을 하며 시어머니와 남편 흉을 본 것도 같은 심리다. 힘차게 내려치는 방망이질에서 묵었던 스트레스를 냇물에 훌훌 흘려보냈으리라. 이들에게 빨래는 아픔과 상처를 쓰다듬는 의식이었다. 나 역시 손수 빤 옷들이 바싹 말랐을 때 느껴지는 감촉에서 산티아고 성인(聖人)의 사랑과 은혜를 느꼈다면 지나친 과장일까. 좋은 볕과 상쾌한 바람을 허락하신 전지전능한 신에게 감사의 기도를 드리고 싶다. 한국에서는 화려한 옷을 입으면서도 정작 의복과 세탁, 젖은 빨래를 말려주는 볕과 바람 같은 것들이 주는 참뜻을 이해하지 못했다.

카미노는 빨래의 소박한 즐거움을 다시 느끼게 하고 그런 종류의 행복을 선사하는 곳이다. 소박의 가치와 즐거움은 한해 두해 나이가 들어가면서 우리의 삶에 큰 의미를 지닌다. 어느 정도 사회적으로 자리를 잡은 사람들일수록 소박한 멋을 즐기는 것 같다. 자연을 벗 삼아 좋은 사람들과 함께 할 때 소박의 기쁨이 큰 이유다. 나에게도 잊을 수 없는 소박한 추억이 있다. 한국 사회에서 소위 잘 나간다는 선후배들과 가까운 산에 오른 적이 있다. 일요일 오후에 늦게 모였던 탓에 산 정상까지 오르지 않고 중턱에 자리를 잡고 '좌판(坐板)'을 폈다. 길게 드리워진 석양이 나무와 풀과 바위들을 온통 노랗고 붉게 물들였다. 함께 자리를 잡은 이들은 현직 판사, 변호사, 사업가 등이었는데 준비해 간 음식이라고는 사발라면과 날계란, 김치 그리고 소주 몇 병이 전부다. 보온병에서 뜨거운 물을 부어 날계란까지 풀어 휘휘저어서 노을을 바라보면서 소주잔을 기울였다. 그 순간 누가 먼저랄 것도 없이 '세상에서 제일 맛있다는 산해진미도 이 맛을 당해내지 못 한다'고 극찬했다. 아마 누군가는 '라면을 발견한 사람은 천재 중 천재일 것 같다'는 싱거운 농담을 던진 것도 같다.

남자들에겐 군대 시절 건빵, 여자들에겐 여고 시절 떡볶이와 같은 추억의 음식은 평생 잊을 수 없는 그리운 맛이다. 그건 단순히 배가 고파서 맛있는 게 아니라 함께 먹는 사람들이 이유 없이 좋았기 때문이다. 어린 아이들을 보면 또래친구들과 소꿉장난을 할 때 맹물을 마시면서도 정말 행복한 얼굴을 한다. 부자들이 수천만 원짜리 와인인 로마네 콩티(Romanee Conti)를 맛보는 표정은 어딘가 가식적인 구석이 있을 것 같다. 내가 실제 마셔보진 못했지만 테이스팅(tasting)을 해본 지인의 말에 따르면 어차피 맛을 제대로 알고 마시는 사람은 그리 많지 않다고 한다. 결국 이름값에 취해 감동을 쥐어짜는 것은 아닐까. 어른들의 감탄이 천진난만한 아이의 얼굴보다 진실해 보이지는 않는다. 어딘가 모르게 가식적인 면이 있기 때문이다. 체면과 격식을 차리지 않고 마음을 터놓는 친구들과 함께라면 1,100원짜리 소주 한 병도 1,100만원짜리 와인보다 더 맛나고 풍미가 깊을 것 같다. 꾸밈이 없고 자연스러운 관계에서 진미(珍味)는 드러나는 법이다.

어른이 되어서 느끼는 유년기의 소박한 추억은 반복되는 일상에 윤활유 같은 게 아닐까. 그런 경험을 꾸준히 할 수 있어야 한다. 소박한 즐거움이 주는 행복은 물질적 풍요가 아닌 건강하고 편안한 인간관계에서 온다는 사실을 알게 된다. 그래서 나이가 들수록 사람들은 격식을 따지지 않은 자리에서 자기 본연의 모습을 여과 없이 드러낸다. 그곳은 산이 될 수도 있고 바다가 될 수도 있고 아니면 너른 들판일지도 모른다. 가급적 자연과 맞닿아 있는 곳이라면 어디라도 상관없다. 여행의 즐거움 역시 현실에서 벗어나 소박한 즐거움을 얻을 수 있다는데 있다.

산티아고는 안타깝게도 해가 지고 나서는 빨래를 걷어야 한다. 야외 테라스에서 새벽이슬을 맞으면 축축해지니까. 잠시 널어놓은 사이 다른 옷가지는 다 말랐는데 두툼한 면 소재의 양말은 아직도 덜 말랐다. 요놈은 내일 카미노를 걸을 때 배낭에 옷핀으로 고정해 말려야겠다.

알베르게의 공동생활에서 오는 소박한 즐거움은 한두 가지가 아니지만 공동으로 화장실과 샤워부스를 이용하는 데에서도 찾을 수 있다. 지금부터 하려는 이야기는 '입맛'을 상하게 할 수 있으니 맛있는 저녁이나 입맛 당기는 디저트를 먹고 있다면 잠시 들고 있는 스푼을 내려놓는 게 좋을 듯싶다. 알베르게에서 함께 집단생활을 하면서 깨달은게 있다. 당연한 이야기지만 순례자들은 같은 카미노 루트에서 그만그만한 음식을 먹으며 비슷하게 움직인다. 물과 빵과 햄 그리고 약간의 야채 등 서로 먹는 음식은 거기서 거기다. 프랑스의 미식가 브리야 사바랭은 "당신이 무엇을 먹는지 말해주면 당신이 어떤 사람인지 말해주겠다"는 말을 했다. 카미노에서도 정말 그런 거 같다는 생각이 들었다. 들어가는 게 같으면 나오는 것도 같다는 건 상식인가. 그런 이유인지는 몰라도 화장실에 들어가면 세계 각국에서 온 다양한 인종의 사람들이 비슷한 냄새를 풍기며 똥을 싸고 있다. 나도 예외는 아니다. 그들과 기가 막히게 똑같은 냄새를 풍기는 게 아닌가. 비슷한 정도가 아니라 너무 똑같아서 깜짝 놀랄 지경이다. 좀 지저분한 이야기같지만 '모든 인간은 평등하다'는 문구를 알베르게 화장실에 붙여놓아도 좋겠다고 생각했다. 그리고 '큰 일을 해결하면 작은 일은 자연스럽게 해결된다'는 문구도 같이 붙이면 어떨까? 농담이다. 사족을 덧붙이자면 평소 변비로 고생하는 여성들이 많은데 이곳에서 하루 종일 걷고나면 절대 그런 걱정할 필요가 없다. 쾌변(快便)은 카미노가 순례자에게 주는 작은 선물이다. 변비가 심한 이들이 있다면 산티아고행 비행기 티켓을 끊어보길 추천한다.

2011년 10월 7일 오후
알베르게, 비아 락테아 episode 2

길수, 너 잘 살고 있냐?

그대가 사랑하는
모든 것이 영원하지 않으며
그대가 근심하는
모든 것이 영원하지 않다.
오직 영원한 것은 공 그자체일 뿐이다.

"먼 산 조각구름은 거처가 없다."

기다리는 자는, 기다릴 것이 아직도 남아 있음에 행복하다.

이외수 어록 〈먼 산 조각구름은 거처가 없다〉 중

　스페인 성지순례에서 가장 답답한 것 중 하나는 스마트폰을 제대로 사용하지 못하는데서 오는 불편함이다. 알베르게 중에서 규모가 크고 현대적 시설을 갖춘 곳은 무료로 와이파이가 잡혀 사용할 수 있다. 출국 전에 공항에서 신청하면 하루에 1만원을 지불하면 무제한으로 데이터 로밍을 이용해도 된다. 그렇지만 열흘 동안 여행하면 통신비만 10만원에 달하게 된다. 솔직히 부담스러운 비용이다. 그런 이유로 인터넷을 제대로 쓰지 못했다. 유료로 인터넷을 사용하기도 하지만 급한 용무가 아니라면 굳이 카미노까지 와서 인터넷에 매달려 있을 필요는 없다. 성지순례에 더 집중하기 위해서도 인터넷 사용을 자제하려고 다짐했다. 이따금 무료로 와이파이가 잡히면 스마트폰을 통해 간단한 메일 체크와 트위터, 페이스북 등의 소셜네트워크서비스(SNS)를 이용하는 수준이었다. 해외에 나오면 국내외 뉴스는 물론이고 지인들의 근황이 가장 궁금하기 마련이다.

카미노에서 셋째 날이었던 10월 7일 개인적으로 정말 충격적인 뉴스를 접했다. 볼보레타(A Bolboreta)에서 비아 락테아(Via Lactea)까지 걷고 짐을 푼 뒤 밀린 개인정비를 마치고 외출했다. 가볍게 맥주 한 잔을 마시면서 저녁으로 간단한 샐러드를 시켜서 텔레비전을 봤다. 그날은 스페인 국가대표 축구 선수들과 칠레의 국가대표 팀이 친선 경기를 하는 날이었다. 카페에 모인 사람들 중 스페인 출신의 순례자들은 흥미롭게 지켜봤지만 다른 이들은 시큰둥한 반응이다. 끝까지 보지 않아 경기 결과는 어떻게 됐는지 알 수가 없다. 나 역시 20~30분 멍하니 바라봤을 뿐 딱히 게임에 관심이 있었던 건 아니다. 저녁을 먹고 알베르게에 돌아왔다.

와이파이를 찾아 뉴스를 보고 트위터와 페이스북을 이용했다. 포털 사이트를 여는 순간 깜짝 놀랐다. 미국 애플사의 스티브 잡스(Steve Jobs)가 결국 지병으로 세상을 떠났다는 뉴스가 포털 사이트를 도배하고 있었다. 이미 부고 기사는 한참 전에 보도된 것 같았다. 미국 시간으로 10월 5일 타계(他界) 했는데 며칠이 지나서야 소식을 알게 된 것이다. 평소 스티브 잡스를 좋아하고 존경했기에 충격적인 뉴스였다.

오래 전부터 애플 마니아를 자처하고 다녔던 나였다. 아이폰, 아이패드, 영화사 픽사 등 수많은 성공신화로 기억되는 스티브 잡스. 나는 한 남자로서 그가 쓴 글과 스탠포드 대학의 졸업식 강연, 디지털 세상을 혁명적으로 변화시킨 업적과 도전 정신에 크게 고무되었다. 그의 철학과 도전 정신을 깊이 존경했고 미혼모의 아들로 태어나 평범한 가정에 입양되어 성공을 일구어 내고야만 인간 스티브 잡스를 좋아한다. 그가 은퇴한 뒤 몇 달 살 수 없을 거라는 소식을 듣고 안타까워했지만 그래도 희망을 품었다. 그런데 그도 운명을 바꾸진 못했다. 마치 가까운 지인이 죽음을 맞이했을 때의 기분이랄까, 마음이 정말 착잡했다.

만감이 교차했다. 알베르게 2층 침대에 누워서 후속 기사를 검색하면서 우울한 기분에 휩싸였다. 세상에서 가장 성공한 경영자로 꼽히지만 결국 그 역시도 죽음의 문턱을 넘지 못하고 역사의 뒤안길로 사라져 간 것이다. 열정과 꿈으로 디지털 혁명을 일군 한 남자의 인생길이 이토록 일찍 끝나버리다니, 정말이지 허무하고 안타깝다. 그에게 주어진 운명은 거기까지였나 보다. 산티아고라는 여행지에서 접해서인지 잡스의 죽음 소식은 많은 것을 다시 생각하게 했다. 하필 그의 죽음 소식이 알려지기 며칠 전날 서울에서 지인이 암투병을 하고 있다는 얘기를 전해 듣기도 했다. 삶과 죽음에 대한 공포는 도처에 널려 있다. 유명인사의 타계에서부터 다양한 사건사고로 인한 부음(訃音)은 외면하고 싶다. 인간이 유한하다는 점은 누구나 알고 있지만 그런데도 죽음은 우리에게 일어나지 않을 것처럼 생각한다. 어린이는 자라지만 어른들은 죽어간다는 말이 있다. 성인이 되고 장년이 되면 이제는 삶보다는 죽음에 대해서 더 진지하게 고민해 봐야 한다.

더 잘 살기 위해서 죽음에 대한 성찰이 필요한 것이다. 정신과 전문의나 심리학자들은 자기 삶의 유언장을 미리 써보기를 권한다. 죽음을 자신의 삶에 깊숙이 껴안으면서 그 안에 깃들어 있는 의미를 돌아보라는 뜻에서다. 박원순 서울시장은 몇 해 전에 자신의 유언장을 미리 작성하고 이를 외부에 공개했다. 그는 죽음을 대면함으로서 오히려 삶을 더 강하게 긍정하게 됐다고 말한다. 누구나 태어나서 한번은 맞이하는 게 죽음이다. 피하자고 피할 수 있겠는가. 영원한 것은 아무것도 없다. 산티아고 순례길에서 스티브 잡스의 죽음을 알게 된 것은 나를 숙연하게 만들었다. 그의 철학이 고스란히 반영된 스마트폰을 들고 한참을 바라봤다. 그가 꿈꾼 세상은 어떤 것이었을까.

"Stay hungry, stay foolish(항상 갈망하고, 항상 무모하라)."

그가 평소 입버릇처럼 들려주던 문구가 떠올라 스티브 잡스의 명연설로 꼽히는 2005년도 스탠포드 대학교 졸업 연설을 검색했다. 스티브 잡스는 '죽음 앞에서는 모든 것이 다 떨어져 나가고 단순한 것만 남게 된다'고 했다. 공교롭게도 나로서는 삶에 대한 성찰의 기회로 삼고자 떠난 여행에서 디지털 세계 멘토인 스티브 잡스의 죽음과 직면한 순간이 되었다. 당혹스러웠지만 한편으로 이 또한 그 안에 담겨진 숨은 뜻이 있을 거라 믿었다. 그의 연설 중 가장 인상 깊었던 대목 몇 구절을 소개하고 싶다.

When I was 17, I read a quote that went something like:
"If you live each day as if it was your last, someday

you'll most certainly be right."

It made an impression on me, and since then, for the past 33 years! I have looked in the mirror every morning and asked myself:

"If today were the last day of my life, would I want to do what I am about to do today?"

And whenever the answer has been "No" for too many days in a row, I know I need to change something. Your time is limited, so don't waste it living someone else's life. Don't be trapped by dogma - which is living with the results of other people's thinking. Don't let the noise of other's opinions drown out your own inner voice. And most important, have the courage to follow your heart and intuition.

Stay Hungry. Stay Foolish.

(17살 때, 이런 경구를 읽은 적이 있습니다. "하루하루를 인생의 마지막 날처럼 산다면, 언젠가는 바른 길에 서 있을 것이다." 이 글에 감명 받은 저는 그 후 50살이 되도록 매일아침 거울을 보면서 자신에게 묻곤 했습니다. "오늘이 내 인생의 마지막 날이라면, 지금 하려고 하는 일을 할 것인가?" "아니오!"라는 답이 계속 나온다면, 다른 것을 해야 한다는 걸 깨달았습니다. 여러분들의 삶은 제한되어 있습니다. 그러니 낭비하지 마십시오. 도그마—다른 사람들의 생각—에 얽매이지 마십시오. 타인의 소리들이 여러분들 내면의 진정한 목소리를 방해하

지 못하게 하세요. 그리고 가장 중요한 것은 마음과 영감을 따르는 용기를 가지는 것입니다. 항상 갈망하고, 항상 무모하게 말입니다.)

자정이 다된 시간까지 잠이 오지 않는다. 불 꺼진 알베르게 휴게실에 앉아 스마트폰을 들고 그의 연설문을 스무 번도 더 넘게 읽었다. 가슴이 답답하다. 그의 말처럼 오늘이 내 인생의 마지막 날이라면 지금 하려고 하는 일을 할 것인가. 주저 없이 그렇다고 말할 수 없었다. 사실 돌아보면 내 삶은 주변의 도그마에 얽매였다고 인정해야 한다. 기자라는 직업과 스스로의 인생에 대해 날이 갈수록 회의가 들어 산티아고를 찾았다. 처음 언론사에 입사했을 때와 다르게 언론 환경은 크게 변하고 있었다. 기자로 일하면서 특종상도 받아보고 잘못된 관행을 바로잡게 한 적도 있다. 보람과 사명감으로 힘든 일도 즐겁게 해낼 수 있었다. 하지만 새로운 미디어 환경에서 언론사들은 거대 기업과 자본 그리고 권력에 종속적인 위치로 전락하기 시작했다. 특정 언론의 문제가 아니라 한국 미디어들이 처한 총체적인 문제이기도 하다. 쓰고 싶은 기사가 있어도 대기업 재벌 총수에 대한 비판적인 보도는 사실상 불가능한 시대가 된 지 오래다.

한 지인이 술자리에서 '너희 기자들은 돈만 주면 기사를 다 써주지 않느냐'고 공공연하게 비아냥거렸을 때 솔직히 변명할 수 없었다. 물론 돈을 받고 기사를 쓰지는 않지만, 사실 언론사들이 대기업과 자본의 광고 수익으로 운영하고 있는 상황에서 완전히 틀린 말도 아니었다. 그날 이후 한동안 밤에 잠이 오지 않았다. 솔직히 이야기하면 언론사에 입사해서 기자로 일하는 게 더이상 자랑스럽지 않았던 것이다.

10년 전에 함께 언론고시를 준비하던 동기가 모든 언론사에서 낙방한 뒤 국내 한 전자업체에 취업했다. 당시도 그렇고 지금도 최고의 직장으로 꼽히는 곳이다. 기자가 되고 싶어 했던 그 친구에게 위로의 술을 사줬던 기억은 이제 씁쓸한 옛 이야기가 되어버린 셈이다. 이제는 내가 위로주를 얻어먹어야 할 판이다. 그 친구와의 연봉 차이를 말하는 게 아니다. 일에 대한 만족감과 자존감에서 차이가 나고 있었다. 언론의 존재 의미와 기자들의 가치를 부정하려는 뜻은 아니다. 다만, 시대가 변하고 있는데 달라진 세상에 따라가지 못하고 있는 언론에 몸담은 일원으로서 다소간의 괴리를 털어놓는 것뿐이다.

카미노의 밤은 깊어갔지만 여전히 나 자신은 방황하고 있었다. 순례자 여행을 마무리하고 집으로 돌아가는 순간 뭔가 해답을 얻게 될까. 자정을 넘어 새벽이 깊어가도록 잠을 이루지 못했다. 피곤에 지쳐 온 몸이 젖은 솜처럼 느껴졌는데도 정신은 오히려 또렷해지고 있었다. 나 자신에게 끝없이 되묻고 있었다. '길수! 너 정말 잘 살고 있냐?'고 말이다.

2011년 10월 7일 저녁
카미노에서 스티브 잡스의 부고 소식을 접하고

Step 6
꿈을 잊고 산 나, 절규하다

황혼과 여명 사이, 위기 뒤의 새 출발
외로움을 달래는 여러 가지 방법들
인생은 늙고 아파지고 결국 죽는 일?
사람들이 산티아고를 찾는 이유

황혼과 여명 사이,
위기 뒤의 새 출발

　오늘은 새벽 일찍 일어났다. 손전등을 들고 이른 새벽길을 경험하고 싶어서다. 오전 5시가 조금 넘어서 기상했는데 알베르게는 벌써 하루를 시작하는 사람들로 어수선하다. 속옷 차림에 칫솔을 입에 문 건장한 사내들이 세면장으로 몰려들었다. 일부러 이른 시간에 카미노를 걷는 사람이 많다고 했는데 정말 그랬다. 아르수아에서 시작해 아르카 도 피노(Arca do Pino)를 거쳐서 산티아고 데 콤포스텔라 바로 인근 도시까지 이동해야 9일 아침 일찍 대성당에 들어갈 수 있다. 하루에 걷기에는 다소 무리가 되는 거리지만 35~36km 이상을 소화해야 일요일인 9일 오전 일찍 목적지에 도착하게 된다. 오전 6시가 조금 넘어서 알베르게를 나와 걸음을 재촉했다. 한낮에는 섭씨 30도를 육박하지만 새벽 이른 시간에는 두툼한 등산점퍼를 입어도 한기가 몰려온다. 지퍼를 끝까지 올리고 장갑까지 챙겼지만 허연 입김이 피어났다. 일교차가 너무 심해 얕보았다가는 감기 몸살에 걸리기 딱 좋은 날씨다.

　스페인 북부지역에는 해가 늦게 뜬다. 오전 8시에서 9시 사이에 일출을 볼 수 있다. 당연히 오전 7~8시가 되어도 손전등을 켜지 않고서는 발을 헛디딜 위험이 있다. 아르수아에서 시작되는 코스는 코알라의 주식으로 유명한 유칼립투스 나무가 풍성하게 펼쳐진다. 그늘이 많고 큰 나무들이 울창하게 자라고 있어 손전등이 없으면 길을 찾기가 불가능하다. 갈래길에서 손전등을 이리저리 비춰보면서 노란색 화살표를 한참 찾아야 한다. 칠레에서 온 두 명의 중년 여성과 함께 앞서거니 뒤서거니 숲길을 치고 나갔다. 그녀들도 노란 불빛을 쏟아내면서 속도를 높였다. 그런데 그들은 이내 뒤로 쳐졌다. 왜 속도를 늦추는지 알 도리가 없지만 남의 일에 지나치게 신경 쓰는 건 예의가 아니다. 30분쯤 걸었을까. 두 갈래 길에서 화살표를 찾지 못해서 이리 저리 불빛을 비춰봤지만 확신이 서지 않는다. 한참을 고민하고 있는데 이내 뒤에서 중년 여성들이 영어로 어느 쪽이 카미노냐고 물어온다.

"잠깐 사이에 손전등을 잃어버렸지 뭐에요. 저희랑 같이 가주세요."

결국 길을 찾긴 했지만 시간을 지체하고 말았다. 너무 어두워서 숲속에서 부스럭거리는 소리만 들려도 오싹한 기분이 들었다. 어둠 속에서 길을 걷는 데에는 어느 정도 익숙하다고 생각했는데 그렇지도 못했다. 한국에서도 주말이나 평일 야간에 손전등을 비추고 북한산과 청계산 등을 올랐기 때문에 어둠 속의 산행에 익숙한 줄 알았다. 스페인 시골 산길은 그 어둠의 농도가 도시를 끼고 있는 한국의 '동네 산들'과는 비교하지 못할 만큼 짙었다. 도시에서 멀리 떨어진 지리산, 설악산과 같은 깊은 어둠이었다. 카미노의 숲길은 저만의 매력과 분위기를 뿜어내며 그 아름다움을 자랑한다. 그런 아름다운 길을 새벽어둠 속에 묻어버리고 지나치려니 못내 아쉽다.

암중산책(暗中散策)은 세상을 바라보는 새로운 관점을 갖게 한다. 처음에는 어두운 길에 접어들면서 두렵고 무서운 기분에 압도된다. 괜

꿈을 잊고 산 나, 절규하다

히 솜털이 일어나는가 하면 발밑을 헛딛거나 돌부리에 걸려 넘어지기도 한다. 웬만큼 익숙한 사람이라도 녹록하지 않은 게 야간 산행이다. 하지만 어둠이 어느새 익숙해지면서 그 컴컴한 칠흑 속에서도 어슴푸레 주변과 사물이 눈에 들어오기 시작한다. 산티아고에서도 마찬가지였다. 처음에는 손전등이 희미하게 밝히는 둥그런 반원에 촉각을 세우고 간신히 걸었지만 서서히 동공이 열리면서 눈이 편안해진다. 때로는 새로운 관점으로 세상을 보면 보이지 않았던 것들이 눈에 들어온다. 어둠 속에서 걸어보는 일도 그러하다. 밝은 곳에서는 몰랐던 일들이 서서히 다가오는 것을 느끼게 된다. 해뜨기 전이 가장 어둡다고 한다. 정말로 옳은 소리다. 삶도 그러해서 절망의 끝이 보이지 않는 순간에 찬란한 태양이 떠오르기 마련이다. 지금이야 암흑에 묻혀 여명이 밝아오지 않을 것 같아도 절대로 어둠에 현혹되지 말지어니.

산티아고에서도 그랬다. 그렇게 어둠 속에서 잔뜩 움츠리며 2시간 남짓 걸었을까. 오전 8시를 지나자 사위(四圍)가 희끄무레하게 밝아왔다. 어느새 해는 완전히 떠오르고 여명이 밝아왔다. 2시간 남짓 걸어 전통 석조 가옥과 강가의 카페가 있는 아담한 마을인 카예(Calle)를 지나쳤다. 이곳 카미노는 보아비스타(Boavista)로 이어지고 언덕 오르막으로 접어들면서 주도로와 합류한다. 새벽 일찍 서두른 바람에 제대로 아침을 챙겨먹지 못했는데, 어둠 속에서 긴장을 하며 걸었던 탓에 갈증과 허기가 심했다. 6~7km 더 걸어가면 산타 이레네 언덕(Alto de Santa Irene)을 넘어 카페 오 엠피아메(Cafe O Emplame)에서 쉬기로 하고 다시 힘을 냈다.

카미노에는 알베르게를 겸한 카페가 길 중간 중간 성업 중이다. 간단하게 요기를 할 게 있고 물과 커피, 맥주 등을 저렴한 값에 즐길 수 있다. 카미노에 있는 알베르게와 카페 등은 스페인 정부로부터 세금 지원과 같은 혜택을 받고 있다. 국가적인 차원에서 관광산업을 육성하기 위한 배려인 것이다. 스페인은 자연 경관을 최대한 훼손하지 않고 가장 안전하면서도 아름다운 트래킹 코스를 조성했다. 국내에도 제주도의 올레길이 산티아고 성지순례길을 벤치마크해서 만들었다고 한다. 카페 오 엠피아메에서 커피와 오믈렛을 주문해서 먹었다. 손바닥만한 오믈렛이 바게트 빵 한 조각, 토마토 두 쪽이랑 곁들여 나왔다. 시장은 늘 최고의 레시피이자 양념인 것 같다. 역시 배고픔은 음식의 맛을 제대로 느끼게 하나보다. 허겁지겁 먹고 나니 나른한 졸음이 몰려온다. 며칠 스페인에 머물렀다고 내심 스페인식 낮잠을 자고 싶었던 걸까.

> 누가 낮잠을 자고 나서 찜찜한 기분으로 깨어난다면, 그 사람은 너무 오래 잤거나 너무 깊이 잠에 빠져든 잘못이 있다고 여길 것이다. 과연 그럴까? 만일 당신의 경우 그렇다고 생각한다면, 스페인식 낮잠을 자보는 것도 좋지 않을까 싶다. 화가 살바도르 달리는 선수였다. 먼저, 좋은 소파를 골라보도록. 꽤 묵직한 열쇠도 하나. 그런 다음 소파에 편안히 자리를 잡고 나서 손에 열쇠를 쥔 채 팔을 팔걸이에 걸친다. 무지근한 잠이 당신을 끌어당기면 힘살이 차츰 풀릴 것이다. 그러다가 열쇠가 바닥에 떨어지는 소리가 나면 당신은 깨어나서 다시 의식을 찾을 것이다. 그렇게 눈을 붙인 채 푹 쉬고 나면 시간 감각을 잃지 않게 되고, 낮잠을 자고 일어난 뒤 가뿐하기는커녕 오히려 더 처진다는 듯한 느낌도 겪지 않게 된다.

르네 루이 〈낮잠 자는 이의 추억〉 중

스페인과 이탈리아, 그리스 등 지중해 연안 국가에서는 낮잠인 시에스타가 일반적이다. 시에스타는 이들 문화권에서 행해지고 있는 '낮잠 자는' 풍습으로 라틴어 'hora sexta(여섯번째 시간)'에서 유래됐다고 한다. 순례자들 중에도 일찍 출발해 오후 2~3시에 일정을 마무리하고 바로 낮잠을 청하는 이들도 상당수 있다. 카미노에서도 오후 2~5시 사이가 되면 순례자들을 제외하면 거리는 한산한 편이다. 요즘이야 마드리드, 바르셀로나 같은 대도시의 경우 대형 상점이 영업을 하지만 여전히 낮에 문을 닫고 시에스타를 즐기는 곳이 적지 않다. 전에는 시에스타가 잘 사는 나라들의 게으른 구습이라고 치부했는데 이곳에 와서 직접 생활해보니 낮에 쏟아지는 태양과 무더위 때문에 깊이 공감하게 됐다. 카페에서 노루잠에 빠졌는데 깨어보니 10분이 지나지 않았다. 갈 길이 먼 나그네가 한가로이 낮잠을 청할 수 있으랴. 배낭을 어깨에 짊어지고 카페 밖으로 나오니 저 멀리 언덕 아래에서 총총걸음으로 올라오는 순례자들이 보였다. 어둠 속에서도 걸었는데 뜨거운 태양 아래라고 주춤할 소냐. 암흑이 주는 공포를 생각하면 작열하는 태양마저도 감사하게 느껴진다.

이처럼 인생은 보는 관점에 따라 모든 것이 다르게 다가오는 법이다. 위기와 고통의 순간은 관점을 달리해서 보면 새로운 도약을 위한 새 출발의 타이밍인 것이다. 산티아고 여행 이후, 회사를 그만두고 한때 실업급여로 생활하던 나는 현실의 높은 장벽을 처절하게 느꼈다. 기자라는 명함과 조직의 울타리 안에서 얼마나 안락하게 살아왔는지 절감했지만 도움의 손길은 전혀 없었다. 기자로 일할 때 인간적으로 가깝다고 여긴 지인들에게 문전박대를 당하기도 했다. 부탁을 하려고 만나자는 것도 아니었는데 야속했다. 현실은 냉혹하기만 했다. 이 어둠이 언제 끝날지 전혀 예상하지 못하고 두려움에 떨었다. 출간을 약속했던 출판사들은 조건을 달리해가면서 중간에 입장을 바꿨고 준비했던 사업도 진척을 보이지 않았다. 사방이 어둠으로 캄캄했던 것이다. 혼란스러웠지만 언젠가 밝은 빛이 찾아올 거라는 희망만은 버리지 않았다. 그 동안 베풀며 살아왔으니 언젠가는 알아주는 이가 있을 것이라고 스스로 위안했다. 나를 알아보는 이들이 분명히 있을 거라고 믿었다. 그러자 어둠이 익숙해지면서 차츰 내 마음의 눈이 열렸다. 주변의 사물이 보이기 시작한 것이다. 절대 조급해 하지 않으면서 어둠이 익숙해지길 기다렸다. 이 순간을 나를 단련하는 시험 기간으로 생각하자 마음은 한결 가볍고 편안했다.

그런데 놀라운 일이 벌어졌다. 마음을 비우고 큰 기대를 버리자 어느새 막혔던 일들이 하나둘씩 풀리는 게 아닌가. 원고가 마음에 든다고 책을 출간하자는 제안은 너무 우연한 기회에 찾아왔다. 벤처사업을 하기 위해 꼭 필요했던 프로그래머도 나와 함께 하기로 뜻을 모았다. 모든 게 행운이었다. 마치 어둠이 한 번에 사라지고 여명이 밝아오듯. 아직 빛은 가늘게 밝아오고 있지만 서광이 비추는 것만으로도 두려움에서 벗어날 수 있는 용기를 주고 있다. 어둠은 그런 것이다. 바로 뒤쫓아 오는 광명에 자리를 내주는 게 세상 이치라고 생각한다.

지금 당신이 터널을 지나고 있다면 조금만 더 참고 버텨보기 바란다. 지금은 터널이 아니라 동굴 속을 걷고 있는 것 같지만 끝은 있기 마련이다. 가장 힘들고 외롭고 고통스러운 순간 더 큰 영광의 선물들이 당신 앞에 놓여 있다는 사실을 잊지 말았으면 한다. 암흑과 태양 사이 어딘가에서 두려움에 떨고 있다면 포기해선 안 된다. 용기를 잃지 말아야 한다. 포기하지만 않는다면 찬란한 빛이 당신의 머리 위에 쏟아질 것이다.

2011년 10월 8일 새벽
카미노에 오르는 순례자

외로움을 달래는 여러 가지 방법들

카미노를 따라 걷다보면 길 양옆의 넓은 목초지에서 풀을 뜯고 있는 젖소를 보게 된다. 스페인 역시 프랑스와 마찬가지로 광활한 목초지를 자랑하는 낙농국가이다. 그를 입증이라도 하듯 카미노 곳곳에서는 여유롭게 풀을 씹고 있는 소떼를 구경할 수 있다. 유럽대륙의 서쪽 끝 이베리아반도에 위치한 스페인은 낙농업이 발달하고 더불어 농수축산물이 풍부한 혜택 받은 나라다. 각종 유제품과 육류 제품이 발달한 것도 방목을 통해 소들을 건강하게 사육하기 때문이다. 카미노에 들어서면 처음에 코끝을 찌르는 게 있는데 바로 소떼들이 거리 곳곳에 싸놓은 똥냄새다. 도시에 사는 나로서는 살아있는 소를 보기도 쉽지 않은데 하물며 그 녀석들이 뿌려놓은 똥더미는 어떤 느낌이겠는가. 당연히 처음에는 길바닥에 커다란 슈크림 덩어리처럼 퍼져있는 그것들을 바라보며 눈살을 찌푸렸다. 그래도 사람은 환경에 적응하는 동물이다. 역겹다고 느껴졌던 악취가 시간이 지날수록 조금씩 익숙해지더니 어느새 친근하게 다가온 것이다.

'똥 밟았다'는 말이 재수 없다는 뜻의 대명사라지만 카미노에서는 그렇게 큰 사건은 아니다. 아르수아에서 새벽에 손전등을 켜고 걸을 때였다. 신경을 곤두세우며 전방을 주시하면서 걸어 나갔다. 그런데 갑자기 발밑에서 촉촉한 스펀지를 밟는 것 같은 감촉이 느껴졌다. 순간 커다란 똥의 형상이 뇌리를 스치며 제발 적당히 굳어있는 상태라면 좋겠다는 생각이 들었다. 황망히 손전등을 신발에 비춰보자 안도의 한숨을 내쉬기는 이미 늦었다. 과도하게 습기를 머금고 있는 녀석이다. 세상에 나온 지 얼마 되지 않은 똥이었다. 등산화를 벗고 털어낼까 고민도 했지만 제자리에서 토기마냥 깡충깡충 맴돌며 재주를 부렸다. 그런데 이상하게 언짢거나 화가 나는 게 아니라 피식하고 웃음이 터져 나온다.

  똥을 밟은 게 카미노에서 이번이 처음은 아니었다. 전에도 넋을 놓고 있다가 소똥인지 말똥인지에 푹 빠졌으니 말이다. 그때는 지금보다는 더 기겁을 했지만 생각보다 냄새가 역하지 않았다. 시큼털털하게 풀이 썩는 냄새와 비슷하다고 할까. 일부러 밟고 지나갈 이유는 없지만 딱딱하게 굳어있는 소똥에서 느껴지는 감촉은 자연의 일부처럼 느껴져 그렇게 나쁘진 않다. 물론 매캐한 냄새가 향기롭다면 거짓말이겠지만 이곳 카미노에서 맡을 수 있는 소똥 냄새는 한국의 대형 축사에서 풍기는 그것과는 사뭇 다른 느낌이다. 한국에서야 방목이 어려워 축사에서 사료를 먹여서 키우기 때문에 악취가 더 심하다. 카미노에서는 넓은 초원에서 풀과 건초를 뜯어먹고 자란 소들이라서 냄새가 다른 것. 다시 서울로 돌아와 그곳을 생각할 때면 가장 생생하게 떠오르는 오감(五感)은 당연히 후각일 것 같다. 사람이 오래도록 잊지 못하는 감각은 바로 후각이라고 한다. 나 역시 산티아고에서 맡았던 소똥 냄새가 가끔은 그리워지기도 한다.

'덩' 얘기를 비롯해 산티아고의 여러 경험들 중에 음식 얘기를 빼놓을 수가 없겠다. 육식을 사랑하는 국가답게 스페인에는 다양한 요리가 인기를 끌고 있다. 소고기 스테이크야 일반적인 요리인 탓에 그렇게 새로울 게 없겠지만 돼지의 뒷다리를 말려서 먹는 하몽(Jamon)은 나에게도 그리 익숙하지 않은 음식이다. 하몽은 스페인 사람들이 좋아하는 말린 햄으로 돼지 뒷다리를 소금에 절여 1년여 동안 말려서 날 것으로 먹는다. 도토리를 먹고 자란 검은 돼지 뒷다리가 제일 맛이 좋다고 하는데 그것을 하몽 이베리코(Jamon Iberico)라고 부르며 최상품으로 친다. 식당 한 편에 검푸른 곰팡이에 뒤덮인 채 거꾸로 매달린 뒷다리를 보면 처음엔 징그럽기도 하다. 그래도 카미노에서 순례자들은 레스토랑에서 빵 사이에 하몽을 끼워 샌드위치로 먹고 멜론 위에 올려서 애피타이저로 즐긴다. 특히 향긋한 멜론과 짭쪼롬한 하몽의 어울릴 것 같지 않은 절묘한 앙상블은 놀랍다. 샌드위치로 하몽을 먹었는데 씹을수록 짭짤하고 담백한 맛이 일품이며, 질깃한 생고기의 질감은 먹는 재미를 배가한다. 물론 비위가 약한 한국사람 중에선 손사래를 치며 사양할지도 모르겠지만 낯선 나라에서 그 곳의 음식을 체험하는 것도 잊을 수 없는 경험이 된다.

 순례자들은 다양한 음식을 먹으며 카미노에서 힘을 얻는다. 그 중에서 '순례자 메뉴(Menu del peregrino)'[13] 라는 것이 있는데 카미노에

---

13 양이 적은 한국인들에겐 다소 부담스러운 경우도 있지만 하우스 와인과 스파게티, 빠에야, 샐러드, 양고기, 닭고기는 물론 디저트까지 맛볼 수 있다. 값도 6유로에서 10유로 안팎으로 큰 부담 없다.

꿈을 잊고 산 나, 절규하다

서 순례자들에게 제공되는 저렴하고 영양가 많은 식사로 꼽는다. 하지만 여러 국가에서 찾아온 순례자들은 자기들의 입맛에 맞게 재료를 구입해서 요리를 해먹는 경우가 더 일반적이다. 알베르게 내부의 식당에는 조리기구와 간단한 양념과 파스타, 쌀 등이 무료로 비치돼 자유롭게 이용해도 된다. 어떤 한국인 여성은 방명록에 자신의 아들과 함께 카미노에서 생닭을 사다가 백숙을 만들어서 먹었다는 내용의 짤막한 메모를 남겨놓았다. 나는 혼자서 짧은 기간 순례길에 오른 탓에 직접 요리를 만들어 먹는 기회를 얻지 못했다. 카미노에서 가장 아쉬웠던 부분은 바로 여럿이서 음식을 만들어 나눠 먹어보지 못한 게 아닐까 싶다. 다음 기회에는 꼭 사랑하는 사람들과 함께 그 길에 올랐으면 좋겠다고 생각했다.

혼자 떠난 여행길에서 외로움이라는 단어를 곱씹으며 걷고 또 걷다 보니 여러 상념들이 나를 스친다. 인간의 욕망 중 식욕은 간혹 성욕에 연결되곤 한다. 식욕과 성욕은 자전거로 치면 두 개의 바퀴인 것이다. 과학적으로 증명된 얘기인지는 몰라도 그 유기적 관계에 대한 영화나 드라마는 얼마나 많은가. 한국 남성들의 성욕은 조금 유별나 보인다. 단속을 강화해도 매춘산업은 여전히 성행하고 있다. 유독 한국 남성들이 성욕이 발달돼 있기 때문일까. 나는 조금 다른 생각이다. 이 땅의 남자들이 룸살롱과 같은 '아가씨 나오는 술집'에 열광하는 이유는 외롭기 때문이다. 이에 대해 여성들은 '궤변(詭辯)이고 남근(男根) 중심적인 전근대적 사고'라고 비판할 게 뻔하다. 그러한 비판을 인정한다. 그런데 내가 하고 싶은 얘기는 이거다. 왜 남자들이 아직도 낡은 관습을 버리지 못하고 있는지, 그 근원적인 질문을 해보자는 것이다. 대한 민국의 밤 문화를 남자들의 동물적 본능으로만 치부해버리면 간단하고 편리하게 설명된다. 그렇지만 그런 비판은 근본적인 해결책을 제시하지 못한다. 왜 사내들이 외간 여자에게 눈길을 돌리는지 그 심리적인 배경을 알아야 하지 않을까?

설문조사에 따르면 절반에 가까운 남자들이 남에게 하기 어려운 고민을 부인에게 털어놓는다고 한다. 사내들에게는 안사람의 위안과 격려가 큰 힘이 되는 것이다. 그런데 의문이 생긴다. 나머지 절반의 사내들은 부인에게 이야기하지 못하고 있는 셈이다. 부인에게 속내를 드러낼 수 없는 남자들은 '매상만 올려주면' 언제나 상냥하게 그들의 고민을 들어주는 술집 여인들 품으로 달려가는 것이다. 남자들이 '아가씨 나오는 술집'에 돈을 뿌리고 다니는 큰 이유 중 하나는 자기들의 이야기를 조건 없이 들어주는 사람이 없기 때문이다. 사업가 한 분은 젊은 여자 속치마를 들춰 보려고 술집에 가는 것은 절대 아니라고 손사래를 친다.

가장들은 외롭고 힘들다. 그런데 조건 없이 이야기를 들어주고 사랑스러운 눈빛으로 바라봐주는 여인은 바로 '아가씨들'이다. 남자들은 자기를 반겨주고 대화를 묵묵히 들어주는 그녀들에게 오늘 밤에도 비싼 술값을 치르고 있다. 괴변으로 들리겠지만 '아가씨 문화'를 만들어낸 장본인은 이 시대의 여성들이기도 한 것이다. 문제의 원인을 겉으로 드러난 현상만으로 파악해서는 근본적인 해결책을 찾을 수 없다. 욕먹을 각오를 하고 말하겠다. 부인들이 남편들을 술집으로 내몰았다고 말이다. 더불어 외로운 남성들의 절규라고 생각해 볼 수도 있다. 지금의 유흥 문화를 무조건 색안경만 쓰고 볼 게 아니다. 중년 남성들이 성적 판타지를 충족하려는 거다? 적어도 내 주변 남자들의 고민을 들어보면 그렇지 않다.

식욕도 성욕도 알고 보면 사랑 받고 싶다는 욕망의 표현이다. 여성들이여, 남자를 혼내지 말고 가련하게 생각해 보자. '나가요 술집' 좋아하는 남자를 두둔하려는 것은 절대로 아니다. 다만, 그 남자들의 마음의 소리에 귀를 기울여 보면 어떨까 싶은 생각의 단편일 뿐.

2011년 10월 8일
소똥을 밟아도 아름다운 카미노에서

인생은 늙고 아파지고 결국 죽는 일?

　카미노에서 얻는 가장 큰 즐거움은 스페인 시골 오솔길을 고즈넉하게 산보하는 데에서 온다고 해도 과언이 아니다. 마드리드나 바르셀로나와 같은 대도시에 견주면 시골 촌 동네나 다름없는 한적한 길을 걷는 셈이다. 마을과 길들이 너무도 아름답고 대자연의 절묘한 어울림이 경탄을 자아내게 한다. 순례자들의 영혼을 맑게 해주는 기운이 가득한 곳이다. 마을과 마을을 이어주는 순례길 양 옆으로 늘어서 있는 소박하고 아담한 시골집들. 푸른 초원과 각양각색의 꽃과 나무들, 지천에 널려 있는 포도나무와 길바닥에 구르는 도토리들. 이 모든 것들이 한데 어울려 카미노라는 무대를 채운다. '오직 신만이 나무를 만들 수 있다'는 말이 있다. 정말로 절대자가 아니라면 이토록 놀라운 아름다움과 조화로움을 어찌 연출하겠는가. 흐르는 시냇물, 커다란 유칼립투스 나무, 바람 사이로 날아오르는 새들의 노래, 푸른 하늘과 뜨거운 태양. 스페인 북부 지역인 갈리시아는 비가 많기로 유명한 곳이다. 다행스럽게 카미노를 걷는 동안 맑은 날씨가 이어져 10월 초 산티아고의 진면목을 볼 수 있었다. 덕분에 준비해간 우의(雨衣)는 원래 용도로 사용하지 못했다. 앞서 걸어 온 순례자들에 따르면 한 동안은 날이 흐리

꿈을 잊고 산 나, 절규하다

고 비가 많이 뿌려 무척 고생했다고 한다. 그런데 9월 말부터 날이 좋아지더니 이제는 완연한 초가을 날씨로 순례자에게 축복과 같은 날들이 이어졌다.

산티아고를 걷다보면 발을 쩔뚝거리며 지팡이에 의지해 애쓰는 이들을 심심찮게 보게 된다. 발목까지 붕대를 칭칭 감은 순례자들은 보는 사람을 더 불안하게 한다. 오래 걷다보면 발목과 무릎 허리 등에서 극심한 통증이 생기며 순례자들을 괴롭힌다. 앞서 소개한 요하네스도 무릎 통증으로 몇 해 전 카미노에서 중도 포기하고 스위스로 돌아가야 했다지 않던가. 젊은이도 고생스럽기 마련인데 나이 지긋한 순례자들은 컨디션 조절에 실패하면 카미노에서 육체적인 시련과 마주한다. 처음에 카미노에 관한 안내 책자를 살펴봤을 때 하나 같이 스페인어로 '물집'이라는 뜻인 '암뽀야스(ampollas)'가 소개되어 있어 신기했다. 물론 오래 걸으면 물집이 잡히기야 하겠지만 얼마나 힘든 길이기에 하나 같이 '물집 타령'일까 싶었다.

"텐고 암뽀야스(Tengo ampollas)."

우리말로 물집이 생겼다는 뜻이다. 몸이 아프거나 병원에 가야할 때 사용하는 여러 단어들이 소개됐지만 그 중에서 유독 텐고 암뽀야스가 눈에 들어왔다. 외워보려고 혼잣말로 되풀이해도 여전히 어색하다. 출발하기 전에는 오래 걷다보면 물집이야 늘 생기는 법인데 뭐가 그리 대수일까 싶었다. 그리고 트래킹 슈즈를 신었는데 쉽게 물집이 잡힐까 의심스럽기도 했다. 물론 나는 물집으로 고생하지 않았지만 상당수 순례자들은 물집으로 고생한다. 여성 순례자들은 살집이 부드러워서 그런지 쉽게 물집이 잡힌다. 그래서 순례자에게 바셀린 (Vaseline) 연고가 필수품으로 통용되고 있다. 오히려 나에겐 왼쪽 무릎에서 문제가 시작됐다. 학창시절에 축구를 하다가 다친 무릎이었는데 오래 걷게 되면 뼈가 부딪히는 불쾌한 소리가 나면서 부어오르곤 한다. 산티아고에서 10kg의 배낭을 짊어지고 하루에 20~30km를 소화하는 건 젊은 나이에도 적잖이 부담스러운 일이다. 사리아에서 시작했을 때에는 괜찮았지만 며칠 동안 이어진 강행군을 계속한 게 화근이 된 것이다. 특히 아르수아에서 산티아고 데 콤포스텔라 인근 도시까지 하루에 37km 정도 걸은 뒤에는 시큰거리는 느낌이 강해졌다. 안내서를 찾아 무릎이 아프다는 뜻의 스페인어를 찾아본다. 당연히 즐겨 찾는 문구로 소개돼 있다.

"Me duele la rodilla(메 두엘 라 로디야)."

역시나 쉽게 외워지지 않지만 중얼거리면서 병원이나 약국을 찾았다. 산티아고 인근에 도착했을 때는 늦은 시간이었고 더 걷기도 귀찮았다. 알베르게를 찾아서 쉬는 게 더 현명한 선택이라 여기고 포기했다. 해외에 나와서 몸이 아프면 고통스러움은 더 커진다. 늘 집 떠나면 고생하기 마련이다. 게다가 편안한 관광지가 아닌 곳은 더 말할 필요가 없다. 사전에 철저하게 준비를 못했다고 후회한들 이미 늦은 일이다. 등산을 할 때 사용하는 무릎 보호대가 있었지만 이 역시도 짐을 꾸리면서 필요하지 않다고 생각해 두고 온 것이다. 다행스럽게도 무릎 통증은 좋아졌지만 산티아고 인근의 알베르게 산토 산티아고(Santo Santiago)에서 생각지도 못한 어려움을 겪게 된다. 정말 한치 앞도 내다보지 못하는 인간의 존재는 얼마나 나약한가. 어쩌면 산티아고에서 겪은 뜻밖의 고통과 그를 통해 얻은 깨달음에 대한 이야기를 하기 위해 이번 책을 쓰기로 결심했는지도 모른다. 질병은 인간에게 고통을 주는 동시에 삶에 대한 성찰의 기회를 준다. 많은 사람들이 신병(身病)을 겪은 뒤에 인격적으로 한층 성숙해지기도 한다. 과연 병들고 아픈 일은 우리에게 어떤 의미를 지닌 걸까.

나이가 들면 병이 들기 마련이다. 특히 고질병은 누구나 지니고 있다. 내 경우는 무릎 통증이 그것이다. 오랫동안 앓고 있어 고치기 어려운 병은 큰 고통거리다. 암이나 당뇨, 고혈압과 같은 성인병이 특히 그러하다. 고질병을 어떻게 대해야 할까. 빨리 회복될 거라는 희망이 때로는 우리에게 독(毒)이 되기도 한다. 미국이 베트남과 전쟁을 벌일 때의 일이다. 여러 명의 미군이 한꺼번에 베트콩(Viet Cong)의 포로로 잡히게 됐다. 한 미군은 자신들이 빨리 수용소에서 석방될 것이라고 낙관했다고 한다. 반면 또 다른 군인은 언제 석방될지 알 수 없다고 마음먹고 포로 생활에 적응하려고 노력했다. 두 군인의 운명은 어떻게 됐을까? 빨리 석방될 거라고 믿었던 미군은 시간이 흘러도 석방될 조짐이 없자 이내 절망하고는 시름시름 앓다가 죽었다. 그렇지만 처음부터 포로 생활에 적응했던 미군은 몇 년 동안의 수용소 생활을 견디면서 결국은 건강하게 풀려났다. 이는 실제로 있었던 일이다.

'희망 고문'이라는 말이 있다. 있는 현실을 받아들이지 않고 맹목적으로 낙관할 경우 오히려 제풀에 지쳐 쓰러지기 쉽다. 인정할 것은 인정하고 받아들이게 되면 오히려 담대하게 역경을 뚫고 나갈 수 있는 법이다. 고질병도 그러하다. 병을 인정하고 빨리 받아들이는 자세가 반드시 필요하다고 의사들은 조언한다. 병과 함께 오래도록 친하게 지내겠다는 마음을 가져야 한다. 빨리 낫지 않는다고 노여워하거나 조급해 할 필요가 없는 것이다.

중년을 지나 갱년기가 찾아오면 남자건 여자건 스스로가 성적 매력을 잃게 된다고 우울해 하는 경향이 있다. 중년을 넘긴 지인들 중에서 심한 독감에 걸린 뒤 울적한 기분에 휩싸인 적이 많다고 호소한다. 예전 같지 않은 건강도 문제지만 아프고 난 뒤 남성성, 여성성을 잃어가고 있다는 생각에 스스로 위축된다는 것이다. 겉으로는 내색하기 싫지만 주변에서 '왜 이렇게 늙어 보이냐'는 농담이라도 듣는 날에는 자존심에 더없는 상처를 받게 된다고. 인생을 살다보면 생로병사는 자연의 이치다. 누구도 피할 수 없고 예외인 경우는 없다. 늙고 병들어 죽는 것이 자연의 섭리라면 고질병이 생겨 괴로운 것도 인간으로 겪어야 하는 필연의 과정이다. 기왕 나이가 들고 병이 찾아온다면 편안한 마음으로 받아들여서 인정해 보자. 멀리하고 외면한다고 당장 떠날 병마 (病魔)가 아니라면 심술궂은 친구를 대하듯 다정하게 대해보자.

얼마 전 대장암과 신장암 두 개의 암을 극복한 홍영재 산부인과 원장이 세간의 이목을 끌었다. 홍 원장은 오랜 항암 치료와 투병을 거치며 삶과 죽음에 대해 어느 정도 초탈했다고 한다. 그는 "건강의 5%는 육체적 요인이고 95%는 마음먹기에 달렸다. 나이가 들어도 젊은 생각으로 살면, 암 뿐만 아니라 더 큰 절망과 실패도 이겨낼 수 있다"고 말한다. 몸이 병나는 것보다 그로인해 마음의 병을 얻는 게 더 큰 고질병이 아닐까. '최고의 대응은 순응'이라는 말도 있듯이 마음을 더 귀하게 여기는 법을 배워보는 건 어떨까. 미군 포로가 결국 풀려났듯 우리도 언젠가는 병으로부터 자유로울 수밖에 없는 운명이다. 완치가 되든지 아니면 주어진 명(命)대로 살다가 세상을 떠나든 말이다.

　나도 내 무릎 통증을 더 사랑하기로 했다.

2011년 10월 8일
산티아고와 '알뽀야스(물집)'

사람들이 산티아고를 찾는 이유

산티아고 데 콤포스텔라 인근 도시로 들어가기 위해 아르카 도 피노(Arca O Pino)에서 라바코야 공항을 거쳐 길게 이어지는 아스팔트길을 걸어야 한다. 아르카 도 피노에서 20km만 더 걸으면 목적지인 산티아고 대성당에 이를 수 있다. 벌써 80~90km를 걸은 것이다. 성지순례 길에 오른 지 사흘째 되는 8일 오후가 됐다. 며칠 겪으면 익숙해질 줄 알았는데 도보여행은 생각만큼 만만한 게 아니었다. 그 전까지는 높게 솟은 유칼립투스 숲을 상쾌하게 거닐면서 자연을 만끽했다. 아름다운 자연에 흠뻑 취하는 것도 잠시. 목적지에 다가갈수록 나무 그늘은 어느새 사라지고 황량한 도시의 풍광이 드러난다. 오후 뙤약볕을 고스란히 맞으며 아스팔트 위를 걷기란 여간 힘든 게 아니다. 이전에는 당연하게 생각했던 나무그늘이 얼마나 고마운 존재였는지 새삼 깨닫게 되는 순간이다. 길 옆의 방송국을 따라서 3~4km에 이르는 아스팔트 도로는 지루하다 못해 솔직히 짜증스러운 면이 없지 않다. 작열하는 태양 아래서 아지랑이춤이 어른거린다. 갈증도 갈증이지만 부드럽고 폭신한 숲길과 달리 뜨겁게 달궈진 프라이팬 위를 지나가는 기분이다. 도시로 진입하기 위해 어쩔 수 없는 노릇이지만 다른 구간에 비해서 멋스러운 풍취를 느낄 수 없다는 점이 가장 아쉬웠다.

하지만 단조로운 길의 연속이 가져다주는 선물이 있다. 단순히 걷기에 집중함으로써 어느새 잡념들이 사라지는 묘한 쾌감을 느끼는 것. 명상이나 참선에서는 잡념을 버리라고 주문하지 않는다. 오로지 생각을 단순하게 정리해 한 가지 생각에 집중하는 게 명상의 본질이라고 이야기하는 명상가가 많다. 지루한 길의 끝에 무언가 기다리고 있을 거라는 막연한 희망을 갖고 앞으로만 나아간다. 고생 끝에 정말 낙이 온다는 말은 진실인가 싶다. 공항에서부터 내리막길을 걸어 라바코야 강(Río Labacolla)을 지나면 서서히 오르막길이 이어진다. 지칠 대로 지친 발걸음에 신물이 날 지경이 되면 어느새 '기쁨의 언덕'이라는 고소 산(Monte do Gozo)에 도달하게 된다. 왜 '기쁨의 언덕'이라고 이름 지었는지 물어보나 마나 알 것 같았다. 나 역시 기쁨의 언덕에 올라 정상에 섰을 때 너무나 기쁜 나머지 괴성이라도 지르고 싶었기 때문이다. 그만큼 단조로운 언덕길은 난코스로 뽑힌다.

언덕을 오르면 바로 정면에 산 마르코스(San Marcos) 예배당이 소박한 모습으로 서 있다. 내부로 들어가니 쿰쿰한 곰팡이 냄새가 코끝을 간지럽힌다. 순례자 여권에 기념으로 도장을 쿡 찍고 나자 바로 옆에 붙어있는 간이 매점인 키오스크가 눈에 들어왔다. 시간은 오후 4시를 조금 지났을까. 바람이 불면 그늘진 곳에서는 제법 한기가 느껴진다. 뭔가 맛있는 것을 먹고 싶지만 간이 매점에 뭐가 있으랴. 메뉴판을 보니 '콜라 카오'(Cola Cao)가 적당해 보였다. 처음에는 콜라 카오라고 해서 탄산음료인 콜라를 떠올렸다. 알고 보니 인스턴트 코코아 가루를 뜨거운 우유에 탄 것이었는데, 당분도 보충할 수 있고 맛도 일품이다. 매점에서 콜라 카오를 주문하고 뜨거운 우유잔과 분말가루 봉투를 받아들고 파라솔 의자에 앉았다. 뜨거운 코코아를 들이키고 땀이 어느 정도 마르자 왼편에 있는 거대한 기념 조각상이 눈에 들어왔다. 고작 코코아 한잔에 다시 힘을 얻고 산티아고에 온 기쁨을 만끽하고 있는 나 자신을 발견하고는 멋쩍은 기분이 들었다. 하지만 인간이란 존재는 이렇게 작은 일에 기뻐하기도 때로는 낙담하기도 한다. 속이 좀 든든해지자 이제야 안내 책자를 뒤적이며 눈앞에 우뚝 선 거대한 기념상에 호기심이 발동한다.

좀 생뚱맞게 보이는 조각상은 교황 요한 바오로 2세가 기쁨의 언덕을 직접 찾았던 일을 기념해 세웠다고 한다. 거대한 기념상 하단부에는 실제로 교황외 뒷모습이 새겨진 조가상이 햇볕에 반짝이고 있었다. 중세 때 순례자들은 산티아고 대성당에 들어가기 전 이곳에서 바라보면 대성당의 탑들이 보였기 때문에 '기쁨의 산'이라고 이름 지었다고 한다. 맑은 날에는 멀리서도 산티아고 대성당의 탑들이 보인다. 오래 전 절대자에게 기도했을 순례자의 모습이 눈앞에 보이는 듯했다. 무엇이 순례자들을 이곳에까지 인도했을까. 나 스스로에게도 묻고 싶은 질문이었다. 산티아고는 중세시대부터 신앙심이 깊은 사람들이 일생에 꼭 한번 찾고 싶어 하는 성지(聖地) 가운데 한 곳으로 꼽힌다. 물론 오늘날에는 산티아고가 걷기 좋은 트래킹 코스로 사랑받고 있지만, 태생적으로 종교적인 색채가 물씬 풍기는 장소인 것도 예수의 12제자 중 한명인 성 야고보가 잠들어 있는 이유에서다.

기독교에서 야고보는 중요한 인물 중 한명이다. 베드로, 요한과 함께 예수 그리스도가 가장 아낀 제자로 예수가 부활한 뒤 예루살렘 교회의 지도자가 되어 많은 이들이 추종했다. 그는 복음을 전파하고 천신만고 끝에 예루살렘으로 돌아왔지만 헤롯 아그립바왕에 의해 순교 당했다. 사람들은 그의 시신을 돌로 만든 배에 옮긴 후 바다에 띄웠는데 그 배가 야고보가 복음을 전파했던 산티아고 부근에 도착했다고 한다. 그를 추종하는 사람들은 시신을 산티아고에 묻었고 800년 뒤에 그 자리에 대성당이 세워져 오늘날에 이른다. 야보고의 무덤이 발견된 것은 813년경으로 추정되는데 당시 이 소식을 듣고 아스투리아스의 왕 알폰소 2세가 성당 건립을 지시한 것이다. 그게 바로 산티아고 데 콤포스텔라의 카테드랄이다. 처음에는 소박한 성당이었지만 세월이 흐르면서 증축돼 오늘날 바로크 양식의 웅장한 성당이 된 셈이다.

이곳이 기독교, 천주교 신자에게만 의미가 있다고 생각하지 않는다. 역사적인 사건이기도 하고 이후 많은 사람들에 의해서 전해져 내려오는 믿음에 관한 이야기인 것이다. 죽음에 대한 고통과 두려움을 뛰어넘고 종교적인 신념을 지킨다는 게 얼마나 위대하고 숭고한 행위인지 말하고 싶을 뿐이다. 단지 신앙인들에게만 의미 있는 게 아니라 유한한 삶을 사는 인간이라면 모두 다 해당되지 않을까. 종교 이야기는 늘 민감한 주제다. 각자의 믿음은 서로 다를 수 있고 그로 인해 종종 불필요한 갈등을 야기하기 때문이다. 그렇지만 이 자리에서 종교 이야기를 굳이 꺼내려 하는 이유는 한 가지이다. 신앙생활이 우리에게 주는 축복과 같은 선물을 함께 나누기 위함이다. 물론 특정 종교를 거론해서 말하는 것은 아니다. 어떤 종교를 선택하는지는 당신의 선택에 달려있을 뿐이다. 불교, 기독교, 천주교, 원불교 등 국내에는 많은 종교가 있다. 어떤 종교든지 간에 마음을 열고 관심을 가져볼 것을 권하는 것이다.

종교에 부정적인 이들이 많다. 우선 그 책임은 성직자와 종교를 갖고 있는 사람들에게 있다. 신앙을 갖고 있는 한 사람으로서 반성할 일이다. 종교에 대한 불신은 여성보다 남성들이 더 강하다. 이들은 신앙생활이 비이성적이고 감성에 빠진 나약한 믿음, 미신이라고 치부하는 경향이 있다. 신이 도대체 어디에 있다는 말이냐고 반문하면, 속 시원하게 증명할 수 있는 사람은 세상에 단 한명도 없다. 절대자의 존재는 인간의 눈에 보이는 것이 아니기 때문이다. 사후(死後)의 세상은 우리가 알 수 없는 미지의 영역일 수밖에 없다. 신앙과 믿음은 보이지 않는 무언가를 믿는데서 출발하는 것이다. 보이는 것을 믿는 것은 신앙이 아니라 아는 것이고 지식이다. 어머니의 사랑이 눈에 보이는가? 나라와 민족에 대한 충정(忠貞)이 손에 잡히는 것인가? 그렇지 않다. 믿음은 느끼는 것이다. 우리는 어머니의 사랑과 나라에 대한 애국심을 의심하지 않는다. 믿음과 신앙은 마음에서 일어나는 간절한 소망 같은 것이리라.

과학과 문명이 고도로 발달한 현대인에게 믿음은 더 절실하다. 왜 그럴까. 인간은 우주여행을 다니고 로봇을 개발하지만 자연 재앙이나 신종 바이러스 등 뜻하지 않은 시련에 속수무책으로 쓰러지기도 한다. 강한 존재이면서도 또 한편으로는 연약하고 부서지기 쉬운 존재이기도 하다. 인간의 힘으로 어찌할 도리가 없는 수많은 문제와 고통과 절망이 우리 앞에 놓여 있다. 머리로 이해하고 문제를 풀려고 할 때 우리는 오히려 난관에 부딪힌다. 이성적 사고로는 도저히 받아들일 수 없는 것들이 우리 인생에 너무나 많이 벌어지기 때문이다. 문화부 장관을 지낸 이어령 선생도 사랑하는 딸을 위해 오랜 무신론자 생활을 버리고 믿음을 얻었다. 역사상 수많은 사상가와 철학자들이 절대자의 존재를 믿어 왔다. 그들이 무지몽매하기 때문에 신앙에 귀의(歸依)했을까. 종교에 빠진 어리석음이라고 단정하지 말고 마음을 열어 보는 것은 어떨까. 해외의 한 석학은 신이 존재하지 않는다고 과학적 이성적인 방법으로 증명하려 했다. 그런데 그가 설파한 이론은 '결국 만들어진 주장'일 뿐이다. 그 역시도 '신이 없다고 믿고 싶었던'게 아닐까. 무신론자가 옳은지 신앙인이 옳은지 누가 확언할 수 있겠는가. 다만 보이지 않는 것을 믿을 수 있는 사람은 그렇지 못한 사람들보다 삶에 찾아오는 시련을 좀더 넉넉한 눈으로 바라볼 수 있다. 그건 보이지 않는 것을 믿는 마음이 있기에 가능하다고 성직자들은 입을 모은다.

그래도 정 내키지 않는다면 사람 사귀는 재미로 신앙생활을 해보는 것도 나쁘지 않다. 소셜 네트워킹(social networking)이 대세인 요즘 종교 생활로 얻는 인맥도 제법 도움이 된다. 절이든 교회든 성당이든 서로 다른 계층의 사람들이 한곳에 모여 소통한다. 평소 만나기 어려운 사람도 같은 신앙인으로 교제할 수 있다는 것은 분명 매력적인 일이다. 기자로 일할 때 행정부처에서 알게 된 한 공무원 선배가 있었다. 그분은 식사 자리에서 남는 소주가 있으면 후식으로 종이컵에 나오는 커피 잔에 털어 넣고 '원 샷' 하는 그런 분이다. 그분은 천주교 신자인데 전혀 신앙생활을 할 것 같지 않은 분이라 궁금해 종교에 대한 솔직한 심정을 물어본 적이 있는데, 이런 답을 하신다.

"내가 신이 계신지 안 계신지 어찌 알겠어. 난 신부님이랑 술동무하는 것만 해도 성당에 다닐 맛이 나거든. 그렇게 복잡한 거 물어보지 말고 빨리 술잔이나 비워.”

참 재미있는 분이다. 술동무를 성당에서 찾았다니. 좀 불경스럽게 들릴지 모르지만 난 믿음이야 말로 결국 ‘밑져야 본전’이라고 생각한다. 일단 믿어본 뒤 그 다음에 판단해도 그렇게 늦지 않다. 극단적인 사이비 종교만 아니라면 대다수 종교의 가르침은 사는데 해(害)가 될 게 없다. 종교, 철학 그리고 신념을 위해 자신을 진정으로 헌신할 때 그 인간의 존재 가치는 오래도록 기억될 것이라고 믿는다. 보이지 않는 것을 믿는 것이야말로 가장 쉬우면서도 어려운 일이다. 상념에 잠긴 채 기쁨의 언덕에 올라 저 멀리 산티아고 대성당을 바라본다. 카테드랄은 그 자리에서 순례자들을 묵묵히 기다리고 있다. 멀리서 두 눈으로 직접 확인한 산티아고 대성당은 기대했던 것보다 더 웅장하고 화려해 보였다. 벌써부터 가슴이 떨리기 시작한다. 이제 목적지가 얼마 남지 않았다.

2011년 10월 8일 오후
‘기쁨의 언덕(Monte do Gozo)’에서 코코아를 마시며

꿈을 잊고 산 나, 절규하다

Step 7

예측할 수 없는 인생길, 다시 꿈꾸다

자기비난, 자책은 이제 그만!
거대한 향로(香爐), 작고 작은 인간존재
나이가 무슨 상관, 무모한 도전이여 계속되리

자기비난, 자책은
이제 그만!

드디어 10월 9일. 산티아고 데 콤포스텔라에 들어가는 날이다. 일찍 대성당에 도착해 좋은 자리를 잡기 위해 전날 무리해서 37km를 걸었다. 숙소로 정한 알베르게 산토 산티아고(Santo Santiago)는 대성당까지 5km도 채 남지 않은 가까운 곳에 위치해 있다. 지금 생각해보면 일찍 시내로 들어가기 위해 무리해서 걸어간 게 잘한 일인지는 잘 모르겠다. 당시에는 그렇게 하는 게 옳은 일이라고 판단했다. 전날 먹은 돼지고기 튀김이 소화가 잘 안됐는지 밤새 잠을 설쳤다. 게다가 모기인지 빈대인지 모르는 정체불명의 벌레에 물려 잠결에도 손등을 연신 긁어댔다. 어림짐작해도 40~50여 곳이나 물린 것 같다. 이리저리 뒤척이며 침대에 누워 일어나지도 못했다. 선잠을 잔 탓에 정작 제일 중요한 날 아침에는 몸 상태가 좋지 않다. 아침에 일어나서 보니 손등과 손가락 사이에 벌레에 물린 자국이 벌겋게 부어올랐다. 세상에 이렇게 물렸으니 선잠을 잘 수밖에. 아침 일찍 샤워를 마치고 나왔는데 벌레에 물린 상처가 생각보다 심각했다. 독일에서 온 중년 남성이 옆에서 지켜보더니 연고를 바르라고 건네준다. 물린 곳이 옷에 쓸릴 때 마다 마치 불에 닿기라도 한 듯 통증이 밀려온다. 임시방편으로 반창고를 칭칭 동여매고 주섬주섬 짐을 챙겼다.

'가는 날이 장날'이라고 그 동안 멀쩡하게 잠을 잘 잤는데 하필 중요한 날 아침에는 배낭을 꾸리기도 힘들 만큼 손가락이 아팠다. 사실 고생을 자초한 면이 없지 않다. 서울에서 출발할 때 친구에게서 침낭을 빌렸는데 허둥지둥 짐을 챙기다가 집에 두고 온 것이다. 산티아고에 도착해서 저렴한 침낭을 구입하려 했는데 마땅한 물건을 찾지 못했다. 날도 춥지 않고 가벼운 이불을 빌려주는 알베르게가 있어서 침낭을 포기했는데 마지막 날에 낭패를 보게 된 것이다. 추위 뿐 아니라 벌레에 물리지 않기 위해서도 침낭은 필수적인 아이템이었다. 침낭이 있었더라면 이렇게까지 벌레에 물리지 않았을지도 모른다. 모기, 빈대와의 싸움은 산티아고의 순례에서 또 다른 고통 중 하나다. 단체 생활을 하기 때문에 사람들은 저마다 최대한 위생 상태를 신경쓰지만 호텔에 비해 환경이 열악할 수밖에 없다. 순례자들은 산티아고 모기와 벼룩이 성령(聖靈)의 힘을 받아 더 파워풀하다고 농담 삼아 이야기한다. 실제 지난 2008년에는 산티아고에 빈대가 창궐해 문제가 되기도 했다. 벌레에 뜯기고 진물이 흐는 것도 성지순례의 한 부분이지만 도보 여행객을 고통스럽게 한다.

손은 엉망이었지만 길을 재촉해야 했다. 오전 8시가 넘었는데도 밖은 아직 어두웠다. 채 1시간도 걷지 않았는데 이내 산티아고 데 콤포스텔라에 들어섰다. 감동적인 순간이지만 역시 생각했던 대로 덤덤하기만 하다. 다른 순례자들의 표정도 크게 다르지 않아 보인다. 산티아고 시내로 들어서자 오래된 건물과 구시가지(舊市街地)가 흡사 중세 유럽의 마을을 떠올리게 한다. 소박한 아름다움이 종교적인 분위기와 어울려 산티아고 데 콤포스텔라는 더욱 인상적으로 다가왔다. 로마의 성베드로 대성당과 스페인 바르셀로나의 사그라다 파밀리아 성당에 비하면 산티아고의 카테드랄은 규모가 작다. 하지만 기독교 3대 성지로 꼽히는 데에는 그만한 이유가 있어 보인다. 유럽대륙 끝 작은 마을에 이렇게 아름다운 대성당이 건립됐다는 사실 만으로도 경이로운 일이기 때문이다. 작은 성당이 세월이 흐르며 증축돼 웅장한 성당이 되고, 바로 여기에서 순례의 역사가 시작된 것이 아닌가.

떠오르는 해를 바라보면서 세르반테스 광장과 산 마르틴 피나리오 수도원을 지나 카테드랄에 도착했다. 우선 순례자 사무실을 찾아 성지 순례 완주 증명서를 발급받기로 했다. 서두르지 않으면 사람들이 많이 몰려 길게는 1시간 이상을 기다려야 한다고 들었다. 그날 오전 11시 전에 발급 받은 사람들만 정오 미사에서 명단이 호명된다. 증명서를 받으려고 했지만 순례자들이 많았다. 기다릴까 생각했지만 정오 미사가 끝난 뒤에 발급 받기로 마음을 바꾼다. 미사 도중 호명되는 게 영광스러운 일이지만 그런 형식적인 것에 집착할 필요는 없다. 수백 년도 더 지난 낡은 건물에는 오래된 이끼가 아침 태양에 반사돼 푸른빛으로 반짝이고 있었다. 순례자들이 속속 모여들기 시작했고 미사가 시작되려는지 신부님들이 연단에 올라서고 있었다. 처음에는 미사를 기다리는 설렘에 손의 통증을 자각하지 못하고 있었다. 어느새 미사가 시작되고 주변에 익숙해지자 벌레에 물린 손이 눈에 들어왔다.

벌레에 물린 손에서 고통이 밀려올수록 나 자신에게 화가 난다. 스스로에 대한 자책(自責)이었다. 우리는 누구나 비난을 받는 것에 익숙하지 못하다. 당연하다. 인간인 이상 자기를 비난하는 사람에게 마음이 편할 수 없다. 그런데 문제는 남에게 받는 비난보다 스스로에게 당하는 자책이 더 깊은 상처를 주기도 한다. 자기혐오, 자기연민, 자신감 결여 그리고 우울증. 이러한 모든 것들은 자기 스스로를 비난하는 것에서 비롯된다. 남에게 또는 자기 자신에게 비난이나 비판을 당할 때 현명하게 대처하는 법을 최근에서야 알게 됐다.

친한 선배 중에 변호사로 일하는 형이 있다. 평소 단짝처럼 지내는데 술, 사람, 산을 좋아하는 호걸(豪傑) 중 호걸이다. 그 선배는 평소 주변 사람에게 비난이나 듣기 싫은 충고를 듣게 되면 딱 두 마디로 상황을 부드럽게 만든다고 했다. 말 한두 마디로 그런 게 과연 있을까 싶었지만 귀를 쫑긋 세우고 들었다. 마법의 주문은 '그러게~'와 '고맙지~'라고 한다. 누군가 자기의 단점을 꼬집고 들춰 낼 때면 그 형은 항상 끝까지 정성껏 들은 뒤 공감의 미소를 지으며 '그러게!' 하고 맞장구를 쳐준다고 한다. 대개는 이쯤에서 비난의 화살을 꺾지만 한술 더 떠서 신랄하게 비난을 하는 사람도 있는 법. 중간에 끊고 싶은 유혹이 생기더라도 끝까지 참고 들어준 뒤 역시 웃으면서 '고맙지~'라고 대꾸한다는 것이다. 당신의 충고가 정말 고맙다고 인정해 버린다는 말이다. 서로 입장이 있을 테고 그 사람의 지적이 어떤 의미에서 옳을 수 있다고 받아들이면 마음이 편하다고 한다. 그렇게 되면 제 아무리 적의를 갖고 있던 상대일지라도 멋쩍게 웃고는 두 손 들고 물러서게 된다. 그래서 그런지 그 선배는 정말 주변에 적이 없다.

술자리에서 전해준 비법인데 이렇게 공공연하게 공개해도 되는지 모르겠지만 독자에게 드리는 작은 선물이다. 남에게 받는 비난보다 스스

예측할 수 없는 인생길, 다시 꿈꾸다

로에게 당하는 질책이 더 아픈 법. 살다보면 자책감이 생길 수도 있다. 그럴 때 자기 자신에게 먼저 '그러게~ 고맙지~'라고 선수를 치는 건 어떨까. 못난 놈의 자격지심(自激之心)이 당신에게 '이런, 이놈은 고수니까 도망가자'고 말하며 달아날지도 모른다. 나는 산티아고에서 '그러게~ 고맙지~'라는 주문을 미처 알지 못했기에 자책이란 놈에게 덜미를 잡힌 채 자포자기 심정에 빠졌다. 나의 어리석음을 용서할 만큼 여유와 내공이 부족했던 것 같다. 인정할 것은 인정하고 편하게 일정을 소화했어도 됐는데 말이다. 자책을 벗어나는 방법으로 선배가 나에게 알려준 '그러게~ 고맙지~' 비법은 산티아고에 다녀온 뒤에 열심히 사용 중이다. 효과는? 당연히 만점! 스스로에게 뭔가 불만족스럽고 자책을 하고 싶어질 때면 마법의 주문을 꺼낸다. '그러게 말이지~ 고맙지~'라고 외워보면 신기하게 마음이 편안해진다. 어찌 사람이 완벽할 수 있겠는가. 때때로 실수를 하더라도 스스로 비난하는 자책의 덫에는 빠지지 말아야겠다. 자책에서 벗어나는 순간 자기를 더 사랑할 수 있다.

2011년 10월 9일 오전 8시
드디어 목적지 산티아고 입성

거대한 향로,
작고 작은 인간존재

    산티아고 대성당에서 드디어 주일 미사가 시작됐다. 등산복 차림의 순례자는 물론이고 말쑥하게 정장을 차려입은 사람들까지 성당 안은 빈틈이 없다. 계획했던 스케줄은 아니었지만 운 좋게도 일요일에 산티아고에 도착해 주일 미사에 참석하는 행운을 얻었다. 주일 미사에는 초대형 향로인 보타푸메이로(Botafumeiro)가 일반에 공개된다. 생각지도 못했는데 얼떨결에 공중그네처럼 날아다니는 향로 예식을 볼 수 있게 된 것이다. 신부님이 제단에 올라 미사를 집전(執典)했다. 천주교 신자가 아니어서 미사를 드리는 과정이 낯설었다. 사람들은 경건하고 엄숙한 표정으로 제단에 시선을 고정했다. 사도신경(使徒信經)을 외우는 대목은 눈치로 알 것 같았다. 각국의 순례자들의 국적과 이름이 호명되는 순간이었지만 오전 11시 전에 증명서를 발급받지 않아 내 이름은 들리지 않는다. 내심 후회되기도 했지만 그 순간 카테드랄에 있다는 사실로도 벅찬 감동을 느낀다.

    미사를 드리는 동안 일부 순례자들은 눈물을 흘리면서 기도를 했다. 일부는 동료들과 가볍게 포옹을 하고 가슴에 손을 모아 성호를 그리기도 했다. 순례자들은 성지를 순례함으로서 자신이 지은 죄를 용서받고 신에게 다가가고자 한다. 카미노가 단순한 트래킹 코스가 아닌 '신에게 이르는 길'인 이유도 여기에 있다. 오늘 미사의 가장 중요한 순간인 향불 피우기 행사가 시작되자 성당 내부는 술렁거렸다. 거대한 향로통인 보타푸메이로[14]가 제단에 들어섰다. 8명의 붉은 가운을 입은 성직자들이 두꺼운 밧줄에 향로를 연결해 천천히 잡아당기자 연기를 뿜어내는 향로가 성당 위로 솟구쳐 올랐다. 보타푸메이로가 하늘로 솟구치고 이리저리 공중그네를 타는 거리만 무려 65m. 성당 내부는 어느새 향 연기로 가득했고 사람들은 연신 카메라 셔터를 눌러댔다. 천주교에서는 왜 향을 피우는 걸까. 가톨릭 문화에 문외한인지라 지인들에게 물어보니 아주 중요한 예식이라고 한다. 향로통이 한번 움직일 때마다 많은 양의 향과 그을음이 나왔는데 이는 어리석은 생각들을 쫓아낸다는 종교적인 믿음에 바탕한 것이라고.

나는 어리석은 잡념과 미혹에서 벗어나기 위해 카미노에 올랐는데 과연 소기(所期)의 목적을 달성했는지 의문이다. 호기롭게 산티아고 성지순례에 올랐고 목적지인 카테드랄에 왔지만 여전히 안개 속을 헤매고 있는 기분이다. 당장 미사가 끝난 뒤 무엇을 해야 할지 어디로 가야 할지 아무런 계획도 없다. 미사가 모두 끝나고 카테드랄 내부를 둘러봤다. 사람들에 떠밀려 다니는 상황이었지만 성당 내부를 꼼꼼히 둘러보기로 했다. 여기저기 귀중한 장식과 조각상들이 많았다. 성 야고보의 동상을 모셔놓은 제단이 가장 화려하게 장식돼 있었다. 황금색으로 화려하게 빛을 발하는 제단 앞에는 무릎을 꿇고 기도하는 순례자들로 붐비고 있었다.

대성당의 실내외에는 로마네스크 양식의 수준 높은 200여 개의 성인 조각상이 새겨져 있다. 일일이 확인하고 둘러보진 못했지만 역시 영광의 문에 있는 성 야보고 상이 가장 인상적이다. 소박한 차림의 돌 조각상에서 성인의 강인한 종교적 신념을 엿볼 수 있다. 오랜 세월 풍파를 겪고 그 자리를 지키고 있는 석상은 순수한 아름다움을 뛰어넘어 그 이상의 신성함을 느끼게 한다. 주 제단(祭壇)의 지하에는 성 야고보의 관을 볼 수 있는 예배당이 있다고 했는데, 몰려든 인파에 질려 그만 밖으로 빠져나왔다. 휴일을 맞아 광장에는 수많은 관광객들이 광장을 채웠다. 그들 역시 산티아고의 고색창연한 매력에 빠져 있는 듯 보였다. 나도 넋을 놓고 광장 한가운데 우두커니 그렇게 한동안 서 있었다. 정오가 한참 지나서야 순례자 사무실로 증명서를 발급 받으러 갔다. 오전과는 달리 순례자들이 많이 빠져서 오래 기다리지 않아도 차례가 돌아왔다. 순례 목적과 거리, 국적과 이름 등을 적고 약간의 돈을 기부하면 사무실 직원이 증명서를 발급해 준다.

2011년 10월 9일이라고 날짜가 적혀있고 내 이름 석 자가 선명한 순례자 증명서가 손에 들어왔다. 사실 증명서가 있고 없고 뭐가 중요하겠나 싶었지만 정작 인증서를 받아드니 기분이 묘하다. 목적지에 도착해 뜻한 바를 이뤘는데 앞으로 무엇을 해야 할지 갈피를 잡지 못했다. 산티아고 데 콤포스텔라에서 숙소도 정하지 않았고 딱히 계획해 둔 것

---

14 보타푸메이로는 갈리시아어로 '향 내보내기'라는 뜻으로 산티아고 성당에서는 11세기경부터 행해진 행사다. 산티아고의 보타푸메이로 향료통은 세계에서 가장 큰 것 중 하나이며 그 길이는 160cm, 무게는 80kg에 육박한다. 보타푸메이로 줄을 당기는 사람을 띠라볼레이로(Tiraboleiro)라고 부르는데 이는 갈리시아어로 '향 운반인'이라는 의미다.

예측할 수 없는 인생길, 다시 꿈꾸다

도 없었으니 말이다. 삼삼오오 짝을 이룬 순례자들은 카페와 레스토랑에 앉아 조촐한 파티를 즐기고 있었지만 나는 혼자서 길 잃은 아이마냥 황망한 모습으로 대성당 앞 오브라도이로 광장에 서 있다. 예상하지 못한 상황에 직면했다. 그것은 미처 짐작하지 못했던 외로움이었다. 고독이 아닌 외로움이었다.

> 사람은 본질적으로 홀로일 수밖에 없는 존재다. 홀로 사는 사람들은 진흙에 더럽혀지지 않는다. 홀로 있다는 것은 물들지 않고 순진무구하고 자유롭고 전체적이고 부서지지 않음을 뜻한다.
>
> 법정 스님

종국에는 혼자일 수밖에 없는 삶에서 향을 피우고 기도하는 것은 큰 의미를 지닌다. 동서양을 막론하고 사람들이 향을 피우고 무릎 꿇고 기도하는 것은 액운을 피하고 행운과 건강을 기원하는 뜻에서다. 인간은 한치 앞의 불행도 내다볼 수 없는 나약한 존재인 이유다. 이처럼 사람들은 복을 빌고 행운을 기원한다. 우리 삶에서 행운은 어디서 오는 걸까. 사람들은 나이가 들수록 사람을 믿지 말라고 한다. 살다보면 믿었던 이에게 사기와 배신을 당하기도 한다. 인간에 대한 예의를 저버리는 이들도 있다. 때로는 상처입고 불행에 치를 떨지만 정작 큰 행운은 모두다 사람에게서 온다고 성공한 명사들은 공통적으로 이야기한다.

양재동에서 '새로운 교회'를 이끌고 있는 한홍 목사님은 자신의 경험담을 들려주셨다. 어려서 미국으로 이민을 간 한 목사님은 학교에서 잘 적응하지 못하고 힘든 시절을 보냈다. 경제적으로도 어려웠고 언어도 제대로 통하지 못해 학업 성취마저 낮았으니 자존감은 바닥에 떨어졌던 때였다. 그러던 중 전학을 간 학교에서 우연히 선생님 한분을 만났는데 그분이 한홍 목사님에겐 큰 행운으로 다가왔다. 그 선생님에게는 똑똑하고 잘난 아들 두 명이 있었는데 우연의 일치였는지 한홍 목사님의 형제들과 이름이 똑같았던 것이다. 한 목사님의 영어식 이름이 존(John)이었는데 그 뒤로 선생님은 '존 너는 이제부터 내 아들이다. 내 아들은 똑똑하고 영리해 좋은 대학을 졸업해 훌륭하게 성장했단다. 너도 분명히 내 아들처럼 될 것'이라고 만날 때마다 격려를 아끼지 않았다고 했다. 하루는 학생들 앞에서 목사님을 세워두고는 '존은 이제 1년 뒤에 우리 학교에서 가장 공부를 잘 하는 학생이 될 것'이라고 선언하신 게 이닌기. 어떻게 됐을 것 같은가. 자존감은 바닥에 떨어지고 동양에서 이민 온 아이가 과연 그런 기적을 이뤄낼 수 있었을까. 대답은 물론이다. 어린 존은 그 이후 스스로 변하기 시작했다. 남들보다 더 열심히 공부했고 스스로 그런 학생이 될 수 있다고 믿게 됐다. 그런 믿음에서 기적은 일어난 것이다. 한 목사님은 정확히 1년 뒤에 그 학교에서 가장 성적이 좋은 학생이 되어 있었다. 정말 놀랍지 않은가. 선생님 한명의 믿음과 응원만으로 제자의 인생이 180도 달라질 수 있다는 것. 한홍 목사님은 '그분은 아마 내 인생에서 가장 소중한 뜻밖의 축복이고 행운 중 하나'라고 말씀하신다.

사람이 우리에게 상처를 주기도 하지만 그 상처를 어루만져 주는 것도 사람이다. 성공한 사업가와 경영자들도 의외의 만남에서 얻은 행운으로 최고의 자리에 올라갈 수 있었다고 입을 모은다. 이러한 행운이 왜 찾아오는 걸까? 단순히 지독히 운이 좋아서일까. 내가 생각하는 답은 이렇다. 행운아로 보이는 이들은 평소에 사람들을 끌어들이는 묘한 매력이 있는 것 같다. 본인들은 잘 모르지만 타고난 천성이 사람을 좋아하고 마음이 선해 주변 사람들을 끌어당기는 힘을 지닌 것이다. 그런 사람이 주변에 한둘은 있지 않은가. 이유는 모르지만 왠지 마음이 가고 끌리는 사람들 말이다. 그렇다. 작은 행운은 우연히 얻을 수 있지만 정말 큰 행운은 사람에게서 나온다는 단순한 진리.

북적이는 카테드랄 대성당 안에서 홀로 앉아 상념에 빠졌다. 언젠가 멀지 않은 훗날에 낯선 누군가 뜻하지 않은 행운을 나에게 가져다줄지 모른다고 생각했다. 정신을 차리고 주위를 둘러봤지만 나는 이방인에 불과했다. 사람에게서 오는 행운을 믿고 싶은 그런 날이다. 어쩌면 성당에 모인 이들 대부분이 그런 행운을 빌고 있었는지도…….

2011년 10월 9일 오전 11시
산티아고 대성당

나이가 무슨 상관,
무모한 **도**전이여 계속되리

　　마음을 정하지 못한 채 산티아고 시내를 둘러보고 나니 오후 2시가 지나고 있었다. 당초 계획은 하루 푹 쉬고 호텔에서 샤워를 마치고 다음날 편안하게 버스를 타고 땅끝 마을인 '피스테라(Fisterra)'에 가려는 것이었다. 말 그대로 이제 남은 일정은 관광으로 편안하게 유람하고자 했다. 귀국까지 3일을 더 스페인에 머물기로 했으니 시간도 너너했지만 이상하게 내키지 않았다. 안내소에서 받은 지도를 살펴보니 산티아고 시내 외곽에 일식 레스토랑이 있다고 적혀 있었다. 입맛이 없는데 뜨거운 우동 국물이라도 먹으면 좀 속이 풀릴까 생각했다. 택시를 타기엔 애매하고 걷기에는 좀 먼 거리. 걷는 일에 이골이 났는데 그냥 걷기로 한다. 그런데 생각보다 먼 곳에 있었고 정오의 태양은 여전히 뜨겁게 내리쬐고 있다. 지도를 보고 물어가면서 근처에 비슷하게 온 것 같았다. 지나가는 대학생 차림의 여성에게 레스토랑의 정확한 위치를 물었는데 문을 닫았다고 대답했다. 때로는 뜻대로 되는 게 하나도 없는 날도 있기 마련. 1시간을 허비하고 나니 오후 3시가 훌쩍 지났다. 더 이상 갈피를 잡지 못한 채 서성이고 싶지 않았다. 자판기에서 빵 한 봉지와 물 한통 뽑아들고는 피스테라에 가기로 결심한다.

이대로 산티아고에 주저앉지 말고 땅 끝 마을까지 3일간의 코스를 걸어보기로 정했다. 중간에 힘들면 택시를 불러서 이동해도 될 일이다. 마음을 정하고 나니 한결 편안해졌다. 시내를 가로질러 90km에 이르는 카미노 데 피스테라(Camino de Fisterra)의 입구에 섰다. 남아 있는 3일간의 일정으로 피스테라까지 걸어서 가는 건 어려운 일이다. 그러나 한편으론 무모한 짓을 하고 싶기도 했다. 피스테라로 향하는 길이라는 노란 이정표를 발견한 순간 반가웠다. 봉지를 뜯어 빵과 물을 먹으며 발걸음을 재촉했다. 하루에 30km씩 걸어야 가능한 코스였기에 처음부터 전체를 다 소화할 욕심은 없었다. 그저 걸어갈 수 있는 곳까지 가보자는 심산이었다. 그 당시만 해도 앞으로 얼마나 고생을 할지 예상하지 못하고 있었다. 앞날을 미리 알았더라면 그래도 과연 피스테라에 향했을까. 오후 3시가 넘었기 때문에 저녁 늦게까지는 출발점에서 22km 떨어져 있는 네그레이라(Negreira)에 도착하기로 했다. 쉬지 않고 걸어도 오후 7시가 넘어야 숙소인 알베르게 산 호세(San Jose)에 도착할 것 같다.

아무도 없는 길에 오르자 외로웠다. 외로움이 이런 것인가. 다른 순례자들은 산티아고에 도착한 즐거움을 만끽하는데 나만 혼자였다. 날씨는 섭씨 30도를 넘었고 가파른 오르막으로 이어진 산길은 끝없이 펼쳐졌다. 스스로 자초한 고행이지만 더위와 피로로 길에 오르자마자 기진맥진해 있었다. 어떤 의미에서 진정한 성지순례는 지금부터 시작되는 게 아닌가 싶었다. 괜히 만용을 부린 게 아닌지, 이대로 다시 돌아갈까 하는 생각도 들었다. 5km쯤 걸었을까. 도로를 가로지르는 곳에 레스토랑이 보였다. 목이라도 축이러 들어서니 낯익은 얼굴이 눈에 들어온다. 카미노에서 자주 인사를 나눴던 산도바오를 만난 것이다. 더 걸어갈지 택시를 타고 다음 알베르게에 편하게 갈지 고민했는데 카페에서 그와 조우했다. 산도바오는 저녁으로 이미 스테이크 한 접시를 다 비우고 커피를 마시고 있었다. 그를 발견한 순간 너무 반가워서 먼저 큰 소리로 인사하며 아는 척 했다. 잠깐 혼자 걸었을 뿐인데 아는 사람을 만났다고 이렇게 반가울 수가. 산도바오는 브라질에서 온 50대 후반의 남성이다. 은퇴한 후 친구 3명과 함께 26일 동안 카미노를 걷고 있다고 한다. 영어가 서툴러 깊은 대화는 나누지 못했다. 친구들은 산티아고에 남기로 하고 본인만 피스테라를 둘러보기로 했단다. 콜라 한잔을 마시고 산도바오와 함께 길을 걷기로 했다. 그가 반가워하는지 달가워하지 않는지는 안중에도 없이 같이 걷자며 자리를 털고 일어났다.

낯선 순례자를 보고 반가워하는 내 자신의 모습에 순간 떠오르는 얼굴이 있다. 카미노 둘째 날에 만난 한국인 유학생 K는 나를 보자마자 반가워했다. 20대 초반인 그녀는 캐나다에 유학 중에 산티아고를 찾았는데 거의 1주일 동안 한국말을 하지 못했다고 했다. 그러던 차에 한국인을 만났다며 좋아라했던 것. 처음 본 나에게 시시콜콜한 이야기를 늘어놓았다. 자신이 공부하고 있는 학교라든지 서울에 있는 부모님 이야기 등등. 솔직히 성가셨다. 당연히 귀담아 듣지 않고 건성으로 대답했다. K는 약간 실망한 눈치를 보이더니 이내 먼저 가겠다고 앞서 나갔다. 실은 혼자 생각할 게 있었는데 옆에서 종달새마냥 지저귀는 게 그렇게 반갑지 않았다. 그 뒤로 안타깝게 K와 마주치지 못했다. 다

예측할 수 없는 인생길, 다시 꿈꾸다

시 만나면 반갑게 인사도 나누고 커피 한잔 정도는 하려고 했는데 말이다. 그리고 스위스에서 온 요하네스의 얼굴도 떠올랐다. 아마 산도바오에게 나 역시 그렇게 비춰지지 않았을까 싶다. 처음에는 비슷하게 보조를 맞춰주더니만 영어로 이런 저런 이야기를 건네자 부담스러워 하는 눈치였다. 성큼성큼 보폭을 크게 하더니 둘 사이의 간격은 점점 벌어지게 됐다. 도저히 그를 쫓아가지 못하고 땀을 뻘뻘 흘리며 자리에 주저앉았다. 멀어져 가는 그의 뒷모습에 유학생 K와 요하네스의 모습이 아른거린다.

때로는 남자들이 무모한 짓을 벌인다. 그 심리를 여자들은 알다가도 모르겠다고 푸념하곤 한다. 3~4년 전 한 부처를 출입하면서 알게된 언론사 선배가 있다. 그 선배는 오십이 넘은 나이인데 바이크(bike)를 타고 청사로 출근했다. '라이방 선글라스'를 멋지게 쓰고 오토바이 소음을 요란하게 울리면서 들어서면 주변 사람들이 모두 쳐다볼 정도였다. 한마디로 멋진 선배다. 그 선배에게도 한 가지 로망(roman)이 있었는데 바이크의 대명사인 '할리 데이비슨'(Harley-Davidson) 오토바이를 사는 것이었다. 늘 입버릇처럼 '그 녀석'을 사려고 돈을 모으고 있다고 했다. 어느 날 정말 '그 날'이 오고 말았다. 땅을 울리는 꿍음 소리에 기자실 창문 밖을 바라보니 선배가 할리 데이비슨을 타고 들어서는 게 아닌가. 그 뒤부터는 장황하게 설명하지 않아도 짐작하리라 믿는다. 평소 한푼 두푼 용돈을 모아서 상당한 시간을 들여 돈을 모았다고 한다. 아이들 키우면서 빠듯한 월급에 적잖이 부담이 되는 돈이었지만 정말 단 하나의 목표를 향해 차곡차곡 모은 것이다. 나이 오십이 넘어서 어린 아이도 아니고 사고 싶은 물건을 위해 그렇게 악착같이 돈을 모으기가 쉽지는 않다. 얼마나 타고 싶은 모터사이클이길래 그러냐고 반문하겠지만 그 선배에겐 단순히 '두 바퀴 달린 탈 것'이 아니었다. 그야말로 꿈에 그리던 로망이고 자신의 존재감을 증명하는 상징인 것이다.

40~50대 중년 남성들 사이에 할리 데이비슨은 자유로운 영혼을 상징한다. 위험하다는 오토바이를 굳이 타려는 이유는 뭘까. 이제 안정적인 나이가 됐으면 무모한 짓을 하기도 쉽지 않을 텐데 말이다. 남자들이 무모한 짓을 벌이는 이유는 수컷으로 인정받고 싶은 내면을 반영하는 것이다. 이 나이가 되면 수컷으로서의 '기능'이 떨어진다는 불안 심리가 자기도 모르게 밀려온다. 그러한 불안 심리를 무모한 행동으로에써 감춰보려는 것이다. 이따금 돌출행동을 하는 이유는 어쩌면 본능적이고 자연스러운 일이다. 그런데 현대사회에서 밥벌이를 하는 우리들에게 무모한 돌출행동은 허락되지 않는다. 용납해서는 안 되는 것으로 치부된다. 배설되지 못한 그러한 본능적 욕구는 부작용으로 나타나고야 만다. 남자들의 로망은 욕구 불만으로 쌓이고 억눌린 욕망은 섹스, 도박, 음주 등으로 엇나가는 경우가 많다고 전문가들은 지적한다. 이는 욕구의 억압에 따른 일탈행동인 것이다.

그러니 남성들이 무모한 짓을 한다고 해서 너무 말릴 일만은 아니다. 여성들이여, 바람피우고 도박하는 것보다는 바이크를 타는 게 더 건전하지 않겠는가. 농담 삼아 '할리 데이비슨 타는 놈은 바람을 피울 시간도 없다'는 말이 있다. 주말만 되면 동호회 멤버들과 오토바이 탈 생각에 여자 치마폭은 안중에도 없다는 우스갯소리다. 정신과 전문의들은 때로는 무모하고 황당한 짓을 하는 게 정신 건강에 이로울 뿐 아니라 반드시 필요하다고 조언한다. 얌전한 양의 탈 안에 조용히 잠들어 있는 야생 늑대의 본능은 이따금 건강하게 배출되어야 한다. 그래야 건강한 에너지로 삶의 활력이 된다.

내가 산티아고에서 무모한 짓을 한 것도 수컷으로서의 본능이 과도하게 분출된 것은 아닐까. 한 가지 틀림없는 것은 야성적 본능을 확실하게 풀고 왔다는 점이다. '어떻게 하면 무모한 일을 벌일 수 있는 거죠?'하는 독자들의 질문이 귓가를 울린다. 비법은 따로 없다. 평소 정말 해보고 싶었던 일인데 남들 눈치 보여서 하지 못했던 것이 있다면 앞 뒤 재고 따지지 말고 '무작정 과감하게 질러보라'고 조언하고 싶다. 특별한 비결이 어디 있겠는가. 그냥 저질러 보는 것 외에는. 당신이 생각하는 것처럼 남들은 당신에게 관심이 많지 않다는 것을 기억했으면 좋겠다. 나이가 들어갈수록 '남을 배려하는 것'과 '남의 눈치를 보는 것'을 구별하지 못하는 사람이 많아지는 듯싶다. 남을 배려는 하되 눈치는 보지 말고 살자.

2011년 10월 9일 오후 2시
계속되는 순례 길, '피스테라'

Step 8
인생은 순례! 결국 중요한 건 '나'

아플 때 필요한 건 뭐? 한 톨의 위로

'꽃중년'이 대세라고? 이제 '꽃노인' 시대

순례 끝나자 다시 시작되는 순례

아플 때 필요한 건 뭐?
한 톨의 위로

오후 8시가 되어서야 목적지인 네그레이라(Negreira) 이정표가 나타났다. 산길을 따라 구불구불 이어진 길은 초반에는 경사가 심했지만 이후 완만했다. 22km를 5시간 남짓한 시간에 소화했으니 선방했다. 사설 알베르게인 산 호세(San Jose)에 들어서니 30대 후반의 여성 관리인이 반갑게 맞이해준다. 피곤에 지쳤을 때 상냥한 말 한마디가 긴장을 풀어주는 법. 전날 새벽 벌레에 물린 상처가 점점 나빠졌지만 드디어 휴식을 취할 수 있다는 마음에 기분이 한결 좋아진다. 도중에 헤어진 산도바오는 어느새 도착해서 샤워를 마치고 가벼운 복장으로 갈아입고 로비에 앉아 있었다. 그의 침대 바로 옆으로 자리를 잡고 겨우 짐을 풀었다. 손에 난 상처가 옷깃에 스치기만 해도 아팠다. 옷을 갈아입고 다리를 절뚝거리면서 샤워장으로 향한다. 무리를 했는지 왼쪽 무릎 관절이 다시 아파왔다. 게다가 손가락을 움직이면 통증이 심해 샤워를 하기에도 여간 불편한 게 아니었다. 옷을 벗는 것은 물론이고 배낭에 있는 짐을 꺼낼 때도 마찬가지였다. 벌레에 이렇게 심하게 물리긴 처음이었다.

머리를 말리고 짐 정리를 끝낸 뒤 알베르게 관리인에게 도움을 요청하기로 했다. 손에 바를 수 있는 연고나 방충(防蟲) 스프레이를 얻기로 했다. 연고는 없었지만 방충 스프레이는 손에 들어왔다. 사후약방문 (死後藥方文)이라고 벌레에 물린 뒤에 방충 스프레이가 무슨 소용이 있을까 싶었지만 더 물려서는 안 된다는 생각에 온 몸에 뿌려댔다. 컨디션이 나쁘고 입맛이 없다는 핑계로 그 동안 먹는 것을 소홀히 한 터라 오늘 저녁은 잘 챙겨먹기로 하고 주변의 맛집을 수소문했다. 관리인은 가격이 좀 비싼 레스토랑이어도 상관없냐고 조심스레 물어왔다. 물론이다. 지금은 맛있게 먹을 수 있다면 있는 현금을 다 주고서라도 배를 채우고 싶다. 그녀가 추천한 곳은 작지만 아늑하고 요리 솜씨가 일품인 곳이었다. 스테이크와 맥주를 마시고 나니 30유로가 넘었지만 산티아고에 와서 처음으로 제대로 된 저녁을 먹은 기분이다. 맥주 한잔에 살짝 취기가 올랐고 밤공기를 맡으며 동네를 산책했다. 물론 외진 마을이어서 주변에 볼거리라고는 하나도 없지만 말이다.

　숙소에 돌아와 잠자리에 들었는데 옆 침대가 비어 있었다. 산도바오는 아직도 돌아오지 않은 듯했다. 그는 어디서 뭘 하는 걸까 궁금했다. 근처에 갈만한 곳도 없어 보였는데, 어리바리한 나와는 다르게 그는 혼자서 산티아고를 충분히 즐기고 있는 것 같아 은근히 시샘도 난다. 뒤척이다가 어느새 잠들었는데 인기척에 깨어나니 산도바오가 조용히 침대에 눕는 게 보였다. 미열이 있는지 식은땀으로 베갯잇이 축축하게 젖은 듯했다. 한번 깨어나니 다시 잠은 오지 않았는데 몸은 천근만근처럼 무거웠다. 갈증이 났지만 물을 마시러 나가기조차 귀찮게 느껴졌다. 저녁을 먹을 때만해도 기운이 나는 것처럼 생각됐는데 밤이 되니 몸살이 오려는지 눈두덩과 관자놀이 주변이 뜨거워졌다. 서울에서 출발하는 날처럼 몸살 기운이 도진 게 아닐까. 그래도 오한에 몸살 기운은 그나마 견딜만했다. 벌레에 물린 상처는 간지럽다 못해 쿡쿡 쑤실 지경이다. 손으로 더듬어보니 수포는 더 땡땡하게 부어오르고 감각은 더욱 무뎌지고 있었다.

아무래도 병원에서 진료를 받아야 할 것 같다. 벌레에 물린 곳도 문제지만 팔과 다리 같은 곳까지 가려워지기 시작한 게 가장 걱정스러웠다. 온몸에 두드러기가 나는 듯한 기분이랄까. 이른 새벽부터 자리에서 일어나 준비를 하는 순례객들이 바스락거리는 소리를 내는 바람에 깨어났다. 맞은 편 침대의 산도바오도 짐을 꾸리고 침대를 정돈하고는 출발했다. 정신이 몽롱해서 그에게 인사도 제대로 건네지 못했다. 미열에 밤새 잠을 뒤척여 아침에 일어나지 못하고 늦잠을 잤다. 산티아고의 알베르게는 하루가 일찍 시작되는데 내가 일어난 것은 오전 9시. 10월 10일 아침은 이미 밝아 있었다. 관리인이 걱정됐던 모양인지 침대 곁에 다가와 괜찮냐고 묻지 않았다면 그대로 하루 종일 누워 있었을지 모른다. 관리인에게 짐을 늦게 빼도 된다는 허락을 받고 병원 위치도 물었다.

양치질도 못하고 슬리퍼만 신고 네그레이라 시내에 있는 병원을 방문했다. 오전 일찍부터 환자들이 줄을 서서 기다리고 있는 모습이 한국의 병원과 별반 다르지 않다. 우리로 치면 보건소와 동네 의원의 중간쯤 되는 것 같다. 병원에 들어서자 일순간 그곳에 있는 모든 사람들의 시선이 나에게 쏟아졌다. 산티아고에서 피스테라로 가는 시골 마을 병원에 동양인 남자가 슬리퍼를 신고 들어왔으니 당연한 노릇이다. 우리나라의 해남 땅끝마을 작은 보건소에 백인 남성이 내 모습과 똑같이 초췌한 몰골로 들어섰다면 어떠했을까. 정말 스페인 사람들은 영어를 잘 못한다. 그게 흠은 아니겠지만 여행을 하는 동안 계속해서 불편했다. 사실 내가 스페인어를 배워서 그곳에 갔어야 했다. 그게 최소한의 예의 인 것이다. 하지만 괜히 그들을 책망하고 있었다. 돌아보면 부끄러운 일이다. 영어를 중심으로 한 미국 문화가 전세계 표준이라고 여기는 것 인데 이는 또 다른 편견이고 때로는 폭력에 가깝다. 반성할 일이다.

　병원 진료를 받으러 줄을 서서 기다렸지만 간호사들도 경계의 눈빛 만 내비칠 뿐 아무도 접근하지 않았다. 간단한 영어로 물어봐도 서로 떠넘기기만 할 뿐 나서서 도와주려는 사람은 없었다. 여권을 내밀고 카미노 순례자라고 애처로운 표정을 보이자 나이 지긋한 간호사가 진 료를 먼저 보도록 배려했다. 뭔가에 물려서 손이 부어오르고 있고 몸 도 가렵고 미열이 있다는 몸짓을 하자, 알았다고 고개를 끄덕이고는 서류를 만들기 시작했다. 이유야 어쨌든 안도의 한숨이 나왔다. 해외 에 나와서 몸이 아파 병원에서 진료를 받기는 이번이 처음이다. 그것 도 말이 통하지 않는 상황에서 혼자서 아픈 몸을 끌고 의사를 만나는 경험은 쉽게 잊을 수 없다. 곧바로 여의사가 있는 진료실로 들어섰다. 내심 의대까지 나왔는데 영어로 대화가 가능하리라 기대했다. 그런데 그녀 역시 영어를 거의 이해하지 못했다. 뜻밖이었다. 모기나 빈대에 물린 것 같다고 하자 처음에는 고개를 갸우뚱하는 게 아닌가. 손으로 모기가 날아다니는 날갯짓을 하니 미소를 지으면서 고개를 끄덕였다.

　진찰대에 속옷만 입고 누웠는데 여의사는 돋보기를 들이대며 상처 와 온몸 구석구석을 살펴봤다. 창피할 여유도 없었다. 컴퓨터 자판을 연신 두드리더니 뭔가를 열심히 찾는 눈치였다. 스페인 말로 장황하게 설명하더니 처방전을 하나 적어줬다. 먹는 알약하고 연고를 처방했으니 약국에서 사라고 몸짓으로 설명했다. 정말 몸짓이 아니었으면 하나도 이해하지 못했을 것 같다. 의사는 친절하게 약값도 처방전에 적어서 내밀었다. 기념으로 사진을 찍어서 기록하고 싶다고 물었더니 무표정하게 어깨를 으쓱한다. 그 와중에 기념으로 사진을 남기고 싶다는 생각이 어디서 난 걸까. 인증샷을 찍으며 '길수, 니가 아직 덜 아프지?' 하는 생각이 들자 웃음이 피식 나왔다. 약을 구입하고 다시 알베르게로 돌아왔다. 이제 나머지 코스를 걸어서 가야할지 도보여행은 여기서 끝내야할지 결정해야 했다. 끝까지 가지는 못하더라도 여기서 포기하기엔 너무나도 안타까웠지만 몸 상태가 이러니 계속 망설여졌다.

낯선 사람들 틈에 끼여 손짓 발짓 해가면서 아픈 곳을 설명하다보니 스스로 처량하다는 기분에 휩싸였다. 사람은 아플 때 가장 마음이 약해진다. 중년을 넘긴 사람들에게 가장 서러웠던 때가 언제였냐고 물어보면 대부분 몸이 아픈데 아무도 몰라줄 때라고 말한다. 결혼한 사람일수록 배우자가 몰라주는 것 같아서 더 서운하기 마련이다. 가족 중에서 혹시 누가 몸살이라도 앓게 된다면 '평소에 어떻게 관리를 하길래 그 모양이냐'는 식의 핀잔은 삼가야 한다. 아픈 사람을 보면 속상해서 하는 말이겠지만 가족이 아파서 끙끙 앓고 있는데 그런 핀잔은 정말 성의 없게 느껴져 상대의 마음에 상처를 준다.
친한 선배 중에 형수님에게 유별나게 사랑을 받는 형이 있다. 나는 얼마 전에 그 선배에게 남다른 비결을 전해 듣고는 '바로 그것이다' 하면서 무릎을 쳤다. 하루는 그 선배가 술 한 잔 하고 늦게 귀가했는데 와

이프가 몸살로 침대에 누워 있더라는 것이다. 워낙 자상한 선배이기도 하지만 그 형은 바로 형수를 업고서 택시를 잡아 대학병원 응급실로 달렸다고 한다. 형수는 한사코 별거 아니라고 말렸지만 응급실에서 해열제와 링거를 맞게 하고는 밤새 침대에서 간병했다. 형수는 가벼운 폐렴 증세로 주사를 맞고 이내 잠든 나머지 남편이 밤새 간병한 것을 다음날 알게 됐다고 한다. 그 일이 있고 난 뒤부터 집안에서 형님의 위상은 수십 단계가 올라갔다고 했다. 그야말로 수직 상승이라고 할까. 형수는 자기가 아플 때 진심으로 걱정해 주고 간병해 주는 남편의 모습에서 크게 감동했던 것이다. 이제는 술 마시고 늦게 귀가해도 잔소리 한 번 하지 않는다고 한다. 선배는 그날은 술이 많이 취해서 과하게 오버한 것 같다고 부끄러워했다. '팔불출' 소리를 들어도 할 말이 없다면서. 애처가라면 이 정도는 되어야 하지 않을까. 사람은 몸이 아픈 것보다 마음이 아플 때 더 고통스럽고 괴롭다. 내 주변 사람들이 아파할 때 육체가 아닌 영혼의 통증에 더 관심을 갖고 귀 기울여야 한다.

산티아고에서 내가 그렇게 아팠던 건 혼자였기 때문일까…….

2011년 10월 9일 오후 8시~10일 오전
네그레이라, 병원

'꽃중년'이 대세라고?
이젠 '꽃노인' 시대!

    병원에서 나와 약국을 찾아 처방전에 적힌 약을 구입했다. 약사 역시 내 몰골이 신기한 듯 살짝 미소를 지으며 친절하게 응해줬다. 슬리퍼를 끌고 다시 알베르게에 돌아왔다. 관리인에게 콜택시를 불러달라고 했다. 그녀는 택시를 타는 것보다 버스를 추천했다. 네그레이라에서 피스테라까지 최소한 100유로 이상이 나올 거라고 걱정했다. 100유로라면 당시 환율로 환산하면 15만~16만원 상당의 큰 금액이다. 버스를 갈아타고 산티아고로 가서 다시 피스테라에 가면 번거롭긴 하지만 15유로도 들지 않는다. 택시를 타고 바로 피스테라에 가는 게 편리했지만 버스로 돌아가는 길을 택했다. 아프다는 핑계로 택시를 타고 호사를 부릴 상황은 아니었다. 몸이 불편했지만 약을 먹고 연고를 바르고 나니 플라시보 효과(placebo effect)인지는 몰라도 좀 나아진 듯했다. 사실 그 동안 쓴 경비도 적잖이 부담돼 아껴야 했다.

    전날 22km를 5시간 걸려서 걸어왔는데 버스를 타면 1시간도 채 걸리지 않는 거리다. 왔던 길을 다시 돌아가는 기분은 썩 좋지는 않았다. 이럴 줄 알았다면 굳이 힘들여 걸어올 필요가 있었을까. 그로 인해 몸 상태는 더 나빠지고 수포도 커졌다. 오전 11시에 고속버스를 타기 위해 정류장에 혼자 서 있었다. 이어폰을 꽂고 MP3를 켜니 스판다우 발레(Spandau Ballet)의 팝송 〈I'll fly for you〉가 흘러나온다. 몽환적이고 우울한 음색이 가슴에 닿는다. 왜 그랬을까. 순간 가슴이 먹먹해지고 혼자라는 생각이 눈시울이 붉어진다. 세상에 혼자라는 나의 상황과 무심하게 일상을 살아가는 스페인 사람들과의 묘한 대조. 동양에서 온 낯선 사내의 눈물. 하지만 슬픈 것과는 전혀 다른 감정이었다. 일종의 그리움과 같은 감정이다. 몸이 아프면 마음이 약해지는데 그런 탓일까. 어린이 같은 발상이지만 순간 이동을 해서 한국으로 돌아가고 싶었다. 그런데 막상 버스에 오르고 나니 산티아고에서 피스테라에 꼭 가봐야겠다는 마음이 들었다. 걸어서 가면 더 좋겠지만 카미노 데 피스테라[15]의 3분의 1을 걸어봤으니 그것으로 됐다.

산티아고 시내의 북동쪽에 위치한 버스터미널은 예상했던 것보다 더 규모가 컸다. 버스 승강장이 수십 개에 달했고 대형 버스들이 수시로 스페인 전역으로 출발하고 있다. 산티아고에서 출발해 피스테라에 가는 버스 티켓은 10유로가 조금 넘었다. 1시에 출발하는 버스에 서둘러 올라타기 위해 감자칩 한 봉지와 도넛, 생수를 구입해 자리를 잡았다. 3시간 동안 버스를 타고 여행하는 것이다. 스페인에서 버스를 타고 장거리를 이동하기는 이번이 처음. 여행을 떠난다는 흥분감에 엉망인 컨디션에도 한결 기분이 좋아졌다. 이어폰에서 흘러나오는 음악에

---

15 피스테라는 작은 어촌 도시다. 관광지로 유명한 곳이지만 여름이 지난 바닷가의 풍경은 다소 한산한 편. 성지순례를 마친 이들이 경건한 마음으로 찾아가는 뜻 깊은 성소(聖所)이다. 피스테라에도 순례자들을 위한 값싼 알베르게가 5곳이나 영업 중이다. 모두 저렴하고 쾌적한데다가 해변 인근에 자리잡고 있어 순례자에게 인기가 많다.

맞춰 나도 모르게 콧노래를 흥얼거리고 있었다. 아파서 끙끙대던 모습
은 도대체 어디로 사라진 걸까. 도보로 걷다가 포기하고 버스로 타고
가는 주제에 뭐가 그리 신이 났는지 내가 생각해도 어처구니가 없다.
나란 사람은 이렇게 대책 없이 단순하다. 그러니 어린이라는 별명을
들을 수밖에.

창밖의 익숙한 풍경이 눈에 들어오니 왔던 길을 또 돌아가는구나 싶
었다. 길이란 게 정해진 건 없다. 선택하고 걸어가면 그곳이 길이 아
닐까. 한참을 달려가니 창밖으로 놀라운 풍경이 펼쳐진다. 왼편으로
에메랄드 빛 푸른 바다, 대서양이 나타났다. 유럽대륙 서쪽 끝에 온
것이다. 고생스러운 여정이었지만 끝없는 쪽빛에 시선을 뺏겼다. 다
른 관광객들도 연신 감탄사를 지르며 그 광경에서 눈을 떼지 못했다.
도착하고 우선 숙소를 정해야 했다. 이번에는 호텔이나 호스텔(여관)
에 묵기로 했다. 우선 별도의 욕실에서 반신욕을 하고 싶었고, 잠꼬대
나 코고는 소리 없이 혼자서 침실을 쓰길 바랐던 것이다. 버스가 도착
한 터미널 바로 앞에 인포메이션 센터가 있다. 그곳에서 가장 가까운
호스텔인 마리퀴토(Mariquito)에 들렀다. 1층에는 맥주를 파는 바
(Bar)가 있었고 그 위로 객실이 있다. 주인으로 보이는 키 작은 중년
남성에게 숙박 요금을 물었는데 하루에 25유로라고 한다. 인근 호텔
의 경우 50~70유로인 것으로 알고 있는데 저렴하면서도 사생활이 보
장돼 마음에 들었다.

옷을 벗지도 않고 무거운 배낭을 옆 침대에 내던지고는 침대에 벌러
덩 누웠다. 방에서 쾌쾌한 곰팡이 냄새가 났지만 단체생활을 하는 알
베르게에 비하면 호텔 스위트룸 수준. 감격스러웠다. 카미노에 들어

선 뒤 처음으로 나만의 독방을 가진 것이다. 배가 고팠지만 우선 뜨거운 물에 샤워부터 하기로 했다. 욕조 가득 따뜻한 온수를 받아 반신욕을 했다. 며칠 동안 약간 불편했을 뿐인데 문명의 편리에 이토록 감동하다니. 일부러 고생을 하고 싶다고 성지순례에 나선 것인데 바보 같이 엄살을 피운 스스로가 부끄럽기도 했다. 반신욕을 하면서 몸 상태를 점검해 봤는데 여전히 미열이 있었고 벌레에 물린 곳은 조금씩 나빠지고 있었다. 걱정스러웠지만 며칠만 지나면 서울에 돌아갈 수 있고 기왕 벌어진 일이니 참아보기로 했다.

1층 바에 내려가 보니 식사는 제공되지 않는다고 한다. 식사를 대신해서 간단하게 음료 한잔을 마시고는 주인과 대화를 나눴다. 주인은 자신을 안톨린 벨라이라고 소개했다. 키가 작고 배가 나온 중년의 남성이었지만 피스테라의 아름다움을 연신 자랑했다. 많은 순례자들이 찾아오는 것도 멋진 경치 때문이라고 한다. 그에게 꼭 가야할 장소를 묻자 나를 빤히 쳐다보면서 '그걸 정말 모르냐'는 식으로 바라봤다. 벨라이는 파로(Faro)라고 소개하면서 엄지손가락을 치켜들었다. 대서양을 비추는 하얀 등대가 바로 파로였다. 스페인어로 파로는 등대를 뜻하기도 한다. 호스텔을 나와 페데리코 아빌라 거리(Rua Federico Avila)를 따라 언덕을 올라갔다. 길을 걷는데 지도를 들고 두 명의 중년 여성이 주변을 두리번거리고 있었다. 그들도 파로를 가는 듯 보였다. 네덜란드에서 온 여성들과 자연스레 파로까지 동행했다. 인종이 다르면 연령대를 가늠하기가 어렵다고 한다. 그들이 내게 물었다.

"한국에서 대학을 다니고 있나요?"

"제가요? 졸업한 지 한참 지났는데요. 젊게 보인다니 감사합니다."

대학생으로 보인다는 말에 갑자기 우쭐해진다. 그런 말을 듣고도 숙녀들을 파로까지 에스코트 하지 않는다면 진정한 신사가 아니다. 그녀들과 파로까지 동행했다. 네덜란드 숙녀들도 무척 동안(童顔)에다가 날씬한 미녀였다. 자기관리가 확실한 유러피언의 전형적인 세련된 모습이다. 네덜란드에선 영어를 포함해 3~4개 언어를 구사할 수 있다고 한다. 축구 이야기에서부터 한국의 음식과 문화 등 여러 주제를 놓고 중년 여성들과 유쾌한 대화를 나눴다. 한국이 분단국가라는 사실을 그녀들도 알고 있었다. 특히 드라마에 대한 인기는 무척 높았다. 아시아의 작은 나라인 한국에 대한 설익은 정보들을 자랑스럽게 이야기하는 중년 여성들의 모습이 내심 귀엽게 보였다.

카미노에서 낯선 순례자와 만나는 것은 이렇게 뜻하지 않은 인연으로 기억되곤 한다. 그녀들은 피스테라를 통해 유럽으로 처음 기독교가 전파됐다고 이야기했다. 그들 역시 유럽 대륙의 서쪽 끝에 왔다는 사실에 크게 감동한 눈치였다. 마치 '세상의 끝'이기라도 한 것처럼. 30여 분을 걸어서 파로에 도착했다. 그곳에서 알베르게에서 만났던 순례자들과 다시 만났다. 그들 중 한명에게 사진을 찍어달라고 부탁하고 엉성한 자세로 포즈를 잡았다. 지금도 그 사진을 보면 뭐가 그리도 뿌듯한지 주먹을 불끈 쥔 자세가 우스꽝스럽다. 이제 카미노에서의 시간도 얼마 남지 않았다. 수평선 멀리 펼쳐진 대서양 바다가 저녁노을에 붉게 물들어가고 있었다. 대자연의 아름다움과 위대함에 넋을 잃고 있었다. 네덜란드에서 온 숙녀들은 먼저 내려가겠노라고 인사를 하고는 천천히 시야에서 멀어져갔다. 석양에 물든 중년 여성들의 뒷모습이 레드카펫을 걷는 여배우 보다 더 아름답게 보인다.

　　요즘 '동안 신드롬'이 사회 전반에 퍼져 꽃미남을 넘어 '꽃중년'이라는 신조어까지 나왔다. 꽃미남같이 동안 피부에 세련된 외모를 지닌 중년 남성을 꽃중년이라고 부른다. 영원한 것은 없다지만 요즘 남자들을 보면 영원히 젊음을 누릴 것처럼 행동한다. 호불호를 말하라면 나는 좋다고 본다. 기왕이면 젊게 꾸미고 다니는 게 나쁠 게 뭔가. 자기를 아끼는 나르시시즘(Narcissism)이 비난받을 행동은 아닌 것이다. 내가 아는 노년의 사업가는 함께 공중화장실에 가면 남들과는 좀 다른 유별난 행동을 한다. 볼일을 보기 전에 손을 씻고 본 뒤에는 그냥 나와 버린다. 비위생적으로 보였는데 사실 그분은 다른 사람들이 더 비위생적이라고 혀를 찬다. 손이야 말로 정말 더러운 세균이 득실거리는 곳인데 자기 신체 중에서 가장 귀한 '물건'을 다루는데 손도 안 씻고 만지냐는 것이다. 소중한 곳이니까 반드시 손을 닦아야 하는데 다 만지고 나서 물로 씻어봐야 무슨 소용이냐는 주장이다. 언뜻 괴짜 같은 사람이라고 여길지 모르지만 다시 곰곰이 생각해보면 그 말이 참 일리가 있다. 얼마나 자기의 '물건'을 소중히 간수하려고 저리도 유난을 떠실까 싶었지만 남다른 자기애(自己愛)가 보기 좋았다. 그분은 늘 행복한 모습이다. 자식들과 부인이 있지만 세상에서 가장 맛있고 좋은 것들은 당신이 제일 먼저 차지해야 직성이 풀린다고 한다. 귀여운 손자들이 와도 예외는 없다. 어차피 살다보면 모든 사람을 만족시킬 수는 없는데 피곤하게 모두에게 잘할 필요가 있냐고 반문한다. 대신 단 한 사람을 만족시켜야 한다면 누구를 만족시켜야 하겠냐고 나에게 묻는다. 대답은 뻔하다. 바로 '당신 자신'이다.

　그러니 짧은 인생 살면서 너무 많은 사람을 만족시키겠다는 욕심은
버리는 게 좋다. '나부터 행복해야 주변 사람들을 행복하게 할 수 있
다'는 노년의 신사는 스스로를 '꽃노인'이라고 부른다. 이쯤 되면 꽃
미남, 꽃중년에 이어 꽃노인이라는 유행어가 등장할 날도 멀지 않은
듯싶다. 기왕 살다 가는 인생 좀 날씬하고 젊고 멋지게 스스로를 아끼
며 살 일이다.

2011년 10월 10일
결국 버스를 타고 '피스테라'로

순례 끝나자
다시 시작되는 순례

파로를 둘러보고 혼자서 조용히 생각을 정리하면서 피스테라 시내로 돌아왔다. 지나는 길에 대형 슈퍼마켓이 있어서 구경도 할 겸 둘러본다. 스페인의 대형슈퍼마켓은 우리의 여느 슈퍼마켓과 비슷하다. 다른 게 있다면 계산대에 점원이 없어도 아무도 사람을 찾지 않고 그냥 조용히 기다린다는 점. 유럽 사람들은 레스토랑이나 카페를 들어가도 절대 먼저 종업원을 부르지 않는다. 그저 조용히 앉아서 기다리는 게 상식이다. 성질 급한 한국인이라는 광고문구가 유행할 만큼 우리들은 너무 조급증을 앓고 있는 것 같다. 간단한 먹을거리와 과일, 맥주 몇 병 그리고 가장 중요한 방충 전자매트를 샀다. 겉 포장지에 모기와 파리가 조잡하게 그려져 있는 리필용 전자매트였는데 가격은 두 개가 들어있는 게 6.5유로다. 내용물을 확인하지 못하게 포장돼 있었지만 모양으로 봐서 콘센트에 꽂으면 연기가 나와 해충을 막아준다고 적혀있는 것 같았다. 국내에서도 비슷한 제품을 사용한 경험이 있어 스프레이 분사식 모기약보다 좋을 것 같아서 더 비싼 것으로 골랐다. 슈퍼 주인은 가게 안쪽에 자리 잡은 정육 코너에서 열심히 생닭을 먹기좋게 자르고 있다. 장바구니를 들고 있는 아주머니가 무슨 재미난 구경이라도 하듯 망부석마냥 슈퍼주인을 바라보고 있는 게 더 신기하다. 값을 치르고 나오니 해는 더 기울어 주변은 어둑어둑해지고 있었다.

호스텔로 돌아와 제일 먼저 한 일은 금방 구입한 전자 모기약을 뜯어서 콘센트에 꽂는 것이었다. 케이스를 열어본 순간 깜짝 놀랐다. 좀 과장해서 이야기하자면 고등학교 3학년 때 대학입시에서 떨어졌을 때의 기분과 비슷한 실망감이었다. 내용물을 보니 전자기기는 없고 리필용 모기약만 2통 달랑 들어 있었던 것. 총알은 있는데 총이 없는 격이다. 싼 값도 아니고 다시 돌아가기도 먼 거리인데 어떻게 하나. 허탈했다. 혼자 침대에 주저앉아 처음에는 내 머리를 쥐어박으며 화를 냈는데 이내 웃음이 났다. 허탈한 마음에 오히려 웃음이 터진 셈이다. 끝까지 '허당' 같은 짓을 벌이고 있다니. 리필용 모기약을 들고 1층 바에 내려갔다. 주인인 안톨린 벨라이에게 사정을 설명하자 젊은 여종업원에게 스프레이 살충제를 가져오도록 심부름을 시켰다. 한참을 기다리니 여종업원은 심드렁한 얼굴로 살충제를 나에게 들이 밀었다. 그래도 감사할 따름. 살충제를 무슨 올림픽 성화(聖火)라도 되는 양 번쩍 치켜들고 객실 계단을 쉬지 않고 뛰어올라왔다. '모기, 벼룩, 파리 박멸 3종경기'에서 금메달이라도 딸 기세였다. 결국 주인에게 리필용 모기약은 선심 쓰듯 '선물'했다.

창문을 닫은 채 스프레이를 미친 듯이 뿌려댔다. 혹시 모기나 빈대가 있었더라도 절대 살아남기 어려울 만큼 광폭하게 뿌려댔다. 설사 그 전에 내가 질식해 죽더라도 여한은 없다. 그때 심정은 그랬다. 안도의 한숨을 내쉬며 우선 맥주 한잔을 마시고 휴식을 취한 뒤 저녁을 먹기로 했다. 파로까지 먼 거리인 줄 모르고 트래킹 신발 대신 슬리퍼를 질질 끌고 왕복 1시간을 걸었더니 피로가 몰려온 것. 슈퍼에서 사온 과일 중 오렌지와 자두를 먹으면서 맥주잔을 비웠다. 사실 몸 상태를 생각하면 술은 자제하는 게 좋았지만 입맛과 기운이 너무 없어서 뭔가 먹어야 했는데 그나마 맥주가 좋았던 것이다. 당장은 기분이 나아지는 덕에 홀짝거리며 맥주를 마셨지만 나중에 생각해보니 컨디션을 더 나쁘게 한 것 같다.

연중 기후가 온화해 스페인에는 과일과 농산물이 크고 맛이 좋기로 유명하다. 어른 주먹 크기의 자두와 사과는 한 끼 식사로도 충분하다. 침대에 걸터앉아 맥주 2명을 비웠을까. 빈속에 마셨더니 은근 취기가 올랐다. 잠깐 눈을 붙이고 저녁을 먹기로 했다. 침대에 누우니 까무룩 잠이 들었던 모양이다. 창문을 열어놓고 잠든 탓에 도중에 한기를 느끼고 일어났다. 아니 정확히 말하면 한기와 동시에 손과 온몸에 통증이 심해져 깨어난 것이다. 시간은 자정이 넘었고 꿈인지 생시인지 분간 못할 정도로 정신이 혼미했다. 정신이 없는 상태로 침대에 누워 있는데 창밖에서 뭔가 그림자가 좌우로 흔들리고 있었다. 처음에는 무슨 그림자인 것 같았는데 가만히 바라보니 그림자가 아니라 뭔가 알 수 없는 물체가 눈앞에서 왔다 갔다 하는 것 같았다. 몸이 아파서 헛것이 보이나 싶었지만 분명 뭔가 좌우로 흔들리고 있었다. 순간 잠이 확 깨면서 등골에 솜털이 일어나기 시작했다. 뭔가 싶었다. 저게 뭐지! 침대에서 몸을 일으켜 방구석으로 몸을 피했다. 방에 불을 켰는데 순간 눈앞에서 사라지는 것 같았다. 창 밖에서 나방이나 작은 새가 들어왔던 걸까. 아니면 나뭇가지가 바람에 흔들렸던 것일까. 덕분에 잠이 확

달아났다. 시간이 지나자 차츰 안정을 되찾았지만 불을 끄지 못하고 켜놓은 상태로 침대에 다시 누웠다.

저녁이고 뭐고 몸 상태가 심각했다. 미열이 계속됐다. 아픈 몸을 무시하고 가볍게 술 한잔 마시며 견디자는 심산으로 해열제 대신 맥주를 택한 게 화근이다. 바보 같은 짓이었다. 술에 취한 것도 아니고 정신이 말똥한 것도 아닌 애매한 상태에서 새벽에 깨어났으니. 자다가 가위에 눌린 것 같기도 했다. 저녁이고 뭐고 다시 잠을 청하려 했지만 온몸이 쑤셔오는 게 아닌가. 이유를 알 수 없었지만 어느새 끙끙 소리를 내면서 누웠다, 앉았다 반복했다. 가장 불편한 곳은 벌레에 물린 상처였다. 수포는 부풀어 올라 금방이라도 터질 것 같았고 색깔도 검붉게 변해 기분이 바빴다. 저녁에 뜨거운 물에 샤워를 한 뒤로 통증이 더 심해진 것이다. 냉찜질을 했어야 했는데 어리석게도 이열치열(以熱治熱), 죽기야 하겠냐는 심정으로 뜨거운 물에 찜질을 했으니. 후회한들 이미 소용없다. 몸에 열은 더 심해졌고 병원에서 처방해준 약을 먹고 연고를 바른 뒤 간신히 잠들었다.

얼마나 아팠기에 이리 호들갑이냐고 할 테지만 사실 그때 몸 상태는 상당히 심각했다. 귀국 후 대학병원 응급실에 입원을 했을 정도였으니 말이다. 죽을병은 아니었지만 결과적으로 산티아고에서 더 오래 머물렀더라면 자칫 큰일을 당할지도 모르는 상황이었다. 귀국한 뒤 알게 된 것이지만 법정 전염병으로 지정된 질병을 앓고 있었던 것이다. 그만큼 상황은 좋지 못했다. 그렇게 잠들고 깨어나기를 반복하다가 11일이 밝아오는 것을 뜬 눈으로 지켜보았다. 아침에 거울에 비친 모습을 보니 얼굴이 말이 아니었다. 거의 하루 종일 제대로 먹은 게 없었으니 배가 고팠다. 뭔가 먹을 게 있을까. 어제 맛있게 먹었던 사과와 자두가 침대에 나뒹굴고 있었지만 보기만 해도 신물이 올라온다. 사람이란 게 참 간사하다. 좋다고 먹을 때는 언제고 이내 뒷전으로 내몰린다. 인간의 욕망에 대해 생각해 본다. 달라이 라마는 인간의 욕망을 날카로운 눈으로 정확하게 꿰뚫어 봤다. 그는 이렇게 말한다.

> 욕망을 품는 순간에는 모든 것이 그럴듯하고 바람직해 보인다. 어떤 장애도 보이지 않고, 억제할 이유도 없는 듯하다. 욕망을 품었던 대상은 아무런 단점도 없으며, 오로지 칭송받는 가치만 있는 것처럼 여겨진다. 그러나 소유하고 나면 모든 게 변한다.

욕망이론(慾望理論)에서도 욕망은 채워지는 순간 그와는 다른 무엇을 또 다시 욕망하기 마련이라고 설명한다. 식욕, 성욕, 물욕, 명예욕 등 결국 욕망이라는 대상은 모호하고 불투명할 뿐이다. 끝은 없다. 잡힐 듯 하지만 계속 미끄러져 달아난다. 그렇다면 인간에게 욕망 자체를 거세(去勢)하라고 해야 할까. 아니면 평생 욕망의 노예로 끌려 다니라고 체념할 것인가. 어려운 문제지만 나는 이렇게 욕망을 대한다. '욕망은 충족되지 못하는 것'이라고 그저 쿨하게 인정하고 시작하는 것이다. 무언가 좀 부족하고 채워지지 않더라도 그게 욕망의 생리고 본질이라고 치부하고 덤덤하게 대하려고 한다. 물론 그게 그렇게 쉬운 일은 아니지만 원하는 것을 얻지 못해도 화가 나거나 우울한 감정에 빠지지 않는 편이다. 욕망을 100% 달성하는 일은 거의 없다. 그저 60~70점 정도면 훌륭한 것이라고 자위한다. 100점을 목표로 뛰어가

봤자 커트라인은 다시 200점으로 상향 조정된다. 그러니 애당초 100점을 포기하고 적당히 낙제 점수만 면해도 행복할 수 있지 않을까 생각한다. 말처럼 쉽지 않고, 솔직히 때로는 몸에 사리(舍利)가 생기는 느낌도 들지만 욕망 자체를 거세하거나 혹은 욕망의 노예로 사는 것보다는 낮지 않을까.

피스테라의 아침은 쓸쓸하고 황량했다. 정확히 말하면 내 기분이 그랬는지 모른다. 욕망의 100점은 고사하고 10점이라도 채우고 싶었다. 초췌한 모습으로 슬리퍼를 엄지발가락 사이에 끼우고 어슬렁어슬렁 거리를 배회하며 문을 연 카페를 찾았다. 사람들이 북적거리는 레스토랑이 있었는데 지금 내 모습으로는 들어가고 싶지 않다. 초라한 모습을 보이고 싶지 않았던 걸까. 한참을 걸어 후미진 곳에 문을 연 카페에 들어섰다. 손님도 몇 명 없고 점원도 한참 만에 나와서 주문을 받았다. 크루아상과 커피와 오렌지 주스를 시켜서 무슨 맛인지도 모르고 쑤셔 넣었다. 약을 먹어야 하니까 억지로 말이다. 며칠을 앓고 난 뒤 억지로 뭔가 먹어야 할 때 느끼는 기분. 오랫동안 장염에 걸린 뒤 기운을 차리려고 맛없는 죽을 입에 밀어 넣고 삼킬 때와 같은 심정이었다. 아침을 먹으며 수첩을 꺼내 간단한 메모를 시작한다. 큼지막하게 적어 놓은 메모가 눈에 들어온다. 언젠가 러시아의 소설가 솔제니친의 명언으로 어딘가에서 본 뒤 적어놓은 글귀였다.

한줄 문구에도 힘을 얻을 수 있는 게 명언의 힘인 듯싶다. 왠지 마음
이 편안해지기 시작했다. 적어도 새벽의 어둠이 주는 외로움에 비하면
눈부신 아침 햇살에 기분이 한결 좋아졌다. 해가 떠오르고 있다는 것
외에는 아무것도 나아진 게 없었지만 그 하나만으로도 마음이 차분해
지는 것을 느낄 수 있었다. 밝은 빛이 주는 위안이고 선물이다. 오전
중으로 짐을 꾸려 산티아고로 돌아가야 했다. 시간이 지날수록 기력은
빠지고 몸살 기운은 심해지는 거 같았다. 그 전까지의 성지순례는 어
쩌면 가벼운 트래킹에 불과했는지 모른다. 몸과 마음의 무거운 짐을
이끌고 다시 처음으로 돌아와 외로운 순례길을 걷고 있었다.

2011년 10월 10일 오후~11일 새벽
'피스테라'의 잠 못 드는 밤

Step 9

결국 '삶이라는 고난'을 껴안고

'그리움'도 결국 신의 선물이리니……

끝나지 않는 순례길, 인생과 무에 다르리

인간에게 우정이란, 친구란……?

'그리움'도
결국 신의 선물이리니……

오전 일찍 산티아고로 향하는 버스에 몸을 실었다. 서울을 떠난 지 벌써 9일째 되는 날. 마음은 무겁기만 했다. 고마운 마음에 호스텔 주인에게 악수를 청하고 사진을 한 컷 찍었다. 언제 다시 올 수 있을까. 장담하진 못하겠지만 그리 멀지 않은 날에 다시 만날 것 같은 예감이 든다. 3시간 동안 산티아고로 돌아오는 버스에 앉아 많은 생각을 했다. 옆 좌석의 남성은 내 손을 보고는 깊은 주름이 한층 도드라지게 얼굴을 잔뜩 찡그린다. 자신도 벌레 때문에 일주일 넘게 고생했는데 무리하지 말라고 조언하는 것이다. 속으로 더 이상 뭐가 나빠지겠냐 싶었다. 창밖의 기막힌 풍경도 이제는 시시할 따름이다. 손에만 벌레에 물렸을 뿐 다른 곳은 처음에는 멀쩡했는데 이상하게 몸 전체가 가렵기 시작했다. 기분 탓이라고 여겼지만 은근히 걱정됐다. 특히 등과 옆구리, 발가락 사이가 기분 나쁘게 가려웠다. 버스는 산티아고 터미널에 도착했지만 갈 곳이 없었다. 어디로 가야하는지 숙소는 어디로 정해야 하는지 아무것도 확실한 게 없었다. 그래도 번화한 곳으로 가는 게 좋겠다고 생각한 건 사람들이 그리워서였을까.

대성당 인근에는 호텔과 숙박시설이 많을 테니 그쪽으로 이동하기

로 했다. 어제는 호스텔에서 묵었으니 오늘은 호텔에서 자는 게 어떨
까 싶었다. 건강 상태가 좋지 않은데 돈을 아낄 상황은 아니었다. 가
까운 곳에 쾌적한 곳이 있다면 그냥 체크인 하고 싶은 심정이었다. 카
테드랄 뒤편으로 호텔이 밀집된 지역을 찾아 호텔 모우레(Moure)에
들어섰다. 현대식으로 개조한 호텔로 지배인이 젊은 남성이었다. 아
침 식사를 포함해서 65유로라고 했는데 조식은 필요 없다고 하자 60
유로까지 깎아주겠노라 했다. 흥정하고픈 생각도 없었는데 눈치를 살
피더니 55유로에 주겠다고 선수를 치는 게 아닌가.[16] 간단히 짐을 풀고
저녁도 먹고 기념품도 사기 위해 카테드랄 주변 시내를 둘러보러 나갔
다. 몸이 아픈 사람이 무슨 관광이냐 싶겠지만 전날처럼 침대에 누워
잠들면 저녁도 거를 것 같았다. 적어도 뭔가를 먹어서 기운을 차려야
했기에 억지로 외출한 것이다.

스페인에는 문어와 오징어 요리가 유명하다고 들었다. 바닷가가 멀
지 않은 산티아고에는 다양한 해산물 요리가 순례자와 관광객을 맞이
한다. 카테드랄 앞의 오브라도이로 광장(Praza do Obradoiro)을 끼고
산 클레멘테 거리(Rua de San Clemente) 주변에는 다양한 레스토랑과
상점들이 줄지어 서 있다. 문어 요리인 뽈뽀(Pulpo)나 오징어 요리인
칼라마레(Calamares a la romana) 등을 파는 곳이 눈에 들어왔다. 둘
중 하나는 꼭 먹어보고 싶었는데 카미노에서는 그럴 기회를 쉽게 찾지

16 산티아고는 나름 큰 도시였지만 마드리드나 바르셀로나와 다르게 호텔 가격을 놓고
    에누리가 있는 듯싶다. 여행객들이라면 비수기에는 가격을 놓고 협상을 벌여도 손해
    볼 게 없을 것 같다.

못했다. 문어나 오징어는 대부분의 유럽에서는 잘 먹지 않는다. 그렇지만 지중해 연안국가인 스페인, 이태리, 그리스에서는 많은 종류의 요리가 개발되어 있다고 들었다. 특히 스페인 갈리시아 지방에서 유명한 문어 요리로 뽈뽀(Pulpo)가 있다. 뽈뽀를 먹을까 칼라마레를 먹을까 고민하다가 개인적으로 오징어 튀김을 좋아해 칼라마레를 낙점했다. 메뉴 선정을 고민하는 정도니 '아픈 거 핑계 아냐?' 하실 수 있겠지만 사람이란 게 쓰러져 기절할 정도가 아니면 먹어야 사는 존재 아닌가. 아픈 몸을 이끌고 칼라마레인지 오징어 튀김인지 한번 먹어 보겠다고 레스토랑 테이블을 차지한 내 모습이 지금도 눈에 선하다.

낡은 건물들 사이로 산티아고 오브라도이로 광장이 내다보이는 곳에서 혼자 저녁을 먹는다. 뭐든지 여럿이 먹어야 제 맛인데 혼자서는 별로 감흥이 없다. 샌드위치를 먹고 싶지는 않았다. 입천장이 훌러덩까지는 돌덩이 같은 바게트빵 샌드위치를 거의 매일 먹었다. 근사한 디너까지는 아니어도 새로운 것을 먹고 싶었는데 결국 생각해보니 우리나라의 오징어 튀김을 산티아고 최후의 만찬으로 정한 셈이다. 사실 칼라마레는 스페인식 오징어 튀김으로 보통 애피타이저로 먹는다고 한다. 그런데 정작 시켜놓고 보니 양이 메인요리 못지않게 푸짐한 게 아닌가. 이런 말하긴 뭐하지만 레몬을 뿌려먹는 세련된 칼라마레 보다는 매콤한 떡볶이 국물에 이리저리 버무린 오징어 튀김이 더 먹고 싶었다. 거기에 뜨끈한 오뎅 국물이 있다면 얼마나 좋을까 생각하니 갑자기 입맛이 떨어졌다. 맥주를 마셨지만 한잔도 비우지 못하고 취기가 올라서 카페라떼를 마시고 한동안 행인들을 바라봤다. 동양인은 생각보다 적었고 대부분 유럽인들로 보인다. 알제리나 아프리카 대륙의 검은 피부를 가진 가난한 이민자들이 거리에서 구걸을 하고 있다. 순례자들에게 동정심을 얻으려는 듯 아이를 등에 업은 여자가 마음에 걸려 2유로 동전을 손에 쥐어줬다.

　대성당 앞에는 저녁 시간이 됐는데도 인파로 붐빈다. 지팡이를 들고 맨발로 주변을 서성이는 순례자는 물론이고 꽉 끼는 리바이스 스키니 청바지를 입은 10대 청소년들에 이르기까지 각양각색의 사람들이 오브라도이로 광장에 모여 있는 진풍경. 저녁을 먹고 레스토랑을 나와 혼자 광장에 앉아 상념에 잠긴다. 슬리퍼를 벗어 엉덩이 밑에 방석처럼 깔고 앉았다. 밥을 먹고 일어나 짧은 거리를 걷는데도 이상하게 발이 퉁퉁 부어올라 슬리퍼를 신기가 불편했다. 발가락 사이를 보니 작은 물집이 생긴 게 이상했다. 발가락만 그런 게 아니었다. 벌레 물린 곳과는 상관없이 등, 가슴과 팔뚝 등에서 빨간 반점이 생기면서 작은 물집이 올라오고 있었다. 벌레에 물린 곳 때문에 피부가 예민해져 알러지(allergy)가 생긴 거라고 믿고 싶었다. 아니 그런 줄 알았다. 한 시간 남짓 광장에서 대성당을 바라보면서 이런 저런 생각을 한다. 내가 사랑했던 사람들, 그리고 나에게 상처를 준 사람들, 내가 상처를 준 사람들, 사람들을 생각한다. 그 동안 나와 인연을 맺어온 수많은 얼굴들이 하나둘씩 떠올랐다. 오래 전 그때 내가 왜 그런 말을 했을까, 왜 그렇게 행동했는지 곰곰이 돌아봤다. 많은 사람들이 머리에 스쳐지나갔지만 그 중에서도 가족들의 얼굴이 오래도록 남아 있었다. 심신이 지쳐있었고 가족들이 그리웠다.

그리움이란 단어를 혀끝에 놓고 굴려 본다. 그럴 때마다 오십대 중년 남성이 동서울터미널에서 구걸하던 모습이 중첩되곤 한다. 군인 시절 휴가를 나왔던 때였는데 터미널 한 가운데에서 한 남성이 사과박스를 잘라 만든 플래카드를 목에 걸고 구걸 중이었다. 때가 타고 구겨진 양복을 입은 중년 남성은 단정한 글씨로 플래카드에 '어머니 밥이 그립습니다. 집에 갈 차비 좀 빌려 주세요'라고 적어놓았던 것이다. 다른 것은 몰라도 '어머니'라는 말과 '그립다'는 단어가 마음을 사로잡았다. 당시 군인이었는데 무슨 돈이 있겠냐만, 뭔가에 홀린 듯 만 원짜리 한 장을 주고 돌아선 기억이 있다. 그립다는 말은 정말 누구에게 들어도 가슴 한곳을 뭉클하게 만든다. 산티아고에서 길 잃고 서 있는 나 역시 터미널에서 동냥하던 그 아저씨의 마음이 되어있었다. 떨어져 있어보니 가족들이 가장 그리웠다. 평소 맛없다고 타박했던 어머니의 된장찌개가 그리웠고 그 냄새가 아련했다. 어머니 냄새는 된장 그 자체이다. 그립다는 것은 돌아갈 수 있는 희망이 있을 때 더 간절해지는 법. 먼 옛날 고향을 잃고 떠돌던 순례자들은 사무치는 그리움에 얼마나 가슴 아파했을까. 외로움과 고독의 한 가운데에 서면 그리운 대상은 시간이 지날수록 점점 크게 다가온다. 어떤 의미에서 그리움이란 감정은 고독과 외로움이 주는 고통인 동시에 선물이다.

예전에 순례자들도 이러한 고행을 묵묵히 견디고 있었겠지. 자리에서 일어나 호텔로 돌아왔다. 컨디션은 더 나빠지고 밤이 깊어질수록 몸에 열이 올라 얼굴이 화끈거려서 잠을 이룰 수 없다. 자정이 지나고 다음날 새벽이 됐건만 역시 전날처럼 잠을 못 이루고 있다. 마음 같아서는 현지 병원의 응급실에라도 가고픈 심정이었다. 당장 몸이 아픈 것도 걱정이었지만 어딘가 크게 잘못된 건 아닌지 걱정돼 통증과 더불어 불면(不眠)의 시간은 계속됐다. 마음 한편에선 그리움의 구멍은 더 깊어지고 있었다. 정말 아플 때 생각나는 사람이 가장 보고 싶은 사람이라고 하는데 어머니의 얼굴이 떠나지 않고 있었다. 다 큰 남자도 아프면 가장 먼저 찾는 사람이 '엄마'가 아닌가 싶다. 빨리 돌아가서 엄마 품에 안기고 싶다.

2011년 10월 11일 오전
산티아고, 최후의 만찬

결국 '삶이라는 고난'을 껴안고

끝나지 않는 순례길,
인생과 무에 다르리

이리저리 뒤척이다보니 자정이 훌쩍 지났다. 숙소는 산티아고 대성당에서 도보로 10분 거리였다. 창밖을 내다보니 가로등 불빛에 젖어 노랗게 물든 골목에는 행인이라고는 보이지 않는다. 적막감이 밀려드는 밤. 온 몸에 통증이 심해지고 두통에 가려움까지 겹쳐 새벽에도 잠이 오지 않는다. 우선 스마트폰을 이용해 인터넷으로 검색을 했다. 다양한 정보가 작은 휴대폰 창에 깨알 같은 글씨로 올라왔다. 단순히 가려운 수준이 아니라 감기 몸살처럼 온 몸이 욱신거려 고통스러웠다. 검색으로 비슷한 증상을 호소하는 사람들의 글을 꼼꼼하게 읽어보니 결국은 병원에 가야한다는 하나마나한 조언이 대부분. 화가 나는 것은 그 밑에는 병원을 안내하는 홍보문구가 친절하게 소개되고 있다는 점. 별놈의 광고가 다 있다.

페이스북과 트위터에 친구들이 많은데 혹시 그들 중에 조언을 해줄 사람이 있을까 싶었다. 손과 몸에 난 수포와 상처를 찍어 페이스북과 트위터에 올렸다. 스페인 시간으로 새벽이니까 한국은 오전으로 모두 깨어 있는 덕에 댓글이 하나둘 달리기 시작했다. 지금은 프랑스 파리 오페라발레단에서 활동하고 있는 '빡세'(박세은 양)도 페이스북을 통해 댓글을 달았다. 그녀는 프랑스 파리오페라발레단에서 정단원으로 입단해 활동하고 있는데 스페인에서 내가 올린 사진을 보고 깜짝 놀라 위로의 글을 올린 것이다. 세은 양 외에도 많은 지인들이 크게 걱정하고 있었다. 대부분이 걱정하는 위로의 댓글이었지만 그 중에서 나를 경악하게 한 페이스북 댓글이 있었다. 물론 개인적으로 안면이 있는 친구가 아닌 인터넷 상에서 알게 된 이른바 '페프'(페이스북 프렌드)였다. 내용은 이랬다.

"선생님이 올리신 사진을 보니 아마도 다형홍반이라는 피부병으로 보입니다. 정확한 진단명은 병원에 가보셔야 알겠지만 저 역시 원인을 알 수 없는 피부질환으로 6개월째 치료를 받고 있지만 차도가 없습니다. 지금은 한센전문병원에 가서 치료를 받고 있는데 효과가 없습니다. 스페인이라고 하셨는데 빨리 귀국하셔서 전문병원에서 진료를 받으시길 바랍니다. 빠른 쾌유 바랍니다."

그 당시 페이스북에 실린 글은 그 뒤로 삭제돼 정확한 문구는 아니다. 하지만 대략 이러한 취지의 댓글이 올라왔다. 글을 보는 순간 숨이 탁 막혔다는 표현이 정확할 것 같다. 그 글을 읽고 받은 충격은 상당히 컸다. 반신반의 했지만 이유를 모른 채 증상이 점점 나빠졌기 때문이다. 처음에는 단순히 놀랐지만 침대에 누워 곰곰이 생각해보니 한편으로는 솔직히 그 댓글이 불쾌하다는 생각이 들었다. 겉으로 보기에는 걱정하는 듯 보였지만 전문가도 아니면서 단정하는 말투로 불치병을 운운하고 있었다. 게다가 병원에 빨리 가라는 뻔한 소리는 누가 못하랴 싶었다. 지금이야 그분의 호의라고 받아들이지만 당시로는 달갑지 않은 조언이었다. 당시 상황을 얼마나 심각하게 받아들였는지 그 순간 심정을 스마트폰에 기록한 녹취록 전문을 부끄럽지만 가감 없이 독자에게 소개한다.

"2011년 10월 12일 새벽 2시 30분이 지났다. 산티아고에서 마지막 밤인데 자다가 손에 통증이 심해 일어나서 뒤척이고 있다. 다형홍반 이라는 피부병일지 모른다는 페이스북 댓글을 보고 잠을 더 못 이루고 있다. 벌레에 물렸는지, 다형홍반인지 아니면 다른 어떤 이유인지 몰라도 정말 괴롭다. 어떻게 이렇게까지 됐는지 모르겠지만 너무 아프고 가렵고 괴롭다. 한센병은 또 무슨 소리인지…… . 심란하다…… . 내가 자초한 일이고 원했던 성지순례지만 이런 일이 벌어질 줄 몰랐다. 빨리 서울에 돌아가서 병원에 가고 싶다. 불과 10일 남짓한 여행에서 몸이 아프니 많은 것들을 놓치고 있는 것 같다. 병원에 가서 진단을 받고 싶을 뿐이다. 아…… . 너무 괴롭다. 이렇게 가렵고 통증이 심한 적은 처음이다."

한마디로 새벽에 잠을 못 이루고 패닉상태에 빠져 있었다. 게다가 호텔 방에는 벌레가 단 한 마리도 없는데 몸에서 작은 수포들이 자꾸만 생기는 게 겁이 났다. 두려웠다. 벌레에 물린 상처는 문제가 아니었다. 혹시 바이러스나 세균에 감염돼 다른 부작용이 생긴 건 아닌지. 혼자 산티아고 변두리 도시에 누워 있는데 몸과 마음 모두 지쳐있었다. 침대에 힘없이 걸터앉아 있는데 방정맞게도 가이드북에서 본 내용이 떠올랐다. 산티아고 대성당에서 멀지 않은 산 라사로 산티아고(San Láza ro Santíago)에는 작은 예배당이 있는데 그곳에는 12세기부터 한센병원(나병원)이 있었다고 한다. 당시에는 전염병이 번지지 않도록 중세의 도시 방벽에서 멀찍이 떨어진 곳에 자리 잡았던 것. 공교롭게도 나 역시 그 지역을 지나왔는데 혹시 무슨 영향이라도 있었던 건 아닌지 쓸데없는 망상에 사로잡혀 있었다. 중세 때에는 산티아고의 성지 순례길에 한센병 환자들이 모여들기도 했다고 한다. 새벽에 잠은 안 오고 온갖 잡생각에 머리가 복잡했다. 해외 오지마을을 여행하던 중 그 지역 풍토병에 걸려 고생하는 이들이 많다는 건 익히 알려진 사실이다. 어쩌면 마음의 준비를 단단히 하고 귀국길에 올라야 할지도 모르는 일이다.

'불치병(不治病)'이라. 입에 담기조차 불경스럽다. 오죽했으면 옛사람들은 천연두를 호환마마(虎患媽媽)라고 했을까. 호환마마의 문자 그대로 뜻은 호랑이 근심과 두 마리의 암컷 말이라는 것이다. 직접 언급하는 것조차 꺼린 탓이다. 불치병은 시대를 막론하고 늘 인간 곁에서 공포의 대상이었다. 얼마나 많은 사람들이 고칠 수 없는 병 앞에서 쓰러졌단 말인가. 유명한 위인이건 이름 모를 초동이건 가리지 않는다. 그것은 삶과 죽음을 관장하는 신의 이름으로 둔갑해 사람들을 겁에 질리게 했고 때로는 인간의 탐욕이 불러온 재앙이기도 했다. 불치병은 한 개인을 자신의 몸에서 완전히 소외시키는 극단적인 형벌이다. 누구도 입에 올리길 바라지 않는 그런 천형인 것이다. 허나 불치병은 인간의 어리석음에서 그 싹이 자랄 수 있다. 중국 전국시대의 전설적인 명의(名醫)인 편작(編鵲)은 괵나라 태자의 급환을 고쳐 살려내 유명해진 인물이다. 죽은 사람도 되살린다는 신의(神醫)로 불렸지만 그 자신도 절대 고칠 수 없는 여섯 가지의 불치병인 '육불치'(六不治)가 있다고 했다. 여섯 가지 불치병 중에서 독자들에게 꼭 들려주고 싶은 것들이 있어 적어 본다.

편작은 환자가 교만해서 '내 병은 내가 안다'고 고집하는 경우를 불치병 중 불치병으로 꼽는다. 또한 자신의 몸을 가벼이 여기고 돈과 재물을 더욱 소중하게 생각하는 사람도 불치병이라고 했다. 수천 년 전 인간과 현대인이 이토록 놀랍도록 비슷하다니. 특히 식탐이 과한 사람과 무당의 말을 듣고 의사를 믿지 않는 사람도 경계했다. 그가 이야기하는 불치병은 한마디로 교만과 탐욕에서 시작된다고 할 수 있다. 조금 덜 욕심내고 고집을 덜 부리고 좀 부족하게 움켜쥐고 배를 덜 채우는 삶이 그렇게 어려운걸까.

오랜 세월이 흘렀지만 아둔한 인간은 크게 달라지지 않은 듯싶다. 나 자신도 산티아고에서 불치를 자초하는 어리석음을 되풀이하고 있었는지도 모른다. 순례길에서 얻은 병이 과연 나에게 평생 따라다니는 불치병이 될까. 아니면 가벼운 감기몸살처럼 털어낼 수 있을까. 당시에는 두려움 그 자체가 내게는 '육불치'였다. 불치병은 몸의 병에만 머무르는 것은 아니다. 몸의 병 못지 않게 마음의 병을 치유하는 게 어려워진 시대이기 때문이다. 현대인은 영혼과 마음의 병을 다스리는 일이 더 중요하고 시급하다. 그렇기에 편작의 충고는 두고두고 곱씹어볼 가치가 있다.

많은 잡념과 상념 속에서 그날 밤은 결국 뜬 눈으로 보냈다. 빨갛게 충혈된 눈동자를 바라보니 신경쇠약 직전의 남자처럼 보였다. 입술은 갈라져 군데군데 피가 배어났고 한숨도 못 잤으니 눈은 퀭했다. 입안이 바싹 말랐는데도 물을 마셔도 소용이 없다. 서울에 가면 치료를 받겠지만 당시에는 불치병에 걸린 것처럼 절망적이었다. 휴지로 입술에 흐르는 피를 닦아가면서 잠도 못 자고 새벽부터 짐을 꾸렸다. 오른손보다 왼손의 통증이 덜해 한손만 사용해서 짐을 정리했다. 고등학교 때 한쪽 손을 다쳐서 한동안 왼손으로 생활한 적이 있는데 그때 일이 생각났다. 특히 왼손만 사용하게 되면 화장실에서 볼일을 볼 때 무척 불편하다. 산티아고에서도 왼손만 간신히 사용할 수 있었다. 당시의 고통스러운 상황을 남자들에게 한마디로 설명하면 군대 훈련소의 '화생방 훈련'에서 가스를 들이마시는 고통에 버금간다고 표현하겠다. 여성들이라면 아이를 낳는 고통에 견줄 수 있지 않을까 싶다. 정말이지 그 정도로 힘겨웠다. 내가 당시 겪었던 고통스러운 기분을 어떻게 리얼하게 전달할 수 있겠는가. 당사자가 아니면 모르는 게 고통이고, 타인의 고통은 그저 하나의 추상(抽象)이자 낱말에 불과할 뿐이다. 산티아고 공항까지 새벽 6시 반에 도착해 티켓을 끊어야 하니 서둘러야 했다. 전날 프런트 데스크에 부탁해 새벽 6시에 호텔로 택시가 오도록 예약했다. 이제 드디어 귀국길에 오르게 된다. 밤이 깊어갈수록 통증과 근심은 더해갔다. 오랜만에 마주대하는 외로움이라는 놈은 가혹하기만 했다. 모두 잠든 시간이지만 나의 성지순례는 아직 끝나지 않고 있었다.

2011년 10월 12일 새벽
산티아고, 한복판

Step 9 : 223
결국 '삶이라는 고난'을 껴안고

인간에게 우정이란,
친구란……?

오전 6시 호텔 앞에 미리 기다리고 있는 택시에 올랐다. 시동을 건지 얼마 되지 않았는지 차 안에는 싸늘한 냉기가 감돌았다. 택시 기사 아저씨도 이른 시간에 일어났겠구나 싶었다. 누군가의 아버지이고 남편인 이 사내는 가족을 부양하기 위해 새벽이슬 찬바람 맞으며 살아가고 있구나 생각되니 묘한 친근감이 들었다. 낮에는 덥지만 스페인 북부 도시는 이른 새벽에는 추위를 느낄 만큼 기온이 낮다. 돌아간다는 생각에 기분이 들떴는지 몸은 아팠지만 혼자서 걸을 수는 있었다. 발가락에 물집이 생겨 딱딱한 트래킹 슈즈는 신을 수 없었다. 비닐 봉투에 싸서 배낭에 넣었다. 신발 밑바닥에는 소똥을 밟은 자국이 선명하게 남아 있다. 대신 부드럽고 가벼운 슬리퍼를 신고 엉거주춤하게 걸어 나갔다. 택시 기사가 배낭을 받아 트렁크에 싣고는 산티아고 에어포트가 맞는지 내게 재차 확인하고는 페달을 밟았다. 언어가 통하지 않는 낯선 도시에선 택시를 타고 이동할 때 어색한 침묵이 불편하기 마련이다. 그런데 지금처럼 아무 말도 하고 싶지 않을 때는 오히려 다행이란 생각이 든다. 아무 말도 하고 싶지 않았고 할 말도 없었다. 그저 떠나는 순간의 기분을 방해 받지 않고 온전히 느끼고 싶었다.

돌아간다는, 벗어난다는 마음에 벅차올랐다. 새벽이라 거리에는 차가 한 대도 보이지 않는다. 산티아고 공항으로 가는 고속도로에 오르자 15분 만에 공항에 도착했다. 저가 항공사인 라이언 에어를 타고 산티아고에서 마드리드로 갈 계획이다. 항공료는 50유로이고 비행시간은 1시간 남짓. 열차를 2번 갈아타고 택시까지 이용한 뒤 100km를 걸어서 도착했는데 고작 1시간도 못되는 거리라니. 티케팅을 끝내고 공항 카페에서 토스트와 커피로 아침을 해결했다. 컨디션을 계속 체크하고 있는데 다행히 새벽의 통증은 어느 정도 가라앉고 견딜만했다. 어렸을 때 할머니에게 들은 이야기인데 예전에는 학질(말라리아)인지 성홍열인지 비슷한 이름의 괴질에 걸려서 낮에는 멀쩡하다가 밤에만 고열로 시달리는 병이 있었다고 했다. 학질이나 성홍열은 아니지만 나 역시 뭔가 이상한 풍토병에 걸렸을지 모른다는 생각이 들었다. 낮에는 그런대로 참고 견딜 수 있는데 밤에는 열도 오르고 통증이 심해졌기 때문이다.

오전 9시가 조금 넘어서 비행기에 탑승했다. 라이언 에어의 경우 좌석을 따로 지정해주지 않아서 편한 자리에 앉았다. 스페인에 올 때는 배낭을 들고 비행기를 탔지만 이번에는 도저히 무거운 짐을 들고 다니기 어려웠다. 수화물로 짐을 보내고 가벼운 허리쌕을 멨다. 스마트폰을 에어플레인 모드로 변환하고 MP3를 작동해 음악을 들었다. 한국 아이돌 그룹의 노래가 흘러나온다. 솔직히 평소에는 즐겨 듣지 않지만 기분이 꿀꿀할 때 들으면 그만인 음악들이다. 그런데 옆 좌석에 앉아 있는 젊은 여성이 자꾸 흘깃흘깃 나를 쳐다보는 게 느껴졌다. 무슨 이유인지는 모르지만 시선을 고정한 채 반가운 표정으로 뚫어지게 바라보고 있었다. 그녀가 먼저 말을 걸어온다.

"안녕하세요? 한국 사람인가요?"

"네? 한국말 하시네요?"

그렇게 산티아고에서 마드리드로 가는 비행기 안에서 21살의 K팝 마니아, 나딘 엠비드 빌라르(Nadine Embid Villar)를 만났다. 나딘은 자신이 K팝을 너무 사랑하는 사람이라고 소개했다. 스페인 마드리드에서 간호대학을 다니고 있는데 남자친구를 만나기 위해 산티아고에 잠깐 들렀다가 돌아가는 길이라고 했다. 그녀는 한국의 아이돌 가수 중에서 2PM의 옥택연과 2NE1의 박봄의 열렬한 팬이라고 했다. 한국의 가요를 우연히 듣게 됐는데 그 뒤로 다른 음악은 그녀에게 싱겁게 들린다고 말했다. 정말 K팝의 인기를 실감했다. 뉴스를 통해 프랑스, 영국, 스페인 등에서 한류가 돌풍을 일으키고 있다고 했는데 정말 과장이 아니었던 모양이다. 내 스마트폰에 한국 가요가 많이 담겨있는 것을 보고는 나딘은 무척 부러워했다. 평소에는 음악을 어떻게 듣냐고 질문하자 동영상 공유 사이트인 유튜브(YouTube)를 이용해 뮤직 비디오를 즐긴다고 대답한다. 산티아고 성지순례에 나선 이유와 벌레에 물려 고통스럽다는 이야기 등 잡담을 나누었다. 낯선 곳에서 낯선 이와 만나 수다를 떨며 친구가 되는 일은 멋진 경험이다.

1년이 더 지난 요즘도 한류의 인기는 기대 이상이다. 가수 싸이(PSY)의 '강남스타일'이 미국 빌보드 차트에서 2위까지 오르면서 전 세계적으로 히트쳤다. 시청 앞 광장에서 8만 명이 모여 싸이의 노래에 맞춰 말춤을 추는 진풍경을 연출할 정도다. 한국 사람이라면 싸이가 대견해 보이지 않을 리 없다. 나도 그렇다. 그렇지만 최근 싸이와 가

수 김장훈을 둘러싼 잡음에는 마음이 편치 않다. 이 자리에서 누구를 비방하거나 두둔하려는 건 아니다. 오랜 우정을 쌓아온 싸이와 김장훈이 서로 감정싸움을 벌였던 게 내심 가슴 아프다. 김장훈이 싸이의 공연장에 깜짝 방문해 전격 화해가 이뤄졌지만 솔직히 뒷맛이 개운하지 않은 것은 사실이다. 남자들 간의 우정, 친구들 사이의 끈끈한 정(情)에 사소한 감정의 앙금이 쌓여 결국 절교에 이르는 경우를 주변에서 흔히 본다. 나도 그랬다. 중학교 때부터 친하게 지내던 친구들과 정말 별것 아닌 일로 감정이 상해 몇 년 전부터 만나지 않고 있다. 나도 모르게 그 친구들의 자존심에 상처를 준 것이다.

난 어려서부터 유독 친구를 좋아했다. 중학교 때 친구 8명이 '8차선'이라는 유치찬란한 이름을 지어서 몰려다니곤 했다. 왕복 8차선인지 편도 8차선인지는 딱히 정하지 않았던 것 같다. 당시 시울 신대방동 대로변을 걷다가 8명이니까 8차선으로 하자는 나름 논리적인 이유로 지은 서클 이름이었다. 불량 서클은 아니었으니 긴장하지는 마시길. 서로가 고등학교를 다른 곳으로 진학했지만 그래도 우정은 유지했다. 몰래 술도 마시고 떼를 지어서 강원도 속초에 놀러가기도 했다. 그런데 8차선 사이에서 균열이 생기기 시작했다. 한두 명의 친구를 '왕따' 시킨 것이다. 어떤 친구가 얌체 짓을 한다고 해서 친구들이 뒷담화를 하면서 멀리 했던 것이다. 대학에 들어간 뒤에도 친하게 지내던 친구는 3명이 줄어 5명이었는데 세월이 흐르면서 비슷한 일이 다시 벌어졌다. 누구는 얌체 같다, 누구는 잘난 척을 한다는 등 그런 이야기가 오가면서 남아 있던 8차선은 사실상 공중분해 됐다.

이런 이야기를 공공연하게 책에 쓰는 이유는 누구를 비난하려는 의

결국 '삶이라는 고난'을 껴안고

도는 아니다. 돌아보면 나의 잘못이 제일 컸다는 것을 인정하는 고해성사인 셈이다. 인생에서 사람을 빼면 뭐가 남을까? 돈, 명예와도 바꿀 수 없는 게 있다면 오랜 우정이다. 그런데 서로 자존심 싸움으로 원수처럼 지낸다면 얼마나 가슴 아픈 일인가. 싸이와 김장훈이 서로 화해하지 않았다면 분명 오랜 시간이 지난 뒤 가슴을 치고 후회했을 것이라고 장담한다. 왜냐하면 나 자신도 우정의 소중함을 몰랐던 지난일을 후회하고 있기 때문이다. 그까짓 자존심 내팽개치면 어떤가. 친구보다 자존심이 더 중요하다고 믿는다면 당신은 아직 어른이 되려면 한참 멀었다. 8차선 친구들아! 이 글을 보면 연락해라. 내가 잘못했다. 나도 외롭다, 이놈들아.

새로 사귄 친구 나딘과 웃고 떠들다 보니 1차 도착지인 마드리드가 다가왔다. 나보다 나딘이 더 아쉬워하는 눈치다. 한국을 좋아한다는 말에 흥이 난 나머지 잠시나마 고통을 잊고 즐겁게 여행할 수 있었다. 감사할 따름이다. 비행기에서 함께 인증샷도 찍고 서울에 돌아가면 트위터와 페이스북으로 친구를 맺자고 뜻을 모았다. 물론 서울에 돌아온 뒤에도 그녀와 트위터와 이메일을 통해 소식을 주고받고 있다. 산티아고에 대한 여행 에세이를 쓸 생각이라고 말하자 자신도 꼭 책을 받아보고 싶다고 했다. 그녀에게 K팝을 사랑하는 소녀로 책에 소개하고 싶다고 말하자 무척 기뻐했다.

모든 것은 마음먹기 나름. 즐겁게 이야기를 나누는 사이에 고통은 사라졌고 기분도 한결 나아졌다. 나딘이 아니었더라면 1시간의 비행은 참으로 지루하고 무거웠을 것이다. 바로 이 지점이 인생에서 친구가 절실한 이유다. 삶의 무료함을 달래주고 삶의 고통을 잊게 해주는 그런 소중한 존재가 벗이다. 비행기에서 내려 트랙을 따라 걷는데 빨간 머리의 K팝 소녀 나딘이 뒤를 돌아보며 손을 흔들고 사라지고 있었다. 언젠가 한국에 방문하면 꼭 서울을 소개해 달라며 수줍게 웃던 그녀의 미소. 산티아고에서 정확히 24시간이 걸려야 한국으로 돌아갈 수 있는데 시작부터 기분이 한결 가벼워진다. 앞으로 마드리드에서 3시간을 대기한 뒤 독일 프랑크푸르트 공항으로 이동해야 한다. 귀국 전까지는 컨디션이 받쳐 주길 바랐다. 서울에 가서 친구들을 다시 만나기 위해서라도 건강하게 돌아가야만 한다. 세월이 흐를수록 귀한 것은 사람이고, 그 중에서도 친구가 제일 귀하다는 것을 이제야 깨닫다니, 나란 놈은 참으로 한심하기 짝이 없다.

2011년 10월 12일 오전 6시
산티아고에서 마드리드로

Step 10
나의 영혼에게 말 걸기

국제공항에 나타난 맨발의 순례자
삶은 '한여름 밤의 꿈', 병원에서 새 출발을 결심하다
세상에서 가장 완벽한 실패는 도전조차 않는 것
사표 쓰고 벤처기업을 창업하다

국제공항에 나타난
맨발의 순례자

오래 전 중세시대에는 성지순례가 지극히 위험하고 고행을 자초하는 거룩한 행위였다고 한다. 지팡이 하나에 의지해 남루한 누더기를 걸치고 걸었으니 그럴만 하다. 그들 중에서 열성적인 순례자는 신발조차 신지 않고 맨발로 성지로 향했다는 글을 읽은 적이 있다. 그러한 종교적 신념이 존경스러우면서도 한편으로는 유별나다는 생각도 했다. 지금도 유럽의 일부 수도사들은 한 겨울에도 양말을 신지 않고 맨발에 샌들을 신는다. 스스로 고행을 자초하는 이유는 뭘까. 간단하다. 육체적으로 고통 받을수록 정신과 영혼은 더욱 투명하게 깨어난다고 믿는 까닭이다. 카미노에서도 거친 숲길을 맨발로 걸어가는 순례자를 본 적이 있다. 물론 그의 배낭에는 등산화가 대롱대롱 매달려 있었다. 전체 코스를 벗은 발로 걷지는 않는 모양이다. 하지만 그렇게 거친 길을 맨발로 걷는 순례자의 모습에서 경외감을 느끼곤 했다. 이렇듯 맨발의 의미는 단순하면서도 간단치 않다.

고행을 작정하고 맨발 수행을 한 것은 아니지만 어찌되었든 나는 맨발로 걷고 있었다. 안타깝게도 카미노가 아닌 유럽의 국제공항에서였지만 말이다. 호텔을 나서면서부터 맨발에 슬리퍼를 신었다. 그런데 발가락 사이에 수포가 올라와 신발을 도저히 신을 수 없었다. 꽉 쪼이는 트래킹화는 가방에 넣었고 부드러운 슬리퍼를 신었지만 마드리드 공항에 도착하니 그 조차도 불편해 견디기 어려웠다. 엄지발가락 주변으로 수포가 생겼는데 벌레에 물린 것도 아닌데 하루가 지나니 더 커진 게 아닌가. 그래도 다행이었다. 발바닥은 멀쩡했으니 망정이지. 주변 사람들의 시선은 중요하지 않았다.

맨발이 공항 바닥에 닿는 감촉은 생각보다 나쁘지 않았다. 처음엔 차가운 느낌에 살짝 소름이 돋는 듯했지만 부드럽고 딱딱한 바닥에 이내 몸은 적응했다. 한 가지 안 좋은 점은 발바닥이 연탄공장을 뛰어다닌 것 마냥 새카맣게 물든다는 것. 그래도 신기한 일은 꾀죄죄한 차림에 맨발로 국제공항을 돌아다녀도 이상한 눈으로 쳐다보는 사람이 거의 없다는 사실이다. 남에게 피해를 주지 않는다면 각자의 개성과 스타일을 인정하는 성숙한 유럽 문화가 부럽다. 실제로 파리, 런던 등 유럽의 대도시를 가보면 한 여름에 두꺼운 가죽점퍼에 목도리까지 한 유별난 사람이 있어도 다들 아무렇지 않게 생각한다. 인천공항에서 맨발로 돌아다니면 사람들이 어떤 눈으로 바라볼까. 카미노에서 해보지 못한 맨발 도보 여행을 결국 국제공항에서 해볼 줄이야. 인생이란 예측하지 않은 상황들이 벌어지고 그런 가운데 새로운 의미를 깨닫고 더 풍요로워지는 법이다.

사랑하는 사람들에게 돌아가기 위해 마드리드에서 프랑크푸르트 행 비행기에 올랐다. 라이언 에어에 비해 독일의 루프트한자 여객기는 훨씬 쾌적하고 승무원들도 상냥했다. 자리에 앉은 뒤 타이레놀을 부탁해서 먹었다. 이제 스페인을 떠나 경유지인 프랑크푸르트를 거쳐 한국으로 돌아간다. 스페인에서 출발하기에 앞서 서울에 있는 친동생에게 문자 메시지로 인천공항에 도착하는 시간을 알렸다. 미리 픽업을 해서 함께 대학병원에 가자고 부탁한 것이다. 동생으로부터 '알았다. 밥은 챙겨먹어라'는 답이 왔다. 짤막하고 퉁명스러운 답장이었지만 형의 건강을 염려하는 마음이 느껴진다. 가족이란 얼마나 소중한 존재인가.

프랑크푸르트 공항에 도착한 뒤에는 VIP라운지를 찾아 나섰다. 프랑크푸르트 공항은 터미널이 1, 2로 나눠져 있다. 세계적인 규모의 공항으로 엄청나게 넓기로 유명하다. 그런 곳에서 맨발로 VIP라운지를 찾아다니는 것은 여간 곤혹스러운 게 아니다. 걸어서 20여분 떨어져 있는 곳을 찾아 간신히 들어갔다. 안내 데스크에 있는 아시아계 혼혈 여성은 상냥함과는 거리가 먼 여성이었다. 무뚝뚝한 얼굴로 지극히 사무적으로 대하는 게 좀 이상했다. 알고 보니 VIP라운지에 맨발로 그것도 헐렁한 트레이닝 복장으로 들어온 사람은 나 혼자였다. 차림새만 놓고 보면 그녀가 눈살을 찌푸린 것도 자연스러운 일.

라운지에서 시간을 보낸 뒤 탑승 시간에 맞춰 게이트로 이동했다. 입고 있는 옷이 땀을 빨리 배출하는 나일론 아크릴 소재의 스포츠웨어였는데 몸에 닿는 느낌은 그다지 좋지 않았다. 원단이 거친 소재였는지 몸에 닿을 때마다 불편했고 옆구리와 등에 수포가 커지면서 따갑고 쓰라려서 참을 수 없었다. 탑승 시간이 거의 다됐지만 이 상태로 11시간 동안 비행기 좌석에 앉아 있기가 어려웠다. 지나오다가 면세점에서 스포츠 의류 매장을 본 게 생각났다. 부드러운 면 소재 옷을 사기로 했다. 역시 맨발로 정신이 나간 사람처럼 매장으로 뜀박질을 했다. 비행기를 놓칠 리는 없겠지만 혹시나 싶었다. 원래 수하물을 짐으로 보내면 그 승객이 타지 않을 경우 비행기는 절대 이륙하지 않는다고 한다. 그래도 앞날은 모른다고 생각했다. 산티아고에서 예상했던 대로 모든 일이 순조롭게 풀렸던 것은 아니었기에 걱정이 앞섰다. 기우(杞憂)는 이런 걸 두고 하는 말일까. 매장에 들어서자마자 면 소재로 된 티셔츠를 골라 계산대에서 돈을 내고 그 자리에서 갈아입었다. 점원이 만류할 틈도 없이 옷을 갈아입고 게이트로 돌아왔다. 점원은 나를 빤히 쳐다보며 어디에서 왔냐고 물었지만 대꾸할 틈도 없이 매장을 빠져나왔다. 부랑자도 아니고 벌건 대낮에 해외 공항에서 상의를 훌러덩 벗고 옷을 갈아입는단 말인가. 정말 흔치 않은 경험이라고 생각하니 머쓱한 기분이 든다.

맨발로 공항 곳곳을 누비며 돌아다닌 덕분에 발바닥은 딱딱한 거북이 등껍질처럼 보였다. 게다가 작은 쇠꼬챙이에 찔려서 따끔거렸지만 전에 파상풍 주사를 맞았던 터라 크게 걱정하지 않았다. 온 몸에 작은 수포들이 생기고 있는 마당에 그런 건 말 그대로 '새 발의 피'에 불과했으니 말이다. 비행기를 타고 10시간 넘게 한국으로 돌아오는 길은 좀 과장해서 말하면 나락까지 떨어지는 고통의 연속이었다. 고도가 높아지면 기압이 떨어져 피가 아래로 쏠리는데 발바닥은 곰발바닥처럼 탱탱하게 부어올랐다. 비행기에서는 과자 봉지도 팽팽하게 부풀어 오르지 않는가. 수포 역시 금방이라도 터질 것처럼 부풀어 올라 통증은 지상에 있을 때보다 심했다. 게다가 잠을 자려고 눈을 감으면 온 몸에서 벌레 수백 마리가 한꺼번에 스멀스멀 기어다니는 듯 가려워 미칠 지경이었다. 잠이 들려고 하면 통증이 밀려와 다시 깨어나게 됐다. 산티아고에서도 불면의 밤을 보냈는데 귀국하는 동안에도 24시간 내내 눈을 붙이지 못했다.

솔직히 지금 고백하는 말인데, 당시 비행기는 난기류를 만나서 수차례 심하게 요동쳤다. 일부 승객은 불안한 기색을 보였고 안내 방송도 잇달아 흘러나왔지만 나는 전혀 두렵지 않았다. 비행기가 어떻게 된다 한들 그리 겁날 게 없다는 마음이었다. 지금보다 더 나빠져 봤자 얼마나 더 나빠지겠냐는 자포자기의 심정. 그 정도로 몸 상태는 최악 중 최악이었다. 좌석에 앉아서 온 몸을 긁어대며 영화를 무려 5편이나 봤을까. 한국시간으로 13일 오전 11시가 지나고 있었다. 잠깐 기절하듯 10~20분 선잠을 잔 게 전부였다. 눈이 움푹하게 꺼져있었다. 세상에, 다크 서클이 광대뼈 밑으로 내려오다니. 내가 좋아하는 친한 누나는 평소 '모든 일에는 끝이 있다'고 버릇처럼 이야기한다. 정말 끝이 없을 것 같았는데 끝은 오고야 말았다. 곧이어 인천 공항에 도착한다는 안내 멘트가 나왔다. 비행기 바퀴가 트랙에 부딪히며 굉음을 내기 시작했다. 드디어 집에 돌아왔구나. 가슴속 깊은 곳에서 안도의 한숨이 터져 나왔다.

트랙을 따라 비행기가 착륙하는 순간 오래 전 읽었던 톨스토이의 단편 소설이 뇌리를 스치고 지나갔다. 서울에 돌아온 뒤 단편 소설을 다시 꺼내서 읽어봤다. 『사람은 무엇으로 사는가』는 예전에는 미처 몰랐던 감동과 교훈을 준다. 짧막한 소설이지만 이야기는 무척 흥미롭다. 천사(天使) 미하일은 하나님의 뜻을 거역한 벌로 날개를 잃고 인간 세상으로 떨어진다. 다시 천국으로 돌아가려면 세 가지 질문에 답해야 하는데 바로 '사람의 안에는 무엇이 있는가, 사람에게 허락되지 않은 것은 무엇인가, 그리고 사람은 무엇으로 사는가?'였다. 미하일은 구두공인 세몽과 함께 가죽신발을 만들면서 그 답을 스스로 찾아야만 했다. 첫 번째 질문은 얼어 죽을 뻔한 미하일이 세몽의 도움으로 간신히 되살아난 첫날 깨닫게 된다. 자애로운 인간의 마음에는 바로 하나님과 같은 사랑이 있다는 사실이었다. 세월이 한참 흐른 뒤 미하일은 두 번째 질문의 답을 알게 된다. 그건 바로 우연한 사건에서였다. 어느 날 부유한 신사가 '1년을 신어도 실밥이 터지지 않는 장화'를 만들어 달라고 주문했는데, 미하일은 장화 대신에 죽은 사람에게 신기는 가죽 슬리퍼를 만들어 버렸다. 주인 세몽은 크게 화를 내고 낙담하고 있었는데, 신사의 하인이 다급하게 찾아와 '주인이 집에 가던 도중 마차에서 갑자기 죽었다'며 슬리퍼로 바꿔 달라고 했다. 미하일은 천사였기 때문에 그 신사가 장화를 주문하려 왔을 때 그 사람 뒤에 죽음의 사자(使者)가 서 있는 것을 보고 곧 죽을 운명이란 것을 알았다. 그래서 장화 대신 가죽 슬리퍼를 만들 수 있었다. 하나님은 미하일에게 '인간은 자신의 앞날을 내다보지 못하기 때문에 정말로 필요한 것이 무엇인지 알지 못 한다'는 사실을 깨닫도록 도우신 것이다.

산티아고 순례길에서 나 자신도 그 신사와 다를 바 없었다. 등산화를 신고 폼을 잡았지만 정작 돌아오는 길에는 슬리퍼가 필요했으니 말이다. 그마저도 나중에는 불필요했다. 맨발로 걷게 될 것이라고 누가 생각했겠는가. 톨스토이는 마지막 질문 '사람은 무엇으로 사는가'에 대한 대답을 신의 입을 빌려서 이렇게 풀어놓는다. '모든 사람은 자신을 아끼는 마음으로 살아가는 것이 아니라, 사랑으로 살아가는 것'이라고. 이 글을 읽는 당신은 지금 무엇으로 살아가는가? 나 역시 지금 무엇으로 살아가고 있는지 자신에게 묻고 있다.

2011년 10월 12일 오전 10시
프랑크푸르트 공항

삶은 '한여름 밤의 꿈', 병원에서 새 출발을 결심하다

　사람들의 따가운 눈총을 받으며 입국 심사대에 들어섰다. 허름한 차림에 맨발로 돌아다녔으니 눈에 띌 수밖에. 바로 뒤에서 누군가 '어머 저 사람 맨발이야'라고 들리도록 수군거렸다. 역시 한국에 돌아 왔구나 싶었다. 요즘에야 조금씩 변하고 있지만 여전히 한국 사람들은 디인의 시선에서 자유롭지 못한 것 같아 안타깝다. 때로는 남에 대한 무관심이 최고의 배려가 된다는 사실을 알았으면 좋겠다.

　비행기가 도착한 시각은 한국시간으로 13일 오전 11시 40분. 맨발로 게이트를 빠져나와 입국 심사대로 향했다. 무빙워크에 맨발로 올라서니 발바닥이 살짝 아팠지만 걷는 것보다는 훨씬 편안했다. 대중 사우나에서 흔히 보는 지압용 깔판에 올라선 기분이랄까. 검색대를 지나 입국 심사대에 섰는데 사람들이 얼마나 재빠른지 벌써 줄이 길게 늘어서 있었다. 정말 성질 급한 한국인들. 공항에 도착한 뒤 동생에게 전화를 걸었다. 주차장 인근에서 벌써 도착해 기다리고 있단다. 반가운 마음이 앞섰지만 한편으로 기다리게 해서 어찌나 미안하던지. 동생을 오래 기다리게 할 수 없었고 한시라도 빨리 병원에 가고픈 마음에 줄을 서지 않고 승무원이나 외교관들이 통과하는 창구에서 양해를 구했다. 물집이 부풀어 오른 손을 보여주자 나를 위아래로 한번 훑어보더니만 '병원에 가야겠다'면서 입국 도장을 찍어줬다. 고마운 일이다. 원칙만 강조하는 꽉 막힌 직원이었다면 얼굴을 붉히면서 말다툼할 상황이 벌어졌을지 모른다. 다른 여행객들에겐 미안했지만 솔직히 서있을 힘조차 없었으니 이해해주리라 믿었다.

인천국제공항에 도착해서 짐을 찾는데 스페인 마드리드에 비하면 '빛의 속도'로 수화물이 쏟아져 나오기 시작했다. 오래 기다리지 않아서 배낭을 찾아들고 카트에 실었다. 세계 어느 나라를 다녀 봐도 인천공항을 뛰어넘는 곳은 손에 꼽을 정도다. 보통 때 같으면 천천히 짐을 찾아서 서두르지 않고 입국장으로 나섰겠지만 마음이 급했다. 친한 선배에게 실력 있는 피부과를 수소문해뒀지만 3차 의료기관인 대학병원에 가는 게 좋겠다고 생각했다. 결과적으로 그렇게 하길 잘했다 싶었지만 처음에는 입원까지 할 상황인줄 몰랐던 것이다.

공항을 빠져나와 동생이 임시로 주차한 장소까지 맨발로 절름발이 걸음을 옮겼다. 멀리서 동생이 먼저 알아보고 차에서 내려 총총히 걸어왔다. 아무 말 없이 배낭을 손에서 낚아채더니만 고작 한다는 소리가 이랬다.

"아주 지랄을 하세요. 지랄을… 돈 들여서 생고생이나 하고… 하하하."

그랬다. 고작 한다는 인사가 지랄이라니. 그러고는 내가 맨발로 나온 것을 보더니만 '빵 터지는' 게 아닌가. 대꾸할 힘이 없었지만 동생의 웃음소리에 갑자기 이상하게 기운이 솟았다. 같이 웃는데 그동안의 생고생이 한순간 아무렇지도 않은 것처럼 후련하게 느껴진다. 앰뷸런스라도 되는 양 고속도로를 질주했다. 물론 과속 카메라를 피해서 규정 속도를 넘나들면서 인천 영종도에서 강변북로까지 내달렸다. 좀 전까지 웃음보를 터뜨렸던 동생은 내 손과 발에 난 수포를 보고는 은근히 걱정스러워하는 눈치다. 별거 아닌데 엄살이 심하다고 놀리면서도 자동차 속도는 더 높아져갔다. 집 근처에 있는 병원으로 잡기 위해 강변북로를 빠져나와 한남동 순천향대학교병원을 찾았다. 집에 가서 씻고 나올까 생각도 했지만 먼저 병원부터 들려서 진단을 받기로 했다. 산티아고는 초가을 날씨라면 한국은 이미 완연한 가을이었다. 공항에서 급하게 구입한 반팔 옷만 입고 있었는데 찬바람이 살짝 불어오니 소름이 돋았다. 역시나 맨발로 병원을 돌아다니자 사람들이 따가운 시선으로 바라본다. 그럴만한 사정이 있을 거라 생각하면 저렇게 빤히 쳐다보지는 않으련만. '아파죽겠는데 남들 시선이 무에 상관이람' 하며 아무렇지 않은 듯 병원 복도를 맨발로 걸었다.

병원에서는 마치 미로를 헤메고 디니는 기분이었다. 종합병원에서 한번이라도 진료를 받아본 사람이라면 당시 나의 심정을 충분히 이해하리라 믿는다. 수납과 진료 과정 등이 여간 번거로운 게 아니다. 이리로 갔다가 저리로 갔다 한참을 반복했다. 병원에서 오래 기다린 끝에 겨우 피부과 전문의를 만났다. 의사 선생님의 인상은 무척 후덕했지만 그분의 푸근한 인상도 떨리는 마음에 위안이 되지 못했다. 며칠 동안 이유를 모른 채 아팠던 터라 은근히 걱정하고 있었던 것이다. 특히 페이스북에서 누군가 올린 댓글이 계속해서 마음에 걸렸다. 다형홍반인지 뭔지는 모르겠지만 한센전문병원에서 치료를 받고도 고생하고 있다는 부분이 영 찜찜했기 때문이다. 의사 선생님은 손과 발, 그리고 몸에 난 수포를 보더니 이내 눈을 동그랗게 떴다. 헉! 순간 가슴이 철렁 내려앉는 기분이었다. 수포를 이리저리 만져보더니 의사 선생님은 이렇게 말했다.

"이건 말입니다. 이건 전형적인 수두입니다."

"네……? 수……두요?"

"이건 검사를 할 필요도 없이 수두가 확실합니다."

그랬다. 어린 아이들이 걸리는 수두. 여러분이 헷갈릴 것 같아 부연하는데 호환마마를 뜻하는 천연두는 아니다. 그건 정말 무서운 질병이고 내 병명은 초등학생이 잘 걸린다는 수두였던 것이다. 몰라서 그렇지 성인도 어렸을 때 앓지 않았으면 수두에 감염될 가능성이 더 높다고 했다. 선생님의 설명을 모두 들은 뒤에야 그 동안 왜 그렇게 아팠는지 고개가 끄덕여졌다. 아이들의 경우 감기처럼 가볍게 지나가지만 성인의 경우 통증이 심한 경우가 많다고 한다. 실제로 어린이는 10만 명 당 사망률이 2명인데 반해 성인은 30명으로 15배나 높다고 겁을 주는 게 아닌가. 더욱이 지금 당장 병원 독실에 1주일간 격리 입원해야 한다고 했다. 수두는 공기 중으로 전염되기 때문에 1인 병실에서 격리 치료를 받아야 하는 '법정 전염병'이다. 세상에 그렇게 큰 비행기를 타고 귀국했는데 다른 사람에게 옮기는 건 아닐까. 의사는 건강한 사람에게는 쉽게 전염되지 않으니 걱정 놓으란다. 그 순간 산티아고에서 고생했던 게 떠올랐다. 고통스러웠던 모든 증상들이 수두로 인한 것이었다니. 허탈하기도 하고 안심되기도 하고 만감이 교차했다.

의사 선생님은 그나마 다행인 게 며칠 더 늦게 귀국했으면 수포가 온몸에 번져서 얼굴에도 상처가 남을 수 있었다고 말했다. 담당 전문의는 합병증을 걱정했다. 폐에 염증이 생기면 심각한 결과를 초래할 수 있다고 각별히 주의할 것을 당부했다. 면역력이 극도로 약화돼 작은 세균이나 바이러스에도 몸이 이겨내지 못하는 상황이라고 한다. 겁을 주는 탓에 은근히 걱정도 됐지만 그래도 산티아고에서 혼자서 끙끙 앓았을 때에 비하면 천국과 같았다. 가족도 곁에 있고 병원에서 모든 걸 챙겨주니까 말이다. 그래도 집이 그리웠다. 귀국하면 성지순례는 끝나고 집에 돌아갈 수 있으리라 믿었는데 여전히 카미노의 연장선을 걷고 있다. 천상의 기쁨도 잠시. 벌겋게 달아오른 회사 선배들의 얼굴이 떠올랐다. 기자가 비교적 자유로운(?) 직업이라지만, 월급쟁이의 비애는 별반 다르지 않다. 회사에 11일 동안 휴가를 내고 자리를 비웠는데 다시 1주일 동안 병가를 낸다고 어떻게 말할지 막막했다. 우선 입원 수속부터 밟고 밥부터 먹고 나중에 고민하자.

아침 겸 점심을 먹으러 병원 앞 백반집으로 들어갔다. 매콤하고 구수한 김치찌개 냄새가 입맛을 자극한다. 그래 이제 밥 한 공기 뚝딱 먹고 다시 기운을 차리는 거다. 그 시간이 오후 4시가 지났을 때였다. 뜨끈한 국물에 밥 한 공기를 더 먹고 나서 수저를 놓았다. 동생에게 전염될까 싶어 겸상도 못하고 멀리 떨어져서 각자 밥을 먹었다. 볼록 튀어나온 배를 두드리면서 배정받은 1인실에 올라갔다. 순천향대학교병원 본관 606호. 태어나서 처음으로 병원에 입원한 순간이다. 한 가지 기록을 덧붙이자면 스페인에서 귀국해 공항에서 곧바로 직행, 독실에 입원한 것이기도 하다. 환자복으로 갈아입고 마스크를 쓰고 침대에 누워 있는데 간호사가 링거 수액과 주사기를 잔뜩 들고 방문을 열었다. 동생은 이미 집으로 돌아간 뒤였다. 1인실 병실에는 텔레비전이 있었는데 케이블 채널에서 철 지난 고전 영화가 재방송 되고 있다. 배우들의 과장된 연기가 몰입을 방해했지만 오랜만에 망중한(忙中閑)을 즐기기에 제격이다. 병실에 누워 텔레비전을 보고 있노라니 산티아고에서 있었던 일들이 한바탕 꿈처럼 느껴진다. 우리 인생은 어떤 의미에서는 한여름 밤의 꿈이 아닌가. 극작가 셰익스피어는 이렇게 말했다.

> 인생은 걸어 다니는 그림자에 지나지 않는다. 무대 위에 나섰을 동안에는 수선을 피우며 뽐내지만, 그 다음에는 까맣게 잊혀져버리는 불쌍한 배우다. 그것은 바보가 지껄이는 얘기 같아서 진저리가 나도록 시끄럽고 격렬할 뿐이다. 뜻하는 바는 아무것도 없는 것이다.

수액이 떨어지는 것을 보고 있노라니 시나브로 졸음이 밀려왔다. 그랬다. 산티아고에 다녀왔지만 나의 순례여행은 아직 끝나지 않았다. 그것도 삶과 죽음이 엇갈리는 병원에서 순례자의 길에 대해 되짚어 보는 기회를 덤으로 얻은 것이다. 이제 모든 것들을 다시 시작해야 했다. 회사를 그만두기로 결정한 것은 산티아고에서 돌아온 뒤 입원하면서였다. 삶과 죽음의 경계가 마주선 곳이 바로 병원이다. 전문의에게 정확한 진단을 받기 전까지 확정 판결을 기다리는 사형수의 심정과 같았다면 지나친 과장일까. 성인 수두라는 진단을 받고 나서 다시 태어난 기분이었다. 몸이 아픈 것도 고통스러웠지만 왜, 어디가 아픈지 모르는 두려움이 나를 더 힘들게 했다. 그 두려움과 마주선 뒤에 뭔가 얻은 깨달음이 있다.

스스로 부끄럽지 않게 오늘을 살자는 자각(自覺)이다. 한번 사는 인생인데 지금 하는 일에서 만족하지 못한다면 과감하게 새롭게 출발해야겠다는 생각을 굳히게 됐다. 결심을 하게 되자 언제 어떻게 그만 두는지는 문제가 되지 않았다. 남아 있는 사람들에게 미안했지만 그래도 뭔가 다시 시작할 수 있다는 생각에 설레는 마음이 앞섰다. 적어도 후임자를 정하고 인수인계를 하려면 3~4개월 정도는 회사를 더 다니는 게 도리일 것 같았다. 회사에 복귀한 뒤 차분하게 결정하기로 했다. 당장 창업을 생각하진 않았지만, 언젠가 내가 꿈꾸던 일을 해보고 싶었다. 병원에 입원해 있을 때만 해도 벤처기업을 창업하리라는 구체적인 계획까지는 세우지 않았지만 막연하게 짐작하고 있었는지도 모른다. 다른 사람 밑에서 내 철학과 맞지 않는 일을 억지로 하는 게 아니라, 내가 생각하는 꿈과 비전을 실현하기 위해 작지만 의미 있는 회사를 오래 전부터 만들어 보고 싶었다.

어쩌면 산티아고에 다녀오고 병원에 입원을 하는 우여곡절이 없었다면 아직도 미지의 길에 나서지 못하고 있을지도 모른다. 그런 의미에서 수두에 걸리고 격리 병실에 입원한 것은 나에게 축복과 같은 선물이다.

2011년 10월 13일 오전 11시 40분
인천공항에서 대학병원으로

세상에서 가장 완벽한
실패는 도전조차 않는 것

　　13일 오후 7시. 수액을 맞고 잠시 졸았는데 벌써 저녁 시간이 훌쩍 지나있었다. 11일 동안 산티아고에서 있었던 일들이 일장춘몽(一場春夢)으로 여겨진다. 그 동안 살아오면서 이런저런 일들을 겪었지만 요 며칠 사이 롤러코스터를 타고 고속으로 질주한 기분이다. 아니면 '오리 튜브'를 허리에 끼고 태풍에 일렁이는 파도에서 표류했던 기분이랄까. 무슨 정신으로 시간이 흘렀는지 모를 정도였다. 회사에 전화를 걸어야 하는데 엄두가 나지 않았다. 도대체 뭐라고 말을 꺼내야할까. 입장을 바꿔놓고 생각해봐도 선후배들이 어처구니없는 일이라고 여길 게 뻔했다. 일부러 아프고 싶은 사람이 어디 있겠냐만 그래도 속으로는 제정신이 아닌 놈이라 욕할 수밖에 없는 노릇이다. 이럴 줄 알았더라면 주변 사람들에게 미리 인심을 얻어 놓았을 텐데. 나는 평소 입바른 소리 잘하는 까칠한 기자였다.

　　한참을 망설이다가 담당 부장인 데스크에게 전화를 걸었다. 귀국했다는 소식을 전하자 그 누구보다 반가워했다. 고참 기자가 10일 넘게 자리를 비웠으니 복귀 신고가 얼마나 반가웠을지 이해할 법도 하다. 데스크에게 지금 병원이고 1주일 동안 입원해야 한다고 말하자 목소리가 변했다. 나라면 달갑다고 이야기할 수 있었을까. 장담하건데 그렇게 못했을 것이다. 하지만 그 선배는 화를 내지 않고 먼저 몸 상태가 어떤지 걱정부터 했다. 훌륭한 인격으로 나를 대해준 선배에게 이 자리를 빌려 감사의 뜻을 전하고 싶다. 사실 그날 전화 통화를 한 뒤 곧바로 달려와 가장 먼저 병문안을 온 사람도 그 선배였다. 물론 전화로 들은 것보다 내 상태가 심각하다는 것을 알고는 놀라는 모습에 오히려 미안한 마음이 들었다.

그래도 휴가 뒤에 장기 입원은 가시방석과 같다. 법정 전염병이라는 게 참으로 얄궂다. 환자 본인이 그냥 퇴원하고 싶다고 해서 집에 갈 수 있는 게 아니니 말이다. 그래도 1인 병실에서 격리 치료를 받으면서 혼자서 조용히 지친 몸과 마음을 다스릴 수 있는 기회는 또 다른 휴가이자 순례여행이다. 하루 종일 하는 일이라고는 병원에서 주는 밥을 먹고 잠을 자고 약을 먹고 주사를 맞고 이게 전부다. 가까운 친구들과 선후배들이 찾아오면 마스크를 쓰고 그들과 잡담을 나누면서 퇴원하면 성대하게 파티라도 해야겠다는 객쩍은 농담으로 시간을 보내곤 했다. 어쩌면 산티아고에서 고통스러웠기 때문에 지금의 한가로운 병원 생활이 더 좋았는지도 모른다. 남들 같으면 답답해 못 견딘다고 하겠지만 그 답답함이 더 좋았다. 그런 시련의 시간이 없었다면 병원 입원은 지루한 시간 낭비로 여겨졌을 테니까. 오랜만에 한가롭게 책을 읽을 수 있었다. 지인이 문병을 왔는데 무료함을 달래라고 책을 가져 왔다. 그 분이 가져다 준 게 연암 박지원의 『열하일기』다. 산티아고 여행기를 에세이로 멋지게 써보라는 뜻에서 잠시 빌려준 것이다. 그리고 입원하는 날 편의점에서 구입한 시오노 나나미의 『십자군 전쟁』을 읽으면서 시간을 보냈다.

정말 많은 친구들과 지인들이 병문안을 다녀왔다. 전염병이란 이유로 주변에 알리지도 않고 병문안도 극구 만류했는데도 참으로 많은 지인들이 얼굴을 보러 달려왔다. 누군가를 진심으로 걱정하고 염려해준다는 게 얼마나 감사한 일인지 새삼 깨닫게 됐다. 또한 건강의 소중함 역시. 하지만 단 두 사람에게는 입원 사실을 알리지 않았다. 바로 부모님 두 분이시다. 이번 여행에 대해서도 걱정하실 것 같아서 말없이 출국했고 다녀와서 응급 입원했던 사연도 말씀 드리지 않았다. 아마 이책을 읽으시면서 둘째 아들이 겪은 일들을 알게 되실 것 같다. 1년이 지나서 글을 쓰고 있는 지금까지도 두 분께는 말씀드리지 않았다. 효자는 고사하고 걱정만 끼치는 아들이기에 늘 면목이 없었기 때문이다. 그런데 먼 타국에서 병까지 걸려서 입원했다고 하면 얼마나 속상해 하실까 싶었다. 누구라도 그랬으리라. 뒤늦게 부모님에게 사죄드리고 싶다. 하지만 산티아고에 다녀오고 더불어 입원하면서 인생을 더 가치 있고 행복하게 살아야겠다는 마음을 먹게 됐으니 너무 심려치 마시라고 부탁드리고 싶다. 지난 2012년 2월 부모님을 모시고 중국 베이징에 여행을 다녀왔는데 그 때도 말씀드리지 못했으니 이 책을 읽으시면 크게 혼날지도 모를 일이다. 하지만 아들의 마음을 이해하시리라 믿는다.

1인실을 사용하는 탓에 병원비가 은근히 걱정됐다. 그런데 남을 도우려고 했던 일이 결국은 자신을 돕는다고 뜻하지 않은 행운도 따랐다. 산티아고로 출국하기 바로 보름 전 아는 후배가 보험사 영업사원으로 일하게 됐다고 찾아왔다. 보험을 들어놓은 게 있었지만 후배 얼굴을 봐서 실손보험(實損保險)으로 하나 들어놨는데 그게 이번에 효자 노릇을 했다. 병원비를 전액 지불하고도 입원 일수에 따른 위자료까지 나와서 약간의 돈이 남았던 것이다. 그 후배를 돕고자 했던 선한 마음이 결국은 나 스스로에게 더 큰 득이 됐으니 인생이란 게 참으로 놀랍고 신기할 따름이다.

병원에서 차분히 내 삶을 돌아봤다. 난 그동안 내 마음의 소리를 듣지 못했다. 아니 듣고도 외면했던 것이다. 내 안의 또 다른 나는 늘 나에게 속삭이고 있었지만 다른 소리들에 묻혀 들리지 않았다. 타인의 말소리에 홀려 정작 내게서 들려오는 영혼의 외침에 귀를 막고 있었다. 그 외침은 바로 '길수 너 자신의 삶을 살라'는 것이다. 남들이 정해놓은 삶의 이정표에 넋을 놓고 따라갈 것이 아니라 스스로 옳다고 정한 길이라면 당당하게 떠나라는 소리였다. 보장되지 않은 미래가 두려워서 비겁하게 현실에 안주하는 것은 아닌지 내면의 목소리는 오랫동안 나를 채근하고 있었다. 나는 그 외침을 분명 들었다. 들었는데도 모른 척 한 이유는 겁이 났기 때문이다. 남들이 어떻게 생각할지 걱정됐고, 나 스스로도 과연 잘해낼 수 있을지 자신이 없었다. '내일은 꼭 결심하리라'고 다짐했지만 그 내일은 결코 찾아오지 않는 내일이었다. 그런데 어떻게 내 안의 절규를 제대로 듣게 된 걸까? 현실에서 벗어나 벌거벗은 내 모습을 마주한 뒤부터 부끄럽기 시작했다. 말만 앞서고 행동은 하지 못한 이유는 용기가 없었던 탓이다. 그런 용기를 산티아고가 준 것이다. 산티아고가 아니어도 상관없었던 것이다. 산티아고는 그저 하나의 계기(契機)에 지나지 않았다. 순례길은 제주도 올레길

이거나 고향집 솔밭길이어도 좋았을 것이다. 한강 고수부지 산책로여도 괜찮다. 정말로 내 자신과 마주설 마음의 준비만 돼있다면 그 소리는 어디에서건 분명 당신에게 들려올 것이다.

스스로를 용서하고 자신의 못난 모습을 정면으로 마주하는 일이 그렇게 어렵단 말인가. 아이처럼 굴지 말아야 한다. 당신은 이제 한 가정의 가장이며 연로한 부모님의 버팀목이다. 조직에선 리더가 아닌가. 그런 나이가 되지 않았냐 말이다. 스스로에게서 언제까지 달아나려 하는가. 결국 한번쯤 막다른 길에서 자신의 영혼과 마주서는 순간이 다가오기 마련이다. 그 순간은 지금 당신이 이 책을 읽고 있는 순간일 수도 있고 '관 뚜껑에 못 박히기 바로 직전'일지도 모른다. 아직도 영혼의 속삭임이 들리지 않는가. 만약 정말 그렇다면 여전히 잡다한 소리에 현혹된 상태일 것이다. 기쁨과 환희에 가슴이 벅차 오른 지가 언제였는지 모르겠다고 한숨만 쉴 게 아니다. 아직 늦지 않았다. 이래도 못 알아듣는 독자가 있을 것 같아 잔소리를 조금만 더 늘어놓겠다. 이건 나의 이야기가 아니라 존경받는 경영자이자 아마존의 창업자인 제프 베조스(Jeff Bezos)의 경험담이다. 온라인 쇼핑몰 아마존을 창업하기 전 제프 베조스는 뉴욕 월스트리트에서 잘나가는 투자전문가였다. 전자상거래의 비전을 확신하고 창업을 고민했지만 결정을 내리지 못하고 있었다. 주변의 반대가 발목을 잡고 있었던 것이다. 그런 그가 단번에 독립을 결심하게 된 계기가 있었다. '후회 최소화 프레임 워크'(regret minimization framework)라는 방법을 사용했다고 한다. 그는 훗날 이 방법을 이렇게 회상한다.

내가 먼 훗날 나이가 들어 살아온 인생을 뒤돌아 볼 때 어떤
결정을 '가장 후회하게 될까'를 생각해 보는 것이다. 내가
80세가 되면 어떨까 상상해 봤다. 그때 삶을 뒤돌아보면서
1994년 월스트리트에서 받던 보너스를 포기한 일을 후회할 가
능성은 없을 것 같다. 어쩌면 그 일이 기억나지도 않을 것이다.
하지만 인터넷이라는 세계, 내 마음속 열정이 향하는 그 세
계에 뛰어들지 않은 것은 크게 후회할 것 같았다. 설령 뛰어들
었다가 실패한다 할지라도 후회하지 않을 거라 생각했다.

죽음을 앞둔 대다수의 사람들은 실패한 경험이 아니라 한 번도 시도
하지 않았던 일을 가장 후회한다고 하지 않았던가. 독자 여러분이 80
세가 되었을 때 가장 후회할 일이 무엇인지 고민해보라. 당신 영혼이
속삭이는 소리가 들리지 않는가. 세상에서 가장 완벽한 실패는 도전조
차 해보지 않는 것이라고 한다.

병실에 혼자 누워 있으면 많은 상념이 떠오른다. 잡념을 없애기 위
해 소일을 찾았다. 입원해 있는 동안 산티아고에서 찍어온 사진을 정
리하면서 그 당시 어떤 기분이었는지 아련한 회상에 잠기곤 했다. 불
과 보름도 안 지난 시간인데 까마득한 옛일처럼 다가오는 건 왜일까.
그래서 더욱더 산티아고에서 느끼고 경험한 일들을 책으로 만들어 사
랑하는 사람들은 물론이고 독자들과 함께 하고 싶었다. 글을 쓰고 있
을 때 가장 행복하고 그 순간 나 자신을 발견하는 것을 잘 알기에 용기
를 내어 펜을 들기로 했다. 병원에서 치료 받으면서 사색의 시간을 많
이 가졌다. 침상에 누워 있으면서 아직 순례자의 길은 끝나지 않았고

병원에 입원한 것도 순례길의 연속이라는 사실을 깨닫게 됐다. 인생은 결국 혼자 걸어가는 길이고 그 순간 함께 걷는 친구들과 소중한 사람들로 인해 더 아름답고 풍성해진다는 점을 말이다. 하루는 존경하는 누나가 찾아와서 평생 잊을 수 없는 멋진 말을 해주고 갔다.

"인생은 낭비하기에 너무 짧고 우리들 삶은 너무 깨지기 쉽단다. 네가 정말 사랑하는 일을 하면서 사랑하는 사람과 함께 매순간 그 순간이 얼마나 경이로운 축복인지 느끼면서 살았으면 좋겠다. 넌 누구도 쉽게 겪을 수 없는 경험을 했고 그 경험이 너를 더욱 멋진 사람으로 만들어줄 거란다. 지금 이 순간을 절대 잊지 말아야 해."

마음이 안정되면 몸은 그 뒤를 자연스레 따라 온다. 다행히 입원한 지 2~3일 만에 항생제가 효과를 보여 몸 상태는 급속히 좋아졌다. 마음도 편해졌고 몸도 예전의 컨디션으로 돌아오기 시작했다. 어쩌면 성지순례를 마치고 그냥 건강하게 집으로 돌아갔으면 이런 글을 쓰겠다는 생각을 못했을 것 같다. 책으로 엮어내기에 다소 면구스러운 면도 없지 않기 때문이다. 수두를 앓은 게 뭐가 대수냐고 반문할지 모른다. 그렇다. 인정한다. 더 극한의 상황에서 살아 돌아온 사람들도 조용하게 살아가고 있다는 것 정도는 알고 있다. 하지만 30대 후반에 접어드는 나이에 이런 경험을 해봤다는 것만으로도 축복이라고 믿고 있다. 병원에서 돌이켜보니 나 스스로가 모든 면에서 은혜로운 삶을 살고 있다는 걸 새삼 깨닫게 됐다. 입원 1주일 뒤인 2011년 10월 19일 오후 5시 마침내 퇴원을 했다.

차창 밖으로 쏟아지는 햇살과 차가운 바람. 살아있다는 사실에 감사할 뿐이다. 내일부터 다시 신문사로 출근해야 한다. 이제 산티아고 성지순례를 마치고 다시 일상으로 복귀한다. 돌아갈 곳이 있다는 것만으로도 축복받은 인생이다.

카미노는 스페인에만 있는 게 아니었다. 지금 내가 서 있는 이곳이 바로 카미노였다.

꿈꾸는 만큼, 다른 사람들과 내가 교감하는 만큼
내 삶을 만들어 갈 수 있다.
파울로 코엘료

2011년 10월 13일~19일
대한민국, 서울, 병원

사표를 쓰고
벤처기업을 창업하다

　1년이 더 지난 지금도 병원에서 퇴원해 다음날 첫 출근하던 순간을 잊지 못한다. 회사에 제출해야 할 진단서를 유심히 살펴봤다. 하얀 종이 위에 '한국질병분류번호 B01. 9A 수두'라고 적혀있었다. 병원에서 발급해준 진단서. 한참을 쳐다보고는 2011년 10월 20일 조간신문을 펴든다. 이제 다시 일상으로 돌아온 것이다. 나 하나 없어도 세상은 아무렇지 않게 잘 돌아가고 있구나 싶다.

　아침을 간단히 챙겨먹고 진단서를 노트북 가방에 찔러 넣고 집을 나선다. 주변을 아무리 둘러봐도 노란색 화살표는 보이지 않는다. 그렇지, 여긴 카미노가 아니었다. 이상한 나라의 엘리스가 된 기분이다. 거리의 신호등 화살표가 좌우를 가리키는 모습에 잠시 멈춰서 멍하니 바라볼 뿐. 서울 한복판에서 미아가 된 기분이다. 다시 일상으로 복귀한 것이다. 오랜만에 회사로 출근하는데 10여 년 전 수습기자 시절의 아련한 향수가 떠올랐다. 오늘 하루 어떤 일들이 벌어질까. 가벼운 설렘과 미지에 대한 막연한 동경. 편집국에 들어서니 낯익은 풍경이 펼쳐진다. 왠지 모르게 모두들 분주하게 움직이고, 컴퓨터 화면에서 눈을 떼지 못하는 동료 기자들은 심드렁한 표정을 짓고 있다.

텔레비전 화면에서 쏟아지는 방송 뉴스들. 이 순간만은 기자라는 직업이 참으로 멋지다는 생각을 갖게 한다. 회사 서무 담당에게 진단서를 슬며시 건넸다. 진단서를 빤히 쳐다보면서 미소 짓고는 역시나 한마디 한다.

"수두 걸렸어요? 그거 어른이 되서 걸리면 정말 아프다던데…….."

"걸려 봤어? 안 걸려봤으면 말을 하지 말어~!"

서로 깔깔거리며 웃는데 친한 선배가 먼저 아는 척을 한다. 산티아고에서 수두에 걸려서 들어왔다는 소문이 편집국에 파다하게 퍼진 것이다. 부끄럽고 창피한 노릇이다. 평소에도 선배들에게 '어린이'라는 별명을 들었는데 정말 어린이로 증명됐다는 놀림을 당한다. 그래 어린이 맞는 것 같다고 되받아치며 다시 웃었다. 사람을 행복하게 만드는 이런 종류의 웃음과 잡담. 살아 있는 자들이 누릴 수 있는 특권. 10년을 넘게 일했는데 잠시 비워둔 자리가 이렇게 어색하다니. 메일을 체크하고 그 동안 소홀했던 출입처 취재원들에게 전화를 돌리고 보도자료를 읽으며 하루를 시작한다.

일상은 진공상태로 부유(浮遊)하던 내 삶 속으로 그렇게 빠르게 밀려들었다. 순례길에 다녀온 뒤로 많은 지인들에게 그곳에 대한 이야기를 들려달라는 요청을 받았다. 가벼운 술자리에서 종교적인 모임에 이르기까지 산티아고에 대한 이야기를 들려달라는 주문이 쏟아졌다. 산티아고는 많은 이들에게 낯설지만 경외의 대상이다. 스페인의 아름다운 길과 종교적인 성스러움 등 너무나 다채로운 내용을 어떻게 한마디로 정리할 수 있을까. 게다가 회사 선배로부터 카미노에 대한 여행 원고를 부탁받기도 했다. 언제 그랬냐는 듯싶게 빠르게 현실에 적응해 나갔다. 몸에 밴 기자의 습성이랄까.

산티아고에 대한 글을 정리하는 것은 시간적인 여유가 있을 때 하려고 했다. 그런데 마음속에서 작은 소리가 들리기 시작했다. 처음에는 속삭임이었고 점차 소리가 커지더니 큰 울림으로 다가왔다. 주변 사람들에게 그곳의 아름다움과 거룩함을 알려주고 싶은 마음이 커져만 갔다. 물론 많은 독자들에게 내가 체험한 영적 경험을 들려주고 싶은 욕심도 없지 않았다. 하지만 기자라는 일에 전념하면서 글쓰기를 병행한다는 게 말처럼 쉬운 일은 아니다. 기자는 '하루 단위'로 살아가는 사람들이기 때문이다. 2011년 5월 내가 처음 출간한 『아직 하지 못한 말』의 경우도 무려 2년이라는 시간이 걸려서 세상에 나오게 됐다. 책을 쓴다는 일은 그렇게 지난(持難)하고 힘든 과정의 연속이다. 그런데 산티아고에서 경험하고 느끼고 기도한 내용이 벌써부터 분주한 일상에 묻혀 희미해지고 있었다. 두 마리 토끼를 쫓는 게 어디 말처럼 쉬운가 말이다. 더 솔직히 말하자면 기자와 작가라는 두 개의 갈림길에서 갈피를 잡지 못하고 방황하고 있었는지도 모른다.

그런 와중에 산티아고에 대한 글을 읽다가 우연히 〈순례자의 시〉를 접했다. 산티아고 데 콤포스텔라의 순례자 협회 사무실 벽에 걸려 있는 시였다. 그 시를 읽을 당시 이 책에서는 밝힐 수 없는 심각한 고민들이 있었다. 개인적인 문제이기도 했지만 회사와의 오래된 갈등이 있었던 것이다. 지금은 회사를 떠난 마당인데 뒷말을 하는 것은 조직에 대한 도리가 아니기에 무척 조심스럽다. 자세한 사정을 털어놓기가 힘들다. 나와 회사의 길이 달랐던 것이지 누구의 잘잘못을 따질 수 있는 성질의 문제는 아니다. 독자 여러분들께서 속사정을 말하지 못하는 나를 부디 이해해주시길. 병원에서 퇴원할 때만 해도 3~4개월 정도 시간을 갖고 천천히 퇴사를 선후배들에게 알리고 싶었다. 그런데 생각지 못했던 일이 벌어졌고 급히 회사를 그만둬야 하는 상황이 생겼다. 나의 가치관과 회사의 방향이 서로 맞지 않았다고만 이야기하는 게 적절할 듯싶다. 회사와의 이견을 좁히지 못하고 2011년 12월 9일 권고사직을 받았다. 그 과정에서 많은 일들이 있었고 상처도 받았지만 결국 회사를 떠났다. 나 자신도 남아 있는 선후배들에게 본의 아니게 아픔을 줬다. 이 자리를 빌어 진심으로 사과드리고 싶다.

회사를 그만두고 10개월 남짓 여행과 글쓰기로 소일 삼으며 무위도식했다. 정말 행복한 시간이었고 나를 돌아보는 값진 시간으로 기억될 것이다. 특히 5월 달에는 친한 선후배들과 네팔의 안나푸르나에 트래킹을 떠났다. 잊을 수 없는 우리들의 행복한 시간이었다. 기회가 허락되면 안나푸르나에서 겪었던 영적인 체험도 다음 책을 통해 독자 여러분께 들려드리고 싶다. 무위도식이라 했지만 얻은 게 아주 없진 않다. 쉬면서 재충전을 하는 동안 정말로 하고 싶은 일을 찾았다. 여행, 글쓰기와 함께 오래전부터 꿈으로만 간직해왔던 정말 해보고 싶은 일이 또 하나 있었다. 스티브 잡스, 제프 베조스와 같이 인터넷, 스마트 미디어의 세상에 뛰어들어 사업가가 되고 싶은 꿈이 그것이다. 결국 무위도식의 시간이 나에게 '창업'이라는 새로운 삶의 길을 열어준 것이다. '시간에게 시간을 준다'는 말의 참뜻이 이 순간 나의 영혼을 울린다.

드디어 2012년 10월 9일 스마트폰 어플리케이션과 인터넷 웹 사이트를 제작, 운영하는 회사를 차렸다. 공교롭게도 회사를 창업한 날이 산티아고에서 성지순례 증명서를 받은 날(2011년 10월 9일)과 정확히 같았다. 정확하게 여행 후 1년 만에 주식회사 에니그마 소프트(Enigma Soft Co., Ltd)를 창업하고 대표이사가 된 것이다. 에니그마라는 단어는 그리스어로 수수께끼라는 뜻으로 풀 수 없는 문제, 해독 불가능한 암호 등을 의미한다. '컴퓨터의 아버지'라고 불리는 앨런 튜링(Alan Turing)을 존경하는 뜻에서 지은 회사명이다. 정말 작은 사무실에서 프로그래머 2명과 함께 직원 3명이 소박하게 시작했다. 가장 낮은 곳에서 한 계단식 차근차근 올라가도록 지금 이 순간에도 힘쓰고 있다. 시작은 미미하지만 그 끝의 창대함을 위해 열심히 뛰고 있으니 독자여러분 모두 지켜봐주셨으면 좋겠다. 회사를 차리고 보니 옛 직장 동료들이 더 그리워졌다. 회사를 꾸리면서 정신없이 지내던 어느 날 수습기자였을 때 사회부장으로 모셨던 고참 선배님이 뜻밖의 문자 메시지를 보내주셨다.

'잘 지내니? 건강 조심하고 좋은 일 있으면 연락해라.'

오랫동안 잊고 지냈던 예전 직장의 선후배들의 얼굴이 떠올랐다. 한때 내 청춘을 고스란히 바친 첫 직장이다. 옛 동료들에게 너무 미안하고 민망해서 연락도 못하고 지내고 있었다. 정리가 되면 찾아뵙고 인사를 드려야겠다. 대학을 졸업하고 공채로 입사해 10년 7개월을 일한 회사였다. 그런 직장을 막상 떠나려고 하니 대단한 용기가 필요했다. 나와 회사 중 누가 옳고 그른가에 대한 이야기는 이 자리에서 하지 말자. 다 지난 일이다. 다만 스스로가 정한 가치가 옳다고 생각한다면 그 길을 따라서 순례자의 마음으로 걸어야 한다고 믿었다. 그래서 정든 조직을 떠난 것이다.

독자들에게 에필로그 모두(冒頭)에 순례자의 시를 소개하면서 앞으로의 나의 여정에 대한 브리핑을 대신하고자 한다. 이 시를 노래한 순례자의 마음과 나의 마음이 크게 다르지 않기 때문이다.

여행 후 일 년
서울, 가산디지털단지

당신 영혼의 목소리에 귀 기울이세요
시간에게 시간을 넉넉하게 줍시다

● 나의 순례길이 어디로 이를 것인가?
, 콤포스텔라의 길 위에서 나는 내가 순례의 길을
이루게 될 건지 알 수가 없네
피에 물든 두 다리로 더 이상 앞으로 나아갈 수가 없네
불쌍한 노인은 상처입어 순례의 끝에 도달할 수 있을지 모르겠네
이제 나는 더 이상 힘이 없지만
나의 야고보 성인이 그 힘을 주실거야
그들은 콤포스텔라에 도착 했어
대성당으로 들어 갔어
이렇게 몽마르탱의 가이헤로스는 말했다

"감사 합니다. 야고보 성인이여
이렇게 당신의 발 앞에 와 있게 해 주심을
이제 제 생명을 가져가시겠다면
주님, 그렇게 하소서
왜냐하면 이제 저는 이 성스러운 대성당 안에서
행복하게 죽을 수 있으니까요."

가이헤로스 〈나의 순례길이 어디로 이를 것인가?〉 중

이 시는 읽을 때마다 거룩한 순례자의 길에 대해 깊이 고민하게 한다. 인생이란 게 결국 모두 저마다의 짐을 짊어지고 걸어가야 하는 여정이다. 순탄한 길이 있는 반면 고난과 역경으로 두 다리가 피에 물들 수도 있다. 그렇지만 그 길이 영원히 지속되는 사람은 세상에 없다. 그 길은 언젠가는 끝이 있기 마련이니까. 이 책이 끝날 때에는 독자들에게 멋진 결말이나 교훈을 들려주고 싶었다. 첫번째 책을 출간할 때에도 멋진 결말을 찾지 못했는데 이번에도 마찬가지다. 과연 멋진 결말이나 교훈이 무엇인지 나는 아직 알지 못한다. 그런 결말을 찾아가는 게 우리의 인생이 아닐까. 다만 한 가지. 제발 당신의 영혼에서 울리는 소리에 귀를 기울이라는 당부의 말씀을 한번 더 드리고 싶은 게 솔직한 심정이다. 지금 여러분이 서있는 각자의 순례길에서 스스로를 돌아보는데 이 책이 작은 보탬이 됐으면 하는 바람이다. 부족한 글이지만 끝까지 읽어준 독자들에게 고개 숙여 깊이 감사드린다. 특히 첫번째 에세이집에 이어 두번째 책까지 응원해주신 독자분들께 진심어린 사랑을 드리고 싶다. 평소 삶의 멘토이자 큰 스승으로 마음 속 깊이

존경하는 성철 스님의 지혜가 녹아있는 경구(警句) 하나 소개하면서
글을 마무리하고자 한다.

"대나무는 속이 비었다. 그리고 마디가 있다. 그래서 저렇게 쭉쭉
뻗어 나갈 수가 있다. 지금 그 시련은 마디가 생기기 위한 시련이다.
더불어 그 시련을 통해 더욱 성장하기 위해서는 대나무 속처럼 마음을
비워내야 한다."

마음을 비워내는 일이 쉽지 않지만 나를 응원하고 사랑해주는 사람
들이 있기에 가능하리라 믿는다. 이 책이 있기까지 수많은 분들의 도
움과 배려가 있었다. 우선 처음 책을 기획하도록 용기를 불어준 선배
들에게 공을 돌리고 싶다. 더불어 부족한 나에게 조언을 아끼지 않는
친구들에게 존경과 사랑을 드리고 싶다. 특히 내 삶의 진정한 벗들인
'북한산 비봉(碑峰) 산악회' 동지들의 응원과 조언이 힘이 됐다. M&K
출판사의 구 모니카 대표님의 도움이 없었다면 졸필(拙筆)이 세상에
빛을 볼 수 있었을지 의문이다. M&K의 모든 식구들과 파트너들에게
도 큰 빚을 졌다. 글이 막혀 풀리지 않을 때 나무가 아닌 숲을 보게끔

인도한 것도 그들이다. 특히 책을 멋지게 디자인 해주신 현서영씨에게
도 감사한 마음이다. 이 자리를 빌려 출판사 모든 관계자 분들에게 고
개 숙여 인사드린다.

   책을 끝마칠 때마다 생각나는 이들은 당연히 사랑하는 가족들이다.
부모와 형제를 제외하고 삶을 이야기하는 게 가능할까. 멀리 해외에서
일하고 있는 큰 형 가족과 늘 친구 같이 조언을 아끼지 않는 동생 부부
에게 감사의 인사를 전한다. 못난 아들 걱정에 마음 졸이시는 부모님
에게 이 책을 바친다. 내가 산티아고에 여행을 다녀온 소식을 가장 늦
게 알려드린 분들은 부모님이다. 하지만 이 책만큼은 그분들에게 가장
먼저 드리고 싶다. 독자 여러분의 가정에도 축복과 은혜가 가득하길
기도한다.

   "부엔 카미노(Buen Camino)."

2013년 3월
안길수